问西东
新英格兰游学记

Journey to New England

罗维　著

上海三联书店

献给咪咪

追寻与联结

二零一八年七月二十日,我陪咪咪妈妈专程到珠海,在珠海工作多年的闺蜜丹来高铁站接了我们。简单的午饭过后,丹驾车带我们直奔珠海此行最主要的目的地——南屏镇容闳纪念馆。

到了南屏镇,我们一路找过去,直到深巷中一堵颇有沧桑感的围墙出现在我们视线中,灰色的牌坊上"甄贤学校"四个大字提示我们,这就是正门了。

我们推门进了院子,直奔容闳雕像,和"甄贤学校"那栋青灰色的校舍。

接下来就是咪咪妈妈的声音一直回荡在甄贤学校的每一个角落。她指着墙上悬挂的每一帧照片兴奋地告诉我和丹,关于容闳和与容闳相关的那一批批留学幼童的故事,以及那个时代的风云激荡。我和丹很认真地听着她如数家珍的解说。眉目间闪烁着的激情,让那一刻的她显得格外美丽。

整个寻访期间,咪咪妈妈说得最多的几句话是:"我在新英格兰访学期间专门去拜谒了容闳的墓地,非常震撼,你们有机会也一定要去看看。那时候我就决定了,一定要再去容闳的出生地看看。因为是他让我和那段中西方交往的历史建立了联结。"停顿几秒钟之后,她会再一次强调说:"我感谢这种联结。"

作为三十年的闺蜜,我和丹都非常明白这种"联结"对于咪咪妈妈的意义。

咪咪妈妈去美国访学之前,她研究的领域主要集中在中国现代文学,尤以匪类文学研究最有心得。二零一四年十月,带着女儿咪咪一起访学美国新英格兰,那是咪咪妈妈命运的一个转折点。对于大多数中国学者来说,访学和留学固然是学术研究历程中的一个重要阶段,可是对于咪咪妈妈而言,有些数字、有些人将会铭刻下永远的记忆。

那是生命中猝不及防的伤痕,以及不可替代的福祉。

是的,容闳对于我们而言,意义或许只在于"中国留学生之父"这个身份,但是对于咪咪妈妈而言,那是无意中建立的、却注定将要凝定成永恒的命运联结与生命意义。

在万里之外的新英格兰,从二零一四年十月抵达到二零一五年十月归国,仅仅只在那里停留了一年的咪咪妈妈和她的女儿并不是两个普通的过客。因为归国两年多后的二零一八年六月,一部非常成熟的书稿——《问西东——新英格兰游学记》就静静地显示在了我的电脑屏幕上。

在陪同咪咪妈妈南下珠海的高铁上,我随身带着的就是这部打印出来的书稿。咪咪妈妈就坐在我的身边,而我捧读着她的文字,仿佛跟随她从容而深情的叙述,一头扎进丰富的历史文献,又沿着她由东至西、再由西而东的足迹,再一次走过一段灵动而鲜活的文化之旅,感受着来自灵魂深处的悸动。

对待文字,我始终怀有敬畏之情,无论是阅读还是写作,我都希望能够全情投入和全力付出。对于咪咪妈妈的文字,我更不敢有丝毫的轻慢——如果这个世界上真有人在用生命写作,那无疑,咪咪妈妈是其中之一。

这些文字,咪咪妈妈从二零一五年开始,断断续续写到二零一八年。

对于一个学者或者作家来说，两年多的时间，十几万字的书稿，也许并不算太庞大的成果，但是所有了解咪咪妈妈的朋友，都深深理解，在这两年多的时间里，她到底经历了怎样的涅槃与新生。

二零一五年十月，咪咪妈妈的女儿咪咪被检查出骨肉瘤，咪咪妈妈也因而匆匆结束访学回国。随后的两年时间，我见证了咪咪妈妈一家从长沙到北京、再到美国的漫长而艰辛的寻医之路，我见过咪咪在手术之后的痛苦虚弱和在无数轮化疗之后仍然努力绽放的微笑，我更见过咪咪妈妈深藏在坚强背后的绝望，还有无助。

《问西东——新英格兰游学记》就是在这样的背景下，是咪咪妈妈在各种难以想象的身体疲惫和心灵煎熬的空隙，一篇一篇构思成形的。陪伴她的，不是很多人都能享受到的那一盏宁静祥和的、书桌前的台灯，而是病床边偶尔挤出的一点休息时光，或者在往来长沙、北京陪伴咪咪奔波在治疗途中的高铁上，甚或是飞往美国寻求最后希望的航班上……

二零一七年六月十四日，十四岁不到的咪咪走完了她短暂却充满奇迹的人生，去到了另外一个时空。咪咪妈妈则带着咪咪的爱与心愿，继续在这一个时空中艰难前行。

一年之后，《问西东——新英格兰游学记》最终定稿。

不必追问，这一年多来，咪咪妈妈是怎样熬过那一个又一个漫长而孤独的白昼与黑夜。当一年后我读到《问西东——新英格兰游学记》书稿，我已然明了，咪咪妈妈通过这样一种独特的思念方式——思考与写作，不仅仅是为了与另外一个时空中的咪咪建立爱的联结，她的心中还怀有一种更为深广的爱——她说："我相信，去美国留学或者访问的中国人，都能通过我的书对那段中美交流的历史和文化获得更多的了解。"

在《问西东——新英格兰游学记》书中，咪咪妈妈曾经提到被整体搬迁到美国迪美博物馆的安徽黄村古宅"荫余堂"："行走在异国的中国宅院里，从那再熟悉不过的中式窗棂前走过，踩着暗沉古旧的楼板，抬头望见的，却是院墙上空美国的碧蓝的天空，每个来此参观的中国人会有怎样的感受呢?"

在咪咪妈妈看似温和的追问下,其实蕴含着多少关于文化观念乃至价值观的反思?

我蓦然想到在珠海南坪镇容闳故居流连的时候,咪咪妈妈惊喜的声音突然响起:"你们看,从这里看出去的蓝天,好奇妙啊!"一边感叹着,一边举起相机拍起了穿透天井和灰旧屋檐露出的那一条长方形蓝天……这一方蓝天,和迪美博物馆中她拍到的从"荫余堂"天井看出去的蓝天,是何其相似!又何其遥远!

走过西方与东方的万里迢迢,追问东方与西方的历史与今天,咪咪妈妈从长沙飞往大洋彼岸的新英格兰,再飞回到长沙,又沿着她心中的历史脉络追寻到广州的黄埔村、到珠海的南屏镇,接下来她还要去寻访澳门的第一位来华新教传教士马礼逊博士的墓地……她说,命运在她与这两百多年的中西文化交流历史之间建立了某种神秘的联结,她不能辜负这样的联结,她要付出她全部的智慧与努力,让更多人了解这段历史和这些东西方文化之间了不起的摆渡者。

我丝毫都不怀疑咪咪妈妈叩问历史的智慧,我也一点都不怀疑咪咪妈妈追寻历史的勤奋,我更不会怀疑咪咪妈妈叙述历史的诚实。当我和丹陪着咪咪妈妈曝晒在烈日下,不仅仅是为了寻找容闳的故居,更是为一段历史的追寻画上一个真诚的句点。那一刻,我看到了咪咪妈妈对于苦难毫无怨尤的温柔,对于命运心怀感恩的真诚。

智慧、勤奋、真诚,这是一个学者禀赋中最难得的三大元素,更是一个女人禀赋中最难得的三大元素,而这三者,竟然如此完美地统一在了咪咪妈妈身上。更可贵的是,咪咪妈妈显然对自己的能力并不完全自知,亦绝不因此而自以为是。当然,《问西东——新英格兰游学记》一书只是咪咪妈妈怀揣着智慧、勤奋和真诚一路走东西、问西东,一路追寻、叩问得来的阶段性成果,而这,显然远远不是最终的结局。按她自己的说法,这还只是热身而已。我深信,她还会怀揣着这一切,继续她生命中不断的追寻与叩问。

白居易的《长恨歌》里说"上穷碧落下黄泉,两处茫茫皆不见",那是一种只重过程而悬置结果的追寻;晏殊的《蝶恋花》里说"独上高楼,望尽天涯路",则是一种为了结果而不言放弃的过程。是的,如果要用几个关键词来概括《问西东——新英格兰游学记》的核心理念,那我首先想到的就是这两个词:追寻与联结。

天涯或许终有尽头,过程或许太多苦难,但咪咪妈妈对于历史的追寻、对于文化的反思、对于命运安排的神奇缘分的珍惜将永无止尽。而这种不懈的追寻,必然会在历史与今天之间,必然会在东方与西方之间,必然会在这个时空的人和故事以及另一个时空的人和故事之间,建立起一种神圣的联结。

因为,历史绝不会只停留在过去,我们生活的这一个时空也从不孤立。

爱的联结永远都在,命运的追寻永不停止。

是为序。

咪咪妈妈的闺蜜:杨雨

二零一八年七月二十五日于长沙

二零一四年十月,我被国家留学基金委公派到美国马萨诸塞州州立大学安城校区(Umass Amherst)访学。

学校坐落于十九世纪美国女诗人艾米莉·迪金森生活过的小镇安城(Amherst)。这个宁静优雅的新英格兰小镇实际上是个大学城,周围有好几个历史悠久的美国著名文理学院围绕,如安城学院、史密斯学院以及曼荷莲学院等。诗人、学校为这个小镇平添了许多人文气息,连夕阳的余晖洒落在那些校园的建筑、普通的民居上时,看上去都似乎多了些惹人怀想的诗意。

访学的一年里,随着季节更替,饱览了新英格兰种种令人陶醉的风景,红叶似火,白雪飘飞,繁花满树,旷野荫绿,还有光影绰约里的瀑布、深林里澄净的湖泊……不仅仅是这些,我还惊喜地发现,这些历史悠久的文理学院以及周边坐落的朴素宁静的小镇,从十九世纪以来,竟然不少都和太平洋彼岸的新东方缔造有着深厚的渊源。

我大概注定了要和一百五十多年前在新英格兰学习西学、有"中国留学生之父"称誉的广东人容闳先生相遇,和近代中日几乎同时起步、开始西学东渐的那段历史相遇。

容闳少年时求学所在的孟松镇(Monson)离我访学所在的安城(Amherst)只有四十分钟车程。当年他从耶鲁大学本科毕业回国后,经过 18 年的不懈努力,推动"中华创始之举"——大清留美幼童计划的实

1

施,其中就有几个留美幼童被分派到安城小镇上的人家里寄宿学习。而著名的文理学院——安城学院历史上的第一位中国学生正是当年留美幼童中的一位——何廷梁,后来他成为大清国北洋海军里的一名默默无闻的军医。而接下来影响深远的庚子赔款留学计划的实现又得力于容闳的好几位留美幼童出身的学生——梁敦彦、梁诚、唐国安等。

历史环环相扣,彼此牵系,正如同容闳经历世事之后得出的体会和感慨:"世上之事,殆如蛛网之牵丝"。身处历史花园之中,深沉的历史与明媚的现实交错的魅力让我怦然心动。

记得二零一五年的春天,我带着女儿咪咪到了哈特福德市的西带山墓园。好不容易寻到容闳墓地,初见之下,便被那清朝小帽式样的方形墓碑静穆于天地间的浩然之气所震撼。

墓碑朝向东方,似乎到今天依然在无声倾诉着一个葬于异国他乡的中国人的赤子情怀。那时就觉得应该将容闳所牵系的那段中国与新英格兰东来西往的历史往事一一写出来。这些大部分被人们已经遗忘的往事,如同时间之流下被砂砾掩埋、水草遮蔽的珍珠。没有理由,不写下它的动人之处。

访学期间,从探访容闳先生墓地开始,我一个个学校、一个个小镇地走访,追溯了那张以他作为关键节点人物编织而成的历史之网,写下了一段段彼此隐伏着关联的历史事件,从而有了这本书的形成。

翻阅资料时,美国传记作家吉瑞德在其著作《朝觐东方:里雅格评传》中的一句话令我印象深刻,他说:"真正的美德,始于人类交往中知识和道德上的互动互惠",这也许是我追溯这段近代中国与新英格兰地区文化和教育交流历史的最深感受。

我深信,正如这些近代往来于太平洋东西两岸的人们一样,向世界传递希望和爱的微光,是我们在这个世界最值得去做的一件事情。

自二零一四年到现在,四年时间里,跨越东西两岸,历经死生之劫,其间陆续为文十余万字,集结为此小书,想来这是对已在天国的女儿最好的纪念。

　　在此致谢促成这本小书顺利出版的所有朋友，感谢特为此书作序的好友中南大学古典文学教授杨雨，当翻开此书时，相信你们或多或少都会有一份发自内心的感动与感慨，因为它亦因你们而生。

　　最后，特别感谢87岁高龄的出版界名宿钟叔河老先生为小书题词。多年前朋友以钟老签名的《走向世界丛书》一套相赠。没想到在写这本小书时，丛书派上了用场。许多关于容闳先生以及晚清留美幼童的资料都得自于这套丛书，也算不负钟老先生耗费多年心血编成此巨著的初心。

作者

二零一八年七月

目录

新英格兰:"山上的城"

要真正了解新英格兰各个小镇的历史以及与近代中国的往来交流,首先要知道新英格兰意味着什么。在没有来到美国之前,我们只知道纽约、华盛顿、旧金山和洛杉矶这样的大城市,并不知道新英格兰是哪里,代表了什么。然而,如果了解美国历史,就知道,新英格兰对于这个国家的文化、经济和政治有多么重要。

所以,首先,需要普及一下关于新英格兰的历史知识。

人类历史上的地理大发现由葡萄牙人于 15 世纪开启,而新大陆美洲是在一四九二年被探险家哥伦布先生发现的。这个初心只是为了寻找黄金的意大利冒险家无意间却为地球文明翻开了新的一页。从此波澜壮阔的大航海时代开启,被海洋隔阻的不同地域之间开始了文明的大迁徙。

这场大迁徙的起点是欧洲。欧洲新航路的开辟改变了世界的进程。美洲大陆的发现,使欧洲人有了可以殖民的场所,也有了可以使欧洲经济发生改观的土地、矿石和原材料。接下来的几个世纪里,伴随着殖民地的开辟,经济的发展,西欧国家逐渐走出黑暗的中世纪,封建社会开始解体,初级的资本主义生产方式——工场手工业开始兴起,一种全新的工业文明逐渐成为世界文明发展的主流。

人类历史翻开了新的一页。

到了十七世纪,欧洲从文艺到军事各个领域都在发生摧枯拉朽似的变革。文艺复兴从意大利起源。此时的英国出现了清教徒运动,新兴资产阶级为了维护自己的经济和政治利益,要求在意识形态上打破教会的神学观,改变维护封建制度的各种传统观念,这是基督新教受到信众拥护的时代背景。一六八八年英格兰的"光荣革命"确立了资产阶级和新贵族的统治地位,这成为了世界近代史开端的标志。

两个多世纪里发生的历史事件,简直让人应接不暇,但若从历史长河来看,也不过是白驹过隙的瞬间。

如果我们再将目光投向 17 世纪的地球文明秩序另一端的东方古国——中华帝国,此时则是另一番景象。

这个历经朝代更迭的帝国正处于大明王朝与满清统治交替的时期。

十七世纪前期,由于北方地区经济的衰退和军事形势的限制,导致了两支大的流动股匪的滋生。其中一支是李自成的军队,很幸运地乘机敲开了北京的大门,在一六四四年结束了明王朝。明朝覆亡后,满清女真人的骑兵像风一样卷入中原。

经过一段时期的混乱,满人成为泱泱大国的新一代王朝统治者。只占极少数人口的满人很聪明,他们一方面拿着刀剑架在汉人的脖子上,一方面却沿用汉人的统治方式,信仰经典的儒家教义,以皇帝在整个国家中拥有至高无上的权力建立统治秩序。

于是十七世纪的世界东西方形成了这样一个格局,在西方资本主义国家迅速崛起并寻求版图的开拓时,亚洲的中华帝国又开始了一个朝代的周而复始。这是一个古老悠久而庞大恢宏的旧秩序、旧文明。相对于崛起的西方新文明,中华帝国如同一头骄傲而固执的雄狮,对于自身在两百年后将要面临的危机毫无察觉。

而在西方,17 世纪处于强盛时期的英国最终赢得了海上贸易和殖民霸权,开始向北美殖民。虽然英国的北美殖民比葡萄牙和西班牙晚了一个世纪,但它的殖民意义非常重大,一个新国家的诞生由此埋下了伏笔。

在 17 世纪的北美洲,有一片只有印第安人文明的"蛮荒"之地正等着迁徙而来的欧洲人。它在未来的一个多世纪后将要成为一个人类文明史上所不曾有过的新国家的孕育之地,这个共和国前无古人后无来者,竟然全由迁徙于此地的移民以及他们的后代、后代的后代、后代的后代的后代……构成。

一六一四年，一个英国探险家参与了英国殖民者在北美洲的一次航行。

这次航行沿途经过了今天美国的缅因州，以及马萨诸塞州的海湾。这个探险家正好又是一个作家，后来将这段经历写成了一本著名的书《新英格兰记述》。在这本书里，他为这片被殖民者开垦的处女地取名叫做新英格兰（New England），从这个名字里就可以看出这片土地与大英帝国的关系，它被视为十七世纪大英帝国在北美开拓的新殖民地。

书中将之描述成一片乐土。作者这样热情地写到阳光灿烂的殖民者前景：

> 这里的每个人都是他自己的劳动和土地的主人和拥有者。只要他有一双手，他就可以很快通过生产而变得富有。

这本书自然给予了当时对新世界进行殖民开拓探险的人们以莫大的鼓舞和支持。但事实上是个大忽悠，当时新英格兰地区充斥着的是恶劣的天气，水源缺乏，居住在沼泽荒野上，还要受到当地印第安人的滋扰和破坏（虽然实际上印第安人才是这片土地的主人）。这个曾经当过士兵、探险家的兼职作家叫做约翰·史密斯船长，他一生中不止一次到美洲探险。

他不曾想到被自己命名为新英格兰的这片土地日后成了一个新世界的发源之地。

在史密斯命名了这块新大陆之后的不久，一六二零年十二月的一天，清寒薄雾的早晨，一艘船停泊在新英格兰东部海岸的一块大岩石边。船上下来的是一群为了逃避欧洲宗教迫害而逃亡的清教徒们，他们中间还有妇女和孩子。

他们冒着生命危险，乘坐这艘"五月花号"从英格兰转道荷兰，历经千辛万苦，最终来到了今天被称为普利茅斯的这个海湾。他们上岸后，无比虔诚地伏地亲吻这块人迹罕至的不毛之地，感激上帝的恩典，将这里视为上帝赐予和庇佑他们的新世界。众所周知，这一段故事成为了美国建国的历史叙述的源头。

于是这些英格兰宗教分离者定居下来。因适值寒冬，封冻的大地寒风凛冽，人们适应不良，人口丧失过半，后多亏印地安人协助，方度过危机。隔年又有了一个丰收,于是殖民者们与印地安人一同举行第一次感恩节,并从此成为美国特有的感恩节。而后,统治这一区域的马萨诸塞湾殖民地于一六二八年在波士顿建立。波士顿遂成为新英格兰地区的核心城市。

我们无需低估人的创造力,经过几百年的努力,这片蛮荒之地如今真的成了一片欣欣向荣的文明世界。新英格兰更成为年轻的共和国——美利坚合众国的文明起点。

法国政治学家托克维尔在《论美国人的民主》中曾说:"新英格兰的文明,就像一场燃烧在高地的大火,它不仅将周围地区都烤暖了,还用它的光辉照亮了遥远的天边。"何以新英格兰相较于其他北美殖民地在文化上的地位更重要呢?

因为今天美国社会学说的几个基础思想,正是从人们通称为新英格兰的诸州中产生的(所包括的六个州,由北至南分别为:缅固州、佛蒙特州、新罕布什尔州、马萨诸塞州、罗得岛州、康涅狄格州)。自十九世纪起,新英格兰也是美国文学和哲学的发源地、是最早组织免费公共教育的地区。同时,它也是北美最早体现出工业革命成果的地区。所以新英格兰地区堪称美国文化的发源地。

那么第二个问题来了,为什么新英格兰能做到这一点呢?

这还得从一六二零年的那批最初在普利茅斯海边靠岸的清教徒殖民者说起。事实上,新英格兰不是第一个接纳英国殖民者的地方。

一六零七年到达弗吉尼亚的英格兰移民是最早的一批。然而去弗吉尼亚的移民是一批寻找黄金的人,他们无才无德,性格暴躁,给初建的殖民地造成了混乱。

而最初落户在新英格兰海岸的移民都受过良好的教育,他们往往是同妻子儿女一起来到这块荒凉的土地上,故而带着良好的秩序和道德。这些移民不是为了改善境遇或者发财来到新大陆的,他们信奉新教,因信仰在祖国受到迫害,所以去国离乡,为了理想宁愿经历流亡的生活。而且他们不认为自己这是在流亡,而是上帝引导祂的子民离开邪恶的世界,走向祂的圣所。他们决心要在这块"野蛮"的荒地上建立一个完美的新教社会。

这些勤勉虔诚的清教徒们以上帝的名义拓荒种植。那时,在马萨诸塞殖民地的每一间破陋不堪的小屋里,都有一本《圣经》。人们白天在茫茫荒野辛勤地劳作,晚上就在油灯下全家诵读《圣经》,通过《圣经》直接从上帝那里获得生活的力量和启示。

此后,继续有更多的殖民者来到新英格兰。而一六三零年前往新英格兰的移民船上,有一个杰出人物——约翰·温斯洛普。这是一位剑桥大学的毕业生,曾经做过律师,担任过选区的治安法官,可是后来因为他决不妥协的清教徒信仰,他丢掉了这份差事。他憎恶在他看来趋于堕落的邪恶的英格兰,认为前往殖民地去建立以改革后的宗教名义统治新世界的事业,才会给世界带来希望。为此他变卖了自己的庄园,投入自己全部的资产,带领一千余名殖民者驶向新英格兰。

像约翰·温斯洛普一样,为了建设一个完美的新社会而努力,追求自由,追求宗教的信仰,正是新英格兰殖民者们背井离乡的动力。正如后来成为了新英格兰殖民地第一任总督的约翰·温斯洛普在驶向美洲途中的一次布道中面对着清教徒们发表演讲时所说的:"我们必须想到,我们将像一座山上的城一样,所有人的眼睛都会看着我们。"

"山上的城"——这是个典故,来自《圣经》里的《马太福音》:

> 你们是世上的光。城造在山上,是不能隐藏的。

在温斯洛普看来,"山上的城"代表的是新英格兰的清教徒们所肩负的上帝赋予的特殊而神圣的使命,他们将创建一个理想的、宗教的和世俗的共同体,而它作为榜样将反过来拯救旧大陆,旧世界。

确实如此,十七世纪初在美洲定居下来的那些移民,从他们所来自的欧洲旧社会所反对的原则里析出了民主原则,将它移植到了新大陆的海岸边并且促成了新大陆的繁荣。

自一七八八年开始,属于新英格兰地区的各州陆续加入联邦,一个新国家遂从这里诞生。这里的政治文化精英们在一百多年的努力中,集中了文艺复兴以来西方的所有政治智慧打造这个新的国家,而这个有着新理念的共和国也给世界文明带来了新的活力。

尤其值得一提的是,新英格兰地区的早期清教徒移民对教育和文化的重视对于后来的美国具有非凡的意义。早在一六四七年，马萨诸塞海湾殖民地就开始施行小学义务教育。美国的第一个图书馆，第一家报社，第一所公立学校，第一所学院都是在新英格兰的马萨诸塞州建立的。

（新英格兰田园风光，二零一五年作者摄于 Amherst 镇）

一六三六年，根据约翰·哈佛牧师的意愿，马萨诸塞州殖民地立法机关在新城波士顿的查尔斯河畔建起了一座以培养宗教牧师为目的的大学。这所大学以他的名字命名，这就是哈佛大学。这一事件是一个路标。接着，有更多的大学因宗教原因而陆续在新大陆建立起来。

问题是，为什么信仰上帝和重视教育并不矛盾呢？

因为基督新教认为人类知识激增后更有利于发挥救赎的作用。他们认为，理性与知识的高度发展，只会有利于人们更好地认识上帝所启示的真理和信条。因此重视教育，与宗教信仰并行不悖。而随着世俗主义的加深，这些大学日后逐渐淡化了宗教色彩，成为理性与知识的圣殿。

新英格兰地区最核心的马萨诸塞州历史最为悠久，教育也极为发达。世界顶尖级的大学就有哈佛大学，麻省理工学院，还有宋美龄和冰心以及现今的希拉里曾就读的威尔斯利学院，全美排名第一的文理学院威廉姆斯学院等等。

如果再将辐射范围以马萨诸塞州为中心放大到整个美国东部,将旁边的耶鲁大学,哥伦比亚大学,康奈尔大学以及普林斯顿大学等常青藤名校都算进来,便可知美国东部的名校云集,在世界的教育格局中具有何等重要的位置。

因为教育资源丰富,一百多年来世界各地慕名而来的学子云集于此。这些美国名校也为不同国家和民族培养了一批批各个领域的精英,其中自然也不乏中国人的身影。

自一八七二年晚清第一批中国留美幼童远渡重洋留学新英格兰地区始,不少在中国近现代历史舞台上留下精彩故事的中国人都曾在这些学校受过教育。

比如耶鲁大学毕业的中国留学生第一人容闳,以及中国铁路之父詹天佑,受庚子赔款资助得以留学美国哥伦比亚大学的胡适,以及陈寅恪,梁思成,林徽因,宋美龄,冰心,林语堂,竺可桢,梁实秋⋯⋯可以列出一长串闪耀着历史光辉的名字。

到当代,从上个世纪八十年代中国的改革开放直至今天的中国崛起,随着我们国家越来越充分地与国际接轨、面向世界,出现在这些大学的华人学生面孔就更多了。

当一个国家崛起后,它必然希望世界都能听到它的声音,全世界也希望听到它是如何发声的,关心它会不会给自己带来福祉。异文化之间的传播和交流就会是一个很重大的课题。近代新英格兰地区与东方的文化交流历史是一段值得了解的历史,因为十九世纪美国的崛起和它走向世界的过程里有许多值得我们深思的地方。

接下来,我要带你去了解的,就是我们所游历过的一些新英格兰小镇以及这些小镇上的历史悠久的学校。东西方的文化、教育交流在这些地方留下了不可磨灭的历史痕迹,值得我们穿过时间幽暗的长廊回头重温。

女巫小镇、中国老宅和驶向东方的船

　　本篇里，我要说到的是一个新英格兰地区的海港小镇与近代中国的历史。这个小镇虽然小，但在美国历史上非常有名，它的有名和女巫有关，几乎每一本美国的历史教科书都会提到一六九二年的塞勒姆审巫案。

（一七七零年代的塞勒姆）

　　是的，我要说的，就是这个以女巫闻名于世的新英格兰海港小镇——塞勒姆，讲一讲这个小镇的女巫、中国老宅以及驶向东方的船。塞勒姆是我离开美国前最后走访的一个地方。但因为它的历史意义，我以为将它放在第一篇更为合适。因为一七八六年从塞勒姆海港驶向中国广东黄埔的船，是这段近代新英格兰地区与中国东来西往的近代交流历史的起点。

我们就从女巫开始说起吧。

1. 女巫

长长的黑发,诡异的直勾勾的眼神,嘴角挂着诡秘的微笑,一开口则说出让你惊慌的命运预言,魔性十足,妖氛弥漫。上了年纪的指甲尖利,鼻子鹰勾,戴着黑色的兜帽,披着难看的黑色斗篷;年轻的则极具危险的性魅惑……这大概就是女巫浮现在我们脑海中的种种形象。

世界文学史上最有名的女巫应该是喀耳刻,这个女巫是荷马史诗《奥德赛》中的人物。她一直住在一个叫做埃阿亚的岛屿上。她的爱好很特别,喜欢用亲手调制的药水将经过埃阿亚的水手们随心所欲地变成狼、狮子以及各种动物。如果不是英雄奥德修斯来到这里,借助诸神的力量制服了女巫,这个岛屿就成了水手们永远的噩梦了。

文学中的女巫形象将人性里的极端性发挥到魔性的极致。究其实,其背后令人们既恐惧厌恶又被强烈吸引的,与其说是邪恶又魅惑的女巫本身,毋宁说是自己内心那些最具有冲突性、既极端分裂又交织纠缠的欲望。

你也许会问:等等,现实中,真的有女巫这种人存在吗? 她们到底是好人还是坏人? 巫术真的灵验吗?

撇开想象和虚构中的女巫文学形象不谈,现实中的女巫是中世纪欧洲宗教发展和斗争的一个牺牲品。人们把对行巫者的恐惧,跟对魔鬼(行巫者的主人)的恐惧联系在了一起,故而对于被指控为女巫或女巫同谋者的惩罚是不遗余力的。中世纪的女巫,不是被水淹死就是被火烧死。

所以这个问题最好的回答是:

当人们认为女巫在现实中存在,她们也就存在了;

当人们认为她们有罪,她们就是有罪的;

至于她们的巫术,当你相信有,它就会灵验……

你不得不承认,人从根本上来说,是生活在观念和意识之中的。而人对世界的认识永远都是有局限的。出于人性的弱点,人因为偏私,难免会做出各种错误判断,导致数不清的错和罪发生。一路走来,人类的历史留下了一个又一个血迹斑斑、罪行累累、代价惨重的足迹……新英格兰小镇塞勒姆的女巫审判案即是其中一例。

2. 小镇审巫案

令塞勒姆被历史记住的那一年,是一六九二年。

这个时候的中国,正是清康熙统治时期,举国百废待兴,边疆不定,康熙爷正和俄军较量着。而美国呢,此时还处于北美殖民地时期。在七十多年前(一六二零年)第一批英格兰的清教徒们怀着对上帝赐予家园的感恩扎根下来之后,17 世纪末以来的新英格兰地区居民奉行的是清教徒当道的神权政治,即最初在普利茅斯岸边下船的这批清教徒为他们的家园定下来的制度和秩序的基本架构。尽管如此,富于创新意识的新英格兰殖民地居民们并没有固化这个神权政治制度,他们摸着石头过河,是现实的理想主义者,又被后人看成是奉行教条的机会主义者。他们一边前进,一边反思。这倒有点像后来美国大作家梭罗在他的经典之作《瓦尔登湖》里引用和推崇的那句中国先哲的智慧:苟日新,日日新,又日新。

一六九二年,在这个新英格兰海港小镇,发生了一场声名狼藉的女巫审判。全镇约一千五百人口,有十分之一的人因被指控为女巫或者女巫的帮凶而被吊死,引发了一场不断蔓延的恐慌瘟疫。这场审判对于美国历史影响深远。

不过,我之所以对塞勒姆发生兴趣,并不仅仅是冲着它的女巫历史而去,还因为这里有着许多关于近代中美贸易往来的重要历史遗迹。而且,在当地著名的迪美博物馆,二零零三年时拔地而起了一座原封不动、一砖一瓦皆从中国安徽农村里漂洋过海、移民来美的中式老宅。这是世界上唯一一座存于海外的徽派旧宅。这样不惜烦费的人类工程也算是中西文化交流的极具想象力的一大壮举和创举了,自然让人非常向往。

女巫,中国老宅,和驶向中国的船,这混搭风格的小镇历史实在引起了我极大的兴趣。七月末的波士顿全无暑热,天气晴好,我和朋友丽驱车前往离波士顿不远的这座海港小镇,开始我们的塞勒姆之旅。

小镇沿海,离波士顿不远。一个多小时的车程,就到了塞勒姆。因为临海,塞勒姆充满海港小镇特有的诗情画意:飞翔的海鸟,停泊的船只,湛蓝明净的天空,平静恬淡的海面……可惜只能做短暂逗留,不然这样的美景,值得整天整天地坐在海边看云发呆。

镇上有许多旧建筑，七个尖角阁的老宅，古旧的木质房屋，令人仿佛穿越到两百年前的十九世纪。而春光之下，镇中心那座高大的、穿着黑色斗篷的女巫雕像如此神秘突兀，充满存在感地提醒着来客，这里就是与众不同的女巫小镇——塞勒姆。

雕像对着的，正是著名的塞勒姆女巫博物馆。

塞勒姆女巫事件，历史书上的描述并没有什么太多不同。表面上的事实是这样的：

一六九二年初，塞勒姆小镇牧师塞缪尔·帕里斯家里的两个孩子——九岁的女儿贝蒂和十一岁的侄女阿比盖尔突然行为怪异，两个女孩尖利地大叫，眼神惊恐，在地板上翻来滚去，样子令人害怕。

十七世纪受浓厚的清教主义传统影响的北美东部地区，牧师家庭的生活像大多数家庭一样，单调而乏味。延续着欧洲的家庭传统，女孩子们根本不受重视，不会写字，不会阅读，不用受教育。这两个女孩也是如此，唯一的乐趣是平时听家里的一位黑人女奴提图巴讲一些离奇古怪的故事。

这次女孩们的表现如此不寻常，并且像能传染似的，这些行为迅速影响到了镇上更多的女孩们，她们也表现出类似的歇斯底里行为。大人们开始注意到女孩们的不同寻常，于是对她们进行医学检查和严密盘问。小姑娘们第一次受到大人们如此的关注，这令她们的行为里难免加入或多或少的夸张成分，最后她们都指称提图巴是罪魁祸首。女孩们还尖叫着喊出当地另外两个女人的名字。值得一提的是，加上女奴提图巴，这三个被女孩指称的女人都是女孩们平时不喜欢的女人。

而女奴提图巴在人们逼问的压力下，害怕被处死，便承认了自己是撒旦的仆人，并答应弃恶从善，揭发恶魔从波士顿来，是一个高高的男人，来镇上和她接头，而且恶魔还威胁逼迫她在村子里做了一些邪恶的事情。此外擅长讲故事的她当场又揭发了另外四个巫婆，说她们能在没有月亮的黑夜，或者冬天潮湿的雾里骑着扫帚飞来飞去。

事情继续发酵，空气里布满了诡异不安的情绪。人们坚信巫术对自己的生活造成了可怕的影响。于是殖民地设立了一个特别法庭，以弄清事情

（一六九二年塞勒姆女巫审判案）

的真相。法庭上共有五个法官，都是当地的头面人物。法官们一致同意，"中了邪"的人声称看到了巫婆身上的光圈的证词，可以作为证据。被揭发出来的"巫婆"以及"巫婆"的帮凶立即被关押起来。

村民们也绘声绘色地提供了各种匪夷所思的现象：他们的牛奶和奶酪无缘无故地坏了；有一个女人看过一家的牲口后，牲口就生下来一个怪胎……于是人人都变成了金牌编剧，编出各种极富有想象力的故事来，可怕的是，这些故事里被指控的人是真的会面对绞刑架的。

渐渐地，塞勒姆的民众陷入了恐慌，因为他们发现，平时自己周围看起来没啥两样的人，突然都成了心怀恶意的巫婆神汉。以往小镇安宁的气氛顿时不见踪影，空气中全是诡异和恐慌，人们开始彼此怀疑，彼此不信任。

被关押的人们为了避免被吊死的命运，都走上了与女奴提图巴相同的路，承认自己是巫，并通过胡乱指认别的恶魔和巫婆来"弃暗投明"。

于是人们陷入了互相检举揭发的怪圈里，事情越来越不可思议，有夫妻互相检举的，也有女儿揭发父母的。这种场景，经历过某场政治运动的中国人大概都会有似曾相识的感觉。问题是，十七世纪的新英格兰人会如何面对这种人性的黑暗时刻呢？

事情继续恶性发展。承认使用了巫术的被告人获得释放，而有意志坚强的被告人拒不承认罪行的，都被判有罪。这场歇斯底里，席卷了新英格兰那年整个夏天。到了初秋时节,共有19人被吊死。他们当中大多数都是值得尊敬的人,没有任何不良记录。有一个拒不认罪的人,被巨石活活压死(这是英格兰的一种古老刑罚,在美国的历史上只用了这唯一的一次)。监狱里人满为患。

到了十月,审巫案的株连愈演愈烈,包括总督的妻子也被点名揭发了,事情如此失控,造成的可怕后果令当局终于醒悟过来,开始恢复理性。人们也仿佛突然从梦里醒来。于是殖民地总督费普斯下令解散特别法庭,那些遭到拘押的人被释放。一场人为制造的恐慌瘟疫戛然而止,像从来没有发生过一样,突然一切复归平静,但幸存的人们都心有余悸。为那些无辜死去的人感到沉重和悲伤之余,人们开始重新审视那场荒谬阴沉的女巫噩梦。

对于这场女巫审判,美国人有很多反思。有人认为它演变为一场大规模的迫害,其根源在于当时司法体制和程序的缺陷,在于新英格兰当时的社会状态和人们的不安全感。也有学者认为,女巫事件体现了一些具有基督教信仰的人为维护这种神权政体的最后努力以及瓦解,因为随着之后工业时代的来临,乌托邦式的神权政治已经成为人们向世俗勇进的障碍。

如果剔除历史背景的内容,仅从人性角度来审视,塞勒姆的女巫审判则反映了一种人类的普遍性倾向:人们往往容易对那些与自己的生活方式和观念作对的敌人们(无论是真实的还是人们假想出来的)爆发出自以为是的愤怒。但让人感到吃惊的是,新英格兰殖民地的政府与民众从这个事件中恢复过来的速度,以及人们承认错误、探索真相的渴望,这一点也许比人性之恶更值得我们注意。

你不能不佩服这个国家早期发展中这种了不起的反思和自我完善的能力。因为具备这种能力而促使这个国家向他们认为正确的方向走得更快更稳。

而更值得佩服的是他们对于历史认知的深识远见。他们深知女巫审判事件所暴露的人性缺陷以及它会导致的严重后果后,为防止事件重演,美国人将这次不光彩的女巫审判事件变成自己的历史,被代代美国人铭记、学习、了解。他们不因为这件事的残酷丑陋而选择遗忘,而是选择将其进行历史叙事,建女巫博物馆,写进历史书,让它成为本国人民乃至世界人民都可反思警醒的事件。

杰出的美国剧作家阿瑟·米勒将这一历史事件改编成了电影《熔炉》，由丹尼尔·戴-刘易斯和薇诺娜·瑞德主演。另外还有根据这个事件改编的其他戏剧电影作品也不断出现，一直到今天。

做出这些举措背后的原动力，我想应该是这个国家的人民对自己国家的热爱和珍惜。爱国，不等于就不能直面国家历史中的污点，越是敢于正视它，就越是能以史为鉴。

不过，与反思同行的是，人们又总是容易遗忘过去。也许人类前行的道路就是在不断的迫害与不断的抗争之中的艰难前行吧。

一九四七年受甚嚣尘上的麦克锡主义影响，美国国会举行了对好莱坞电影工业的共产主义影响的审讯。好莱坞的十位导演和编剧因拒绝承认卷入，受到国会调查审讯。而阿瑟·米勒被迫认罪并受到三十天拘留和五百美元罚款，到一九五八年才被免罪。

遗忘是人的天性，建立一座博物馆的目的，正是为了提醒世人，避免重蹈历史的覆辙，重陷不幸的泥潭。因此才有了这座别具特色的塞勒姆女巫博物馆。

我和丽走进博物馆，里面有一种阴森的气氛，暗沉的光线里可以看见四处陈列着各种女巫历史的物品和图片。在讲解员带领下，我们参观了女巫事件的一些展品，并观看了在解说和塑像下重新演绎的当年审判。说实在话，参观这种博物馆，实在不是件让人心情愉悦的事情。全部参观完后得到的印象，即所谓的女巫审判不过是一种人类迫害同类的并不光彩的现象，而且类似的迫害并没有随着中世纪女巫的消失而终结。

在女巫博物馆接近出口的墙壁上用极大的字体写有几行字，很遗憾的是不允许拍照。内容大致是提醒每一个来参观的游客——以下那些二十世纪美国经历的事件里包含着与女巫事件相同的本质：

二十世纪四十年代珍宝岛事件后对日裔美国人的迫害；

五十年代麦卡锡主义带来的赤色恐怖；

七十年代面对同性恋的恐慌；

二十一世纪初始对穆斯林的恐惧……

这一切都可以看成是塞勒姆女巫审判事件的一种延续。

可以想见，当塞勒姆女巫审判以这样的方式成为民族记忆的文化基因

（塞勒姆镇女巫博物馆）

时,反思便成为了这个民族的一种习惯,一种常态思维。

所谓历史,鉴往知来,本就是为了现实而存在的。只不过,有的民族用历史作为认知现实的工具,而有的民族则将历史作为粉饰现实的道具。显然美利坚人不缺乏正视自己的勇气与能力。

塞勒姆女巫审判事件之后,到一七七六年,新英格兰人终于在北美十三个殖民地的基础上与其他殖民地居民联合建立了一个有着全新政治理念的新国家——美利坚合众国。这个年轻的国家迅速崛起,很快加入到世界大国的行列,并且有了向海外发展的要求。

3. 驶向东方的船

接下来,塞勒姆的历史时间指向一七八四年二月的一天。那天有一艘船从小镇的海港出发,准备做一次前所未有的航行,驶向遥远的东方古国——当时的大清帝国。

让我们再将目光收回来,了解此时在满清统治下的中华帝国。

相对于一六九二年在太平洋彼岸正掀起女巫审判恐慌的新英格兰地区，一六八四年的大清帝国开始实行开海贸易，康熙帝宣布废止禁海令，在全国设立了江、浙、闽、粤四个海关，这些地方成为来天朝的外国商船被允许进驻通商的口岸。

伟大的东方帝国地大物博，富庶丰饶，根本不需要番人提供的任何东西，而这些不惜万里渡海而来的番人们却为着中国的茶叶、瓷器和丝绸无比着迷。那个时候的中华帝国有着天朝的神气范儿，但也养成了自大独尊的孤立思想，将外国皆视为蛮夷，主要实行闭关自守的"禁海"政策（即反对一切海外来的东西和消息）。

到了一七五七年（乾隆二十二年），实行闭关政策的清廷索性撤销了江、浙、闽三个海关，仅保留了粤海关，指定广州为唯一的对外贸易口岸，粤海关在黄埔村设有黄埔挂号口和税馆。一七八二年，历史上著名的广州十三行得到朝廷批准，这是一个专门对外管理外国贸易和外国船只的机构，是闭关政策的产物。

于是，十八、十九世纪中华帝国与西方的你来我往就从黄埔村这里发端，小小的其貌不扬的黄埔村见证了近一百年里尤其是十九世纪上半个世纪的历史风云：

> 载着巨量白银来到中国的西方商船；
> 去往西方的成吨中国茶叶；
> 运到中国的鸦片、洋货以及随船而来的传教士；
> 去往西方的中国古典文化典籍和留学生；
> 汹汹来往中国的列强炮舰……

据《黄埔港史》记载，从一七五八年至一八三七年的八十年间，停泊在黄埔古港的外国商船多达五千多艘。相对于欧洲人，来到中国的美国佬只能算是后起之秀。

美国独立战争后，国内没有仗打了，美国商人和军人就将目光投向了海外贸易，这是一个崛起中的新兴工业国家发展扩张的必然。

一七八四年二月二十二日，一艘名为"中国女皇号"的轮船自纽约起航，驶往中国。这是美国第一艘驶向中国的商船,而实际上是由独立战争中的武装民船改装而成的。

第一位到达广州的美国商人是美国独立战争的英雄山茂召(Samuel Shaw)少校。他来到广州外国商人居住的商馆时,商馆外早已迎风飘扬着丹麦、奥地利(神圣罗马帝国)、瑞典、英国、荷兰等欧洲国家的国旗。

当时在广州经商的外国人都被限定居住在广州城外的西南角,那里有一片沿着珠江修建的西式建筑。这就是所谓"洋行",是外国商人办公、住宿以及交接业务的地方。当时所有洋人是不能随意进入广州城内和城郊地区的。

山茂召被眼前富于东方色彩的一切炫到了,他用十八世纪最好的赞美词"优雅"来描绘广州商馆的面貌,那些阳台由大理石铺成、房顶盖着红瓦的富丽堂皇的花岗岩建筑简直可以用"富丽堂皇"来形容。

次年五月十二日,"中国女皇号"返回纽约。这是史上第一次中美之间的贸易来往,主要是做茶叶贸易。这次航行获得纯利近 4 万美元,利润率达25%。利润刺激了美国商人的进取心,他们开始纷纷将目光投向万里重洋外的东方帝国,将对华贸易作为一个新兴的有着巨大利润的市场。

(1845 年广州洋行)

两年后（1786 年），广东黄埔古港停泊了又一艘美国商船——"大土耳其号"，这是第二艘来自美国的商船，也是第一艘自美国东部的新英格兰地区海港出发驶向东方的船。而这个海港就是塞勒姆镇。

从那时起，赛勒姆就成了美国与东方国家之间贸易来往的重要港口。塞勒姆的码头上总是高高堆积着来自东方的货物，既有印度的香料和棉布，也有中国的茶叶与丝绸。对华贸易如此频繁，以至于当时塞勒姆的任何一个本地人都可以讲一段广州人的轶事。而与东方的贸易成就了新英格兰地区的许多富翁。直到今天新英格兰地区的一些私人博物馆都有不少中国藏品，就是因为在那个时代，富裕的家庭都崇尚中国艺术品，以家中摆设有中国瓷器、家具为骄傲。

值得一提的是，一八四六年到一八四九年间，在塞勒姆港口海关，有一位小职员，他的名字叫做纳撒尼尔·霍桑。这哥们每天心不在焉地在文件上例行公事地盖着许可来自东方的货船入境的戳印，脑子里却在构思一篇将会震惊世人的伟大小说。

这本小说后来成为美国文学史上的不朽经典——《红字》。这本黑色罗曼蒂克风的宗教批判小说掀起了美国本土文学兴起的风潮。而作为女巫审判案中的审判者之一的后人，霍桑是带着一种救赎的心情来写这部对祖辈所在的那个时代宗教意识进行批判和反思的小说。

伟大的文学作品让美国人对那段不光彩历史的反思和认知进一步上升到审美的高度，引起了人们巨大的共鸣与深刻的思考。想想海关工作人员霍桑坐在商船繁忙的港口办公室，一边忙于公务，一边构思着批判自己祖辈的小说，就觉得美国人高歌猛进的现实与对历史的冷静理性反思构成了一种奇妙的互补与平衡。

在塞勒姆镇，与旧中国贸易的历史至今在小镇上还留下了两处耀眼的历史遗址，栗树街区（Chestnut Street District）十九世纪富商的大量私宅以及包括了十二座历史建筑物的塞勒姆海事历史遗址。

生于塞勒姆的德比（Elias Hasket Derby）是塞勒姆最富有和最有名的独立战争后的商人之一。他正是"大土耳其号"的老板，在塞勒姆镇就有他豪华的故居遗址。

这段贸易往来历史还被当地的博物馆精心保存了下来。

塞勒姆有一座当今美国最具活力和创意的博物馆之一——迪美博物馆（Peabody Essex Museum），这个博物馆在北美洲博物馆中排名第三。一七九九年，美国第一个由远航的船长们成立的"东印度海洋协会"在塞勒姆成立，这正是迪美博物馆的前身。

博物馆里最有特色的是里面有相当规模的中国十九世纪老照片收藏（近万幅），以及全世界最大最全面的十七至十九世纪中国外销艺术品收藏，包括瓷器、绘画、金银铜器，以及华美的漆器和家具。这些藏品都是当时美国对华贸易的反映，很多都是曾经的航海家和商人带回来的物品，反映了航海时代东西方贸易的繁荣，集中体现了航海时代东西方贸易往来的物质成果，特别是十七到十九世纪中国、日本和印度等地为欧洲市场生产的出口产品，最为全面丰富，非常值得一看。

那些十八、十九世纪的水手兼商人从富饶的远东港口带回艺术品、文化以及对新世界的认知。

想象一下，到了十八世纪末、十九世纪初期，美国的波士顿、纽约、费城这些地区的富裕家庭中流行着精致的中国瓷器和各种中国装饰品，丝绸、染料、茶叶等也大为风行。中国园艺风靡一时，富豪们的后花园里有了中式亭台楼阁、小桥流水。在有产阶级的化妆舞会上出现了中国戏剧，公众娱乐场所也出现了中国魔术和杂技。在社交场合中，男人甚至戴着辫子（如乔治·华盛顿所为），穿着染色丝缎以示时尚和高雅。

人们在东方情调的物质与娱乐中品尝着新鲜的异域趣味。中国精美的艺术品受到了新英格兰人的追捧，"它们带来了新的色彩、图案和材质，提供了新的触觉乐趣，比如用瓷杯饮酒，穿薄如蝉翼的丝袍"，迪美博物馆亚洲外销艺术策展人卡琳娜如此说。不仅如此，对东方的兴趣从物质层面到文化层面后，进而进入到思想层面。

十九世纪的新英格兰人早已厌倦了欧洲古典主义的沉闷保守，而乐于将东方的异国情调融入到自己的文化中来。

独立革命后，美国人渴望进一步在思想和文化上独立。他们已经厌倦了听人轻蔑地说"新英格兰人没有文化，缺少作家"，想抛弃欧洲篱笆上的云雀和夜莺，转而歌颂新英格兰土地上的知更鸟和栅栏。为了寻找这种文化自信，他们需要另外的文化新资源。

他们注意到了中国最伟大的圣贤——孔子。

驶向东方的船返回美利坚时,不仅带回来中国精致的商品,还带来传教士们译介的《论语》《四书》。于是,远渡重洋而来的孔子与十九世纪新英格兰本土的文化思潮——超验主义思潮邂逅了。

一八三六年,"美国文学之父"、美国本土文化思潮超验主义的发起人爱默生跑到波士顿阅览室借阅了英国传教士马士曼的《孔子的著作》,从中抄录十九处记在日记里。

他的学生梭罗则在那部一八五四年出版的著名作品《瓦尔登湖》中大量引用孔孟语录。而这一年,正是有"中国留学生之父"之誉的容闳于耶鲁大学学士毕业,准备回到母国去实现他的文明富强之中国梦的时候。

4. 荫余堂

塞勒姆小镇上处处有着中美东来西往的交流印迹,不仅存在于历史深处,也存在于现实之中。

从女巫博物馆走出来,直走约一百米,再右拐,便可看到不远处有一座醒目的米白色建筑,文化气息十足,那正是著名的迪美博物馆。

迪美博物馆除了有丰富的十八、十九世纪中国外销艺术品的收藏外,还有一个非常有特色的镇馆之宝,叫荫余堂,竟然是一座完整的来自中国的徽派古建筑。

是的,它真是一座从中国安徽的一个叫黄村的乡村漂洋过海来到美国小镇扎根的清代大宅。这是全世界唯一的一座在海外的中国宅院,片砖片瓦都来自于中国,甚至包括了地基。更不用说精美的窗棂,每一样摆设物件,甚至还有墙纸。

两层结构的徽式建筑,古朴典雅,行走期间,你会惊异于它如此原汁原味地呈现着它自身所代表的历史,却又焕发着历经奇异的空间转换后独特的生机。

唯一提醒你这是在美国的是高鼻深目、穿西装的美国大叔工作人员,以及旁边可上二楼的精致电梯。作为一件建筑艺术品,毫无疑问,它被保护得很好,这让我展开联想这宅子如果还在中国,它可能面对的命运。

作为解说员的美国大叔得意地告诉我们他所知道的中国知识:这里很

多东西都是八个,因为"八"是中国人的幸运数字。

这座漂洋过海的中国宅院包含了一段中美文化交流的佳话。博物馆馆长白铃安(Nancy Berliner)曾到中国学习。她非常热爱中国艺术和文化,深为中国建筑艺术所折服。一九九六年,受"美国富达投资集团"旗下基金会的委托,她来到中国寻找老式建筑,希望能把选中的建筑原封不动地搬到美国去复制。白铃安来到安徽省黄山市休宁县走访,当时宅子的主人正打算卖掉这座老宅,因为在大力发展经济的时代主旋律之下它将面临被拆掉的命运。

于是机缘巧合,这栋老宅被移民到美国小镇,而原来宅子所在的地方也可以盖现代的新式楼房。在当时看来,这是让大家双赢的交易。虽然充满了巧合,但这或者是两个处于不同发展阶段的国家在面对文化遗产时的必然选择。

经过主管部门的重重审批,这座无人居住的老建筑最后被收购并拆运分装至美国迪美博物馆重建。二零零三年,皖南民居荫余堂在迪美博物馆开放,历时七年,耗资 1.25 亿美元,成为中美文化交流的又一见证。

行走在异国的中国宅院里,从那再熟悉不过的中式窗棂前走过,踩着暗沉古旧的楼板,抬头望见的,却是院墙上空美国碧蓝的天空,每个来此参观的中国人会有怎样的感受呢?

我觉得美国人这种愚公移山似的"傻"举动蕴藏着一种很强大的力量,这力量一方面来源于他们的认真,但更多的来自于他们的观念。

比如我们觉得没有价值,不值得留存的老宅,他们却花巨大代价一砖一瓦移到自己国家来,这就是观念上的巨大差别。我们的观念里看重的是实际利益、功利价值,他们却重视更高远的文化价值。

只有两百多年历史的美国对文化的热爱和重视是世界性的,而且不是只有少数人具有这种见识。因为光凭博物馆馆长一个人的力量不足以实现这样的创举,时间、金钱的花费,整个行动过程的协调涉及到各个部门……这显然是一群人乃至整个社会达成共识后才能实现的行动。而我们中国人还没有强大到整个社会普遍地具有这种世界性的眼光和认识。我们往往只关注中美经济、军事等看得见的数据差距,这种文化认知上和观念上的巨大差距常常被人们忽略了!

（搬到美国的晚清徽派老宅荫余堂）

5. 记住塞勒姆

再开车不到十分钟,到了塞勒姆镇靠海的冬园(Winter Park)。这里有一道标志性风景——海边白色灯塔,曾经它是新英格兰人在独立战争中戒备敌人船只的信号塔,指示人们以方向,如今则成了一道单纯的美丽的风景。

深邃宁静的大海,岩石间矗立的年代悠久的白色灯塔,面朝大海的长椅上坐着一对头发花白的老年夫妇,旁边趴着一条昏昏欲睡的老狗。消散了历史上的动荡和纷纭之后,此刻的海天之间,唯有一种安详广阔的美,让人感慨而又感动。

　　自然与人文、历史与现实和谐共存于这个小小的新英格兰小镇，使这个小镇具有一种非凡的魅力。

　　行走在这个被世界记住的女巫小镇，可以体会到这个国家的智慧和理性在一个小小的历史节点上闪耀的光芒。

　　经过一家女巫博物馆附近的店铺时，看到店铺门楣上的招牌赫然写着："记住塞勒姆（Remember Salem）"，令我心里一动。更令我好奇的是，对面的墙边石凳上，坐着一个奇装异服，头发红紫相间，眼圈妆容有些可怖，形容颇似女巫的女孩。她吸着烟，看似不羁，但见到我们，却裂开涂着深色唇膏的嘴露出友好的微笑，一点都不介意我们直勾勾盯着她的眼神。她马上让我联想起当年这个镇上曾被冠以"女巫"之名而被迫害的那些女性。

　　路上我们又见到一个类似女巫装扮的年轻女孩，这才意识到，这些年轻不羁的女孩是在用这种夸张的方式提醒世人，有一个时期有一群女性曾被视为人群中的异类受到残酷迫害。姑娘们扮成女巫的行为艺术里竟然还有

（Winter Park 的白色灯塔）

当下的女权主义诉求在里面。据说到了万圣节,街头全是装扮成女巫的女性在狂欢。这些姑娘们大概想以这种方式来提醒世人:

"记住塞勒姆。"

咪咪妈妈记于二零一八年四月十八日

人文景点提示:

塞勒姆女巫博物馆(Salem Switch Museum):19 1/2 N Washington Square,Salem,MA 01970

塞勒姆迪美博物馆(PeabodyEssex Museum):161 Essex St,Salem,MA 01970

冬园(Winter Park):50 Winter Island Rd,Salem,MA 01970 – 5767

七角阁楼(The House of Seven Gables):115 Derby St,Salem,MA 01970

"瓦尔登湖的风景是卑微的"

第一次看《瓦尔登湖》的时候，在一部美国人引以为骄傲的经典文学作品中，看到那么多熟悉的儒家典籍中的语句被充满敬意地引用在字里行间，是件让作为中国人的我感到新鲜好奇而又骄傲的事情。

你不知道这些在中国文化语境中孕育形成的思想是如何漂洋过海并且在另一片文化土壤里生根发芽的。它们会被怎样理解、怎样运用于西方人的文学作品中呢？我们老祖宗说的话，会对西方人有启示吗？会放之四海而皆准吗？那些高鼻深目的西方人会敬肃地对待这些来自东方的思想吗？

这样的疑问是写下这篇文章的初心。

> 这不是我的梦，
> 用来装饰一行诗；
> 我不能更接近上帝和天堂
> 甚于我之生活在瓦尔登湖。
> 我是它的圆石岸，
> 飘拂而过的风；
> 在我掌中的一握，
> 是它的水，
> 它的沙，
> 而它的最深邃僻隐处

高高躺在我的思想中。

——梭罗《瓦尔登湖》

瓦尔登湖,是你吗?

新英格兰马萨诸塞州首府波士顿的西北郊,有一个叫康科德(Concord)的小镇。看上去,这个小镇和美国的其他小镇没有什么太大的区别,但在美国历史和文学中,它可是赫赫有名的。美国独立战争的第一仗就在这里打响(莱克星顿和康科德战役)。

这个新英格兰小镇,诞生了闻名于世界文学史的四位作家,而且奇妙巧合的是,他们都生活在同一时代,为美国本土文学被世界认可作出了群体性的贡献:

"美国文学之父"爱默生(Ralph Waldo Emerson,1803—1882),代表作是演讲与随笔体的《论文集》;

梭罗(Henry David Thoreau,1817—1862),代表作《瓦尔登湖》;

霍桑(Nathaniel Hawthorne,1804—1864),代表作《红字》;

以及路易莎·梅·奥尔科特(Louisa May Alcott,1832—1888),代表作《小妇人》。

不过,其中最有世界影响力的文学作品,应该是《瓦尔登湖》了。直到今天,中国中学生必读书目中都有这本书。它的中文翻译者,著名的翻译家徐迟对它的评价让人印象深刻,说这是一本寂寞的书,一本孤独的书,一本一个人的书。这让生活在都市丛林中厌倦了庸碌生活、紧张节奏的现代人很容易产生阅读的向往吧。

梭罗的《瓦尔登湖》可是美国文学的骄傲,它的诞生相当具有实验性。一百多年前,这个哈佛大学的高材生径直跑到无人居住的瓦尔登湖边隐士般地居住了两年零两个月。梭罗远离尘嚣,自力更生,目的很单纯,为的就是孤独地生活与思考本身。回到尘世中后的他写下了这部伟大的作品。

和到了安城必然要去瞻仰美国女诗人艾米莉·狄金森的故居一样,到了波士顿,怎能不去康科德镇的瓦尔登湖看看呢?二零一五年的夏天,朋友丽驱车带我从波士顿前往康科德镇。经过不到一个小时的车程,就到了我心仪已久的瓦尔登湖。

今天的瓦尔登湖湖水依然清澈,梭罗笔下瓦尔登湖的与世隔绝般的幽静却已然不再。这里成了人们嬉戏游乐享受阳光的好去处。只见游人们如一个个乱纷纷的标点符号,漫不经心、密密麻麻地随意点在湖岸边白色的沙滩上。

兜着尿片、含着奶嘴还在踉踉跄跄学步的小小孩自己在水边岸上到处乱跑,萌得不行,妈妈懒懒地在旁边和朋友聊天;这边身材高大的帅气爸爸在给两个女儿细心扎辫子、涂防晒霜;还有带着孙子在并不算热的湖水里游泳的体型健硕的老爷爷;穿着比基尼大大方方躺在湖边晒太阳的女子……总之,完全不同于我的想象,瓦尔登的画风十分亲民。

忍不住在心里像梭罗一样问出同样的话:瓦尔登湖,是你吗?

因为,如果不是有梭罗的那本书的存在,没有人会相信,这个如此热闹的普通的小镇湖畔,一百七十多年前,曾经那么幽静寂寞,远离尘嚣,作为没有被污染过的宇宙的一部分,在森林深处遗世而独立,把人世远远抛在后面。

梭罗大概想不到,当年他批判人们忙于庸碌的生活而从不停下来欣赏湖光山色,只过油腻的充斥着商业气息的新英格兰生活,而不愿回头对瓦尔登湖留心一瞥。可时间流逝,今天的瓦尔登湖已经来到人间,成了"人民"的湖,但是它也失去了孤独的本质,不再是梭罗笔下的那片神奇纯洁的风景。

有时候,你不得不佩服人类征服和占领宇宙自然的速度与激情。

首先让我们回到一百七十年前,去感受梭罗笔下描绘的那个充满自然魅力的瓦尔登湖吧。

"神的一滴"

一八四五年的三月底,一个哈佛大学的毕业生,扛着借来的一柄斧头,走到瓦尔登湖边的森林里,砍下箭矢般高耸入云的幼年白松,为自己建造一个小木屋,又在屋旁挖了一个地窖。花了四个月的时间打造了小屋之后,他住进了这间湖畔小屋。

在他亲手建筑的木屋周围,距离最近的邻居,也有一英里的路程。他决定要靠双手劳动,来养活自己(事实上他对文明世界还是有所借力,尤其是

（瓦尔登湖边写有梭罗语录的木牌）

在食物方面，但这无损于他的这次伟大实践。）

　　这个人就是梭罗，他以这样的方式暂别文明世界，在瓦尔登湖畔体验了两年零两个月的隐士生活。

　　"瓦尔登湖的风景是卑微的，虽然很美，却并不宏伟。"

　　能够理解卑微之美，是进入到瓦尔登湖风景之魅的入口。瓦尔登湖没有海的博大，天空的旷远，高山的巍峨，它只是朴素安静地在宇宙的一隅水流花开，尽生命之理。这让我想起唐代诗人王维笔下的辛夷坞，"涧户寂无人，纷纷开且落"，和瓦尔登湖一样，尽管花谢花开在无人的角落，但生命的韵律与节奏却与宇宙自然同一。

　　这是一个明亮的深绿色的湖，半英里长。它是松树和橡树林中央的岁月悠久的老湖。

　　倒映着天空的湖水如此透明，鸟儿如同从水底飞过，亦如同在天空游过。赤脚踏水时，可以看到在水面下许多英尺的地方有成群的鲈鱼和银鱼，大约只有一英寸长，连前者横向的花纹也能看得清清楚楚，"你会觉得这种鱼也是不愿意沾染红尘,才到这里来的"。

无论四时晨昏,瓦尔登湖都如此美好。

　　湖上的明净的空气自然很稀薄,而且给乌云映得很黯淡了,湖水却充满了光明和倒影,成为一个下界的天空,更加值得珍视。

这个新英格兰男子,在湖畔自己动手搭建了一间木头房子,开始做一个远离尘嚣、在湖光山色之间徜徉的隐士。

　　我发现我的房屋位置正是这样一个遁隐之处,它是终古常新的没有受到污染的宇宙的一部分。

　　每一个早晨都是一个愉快的邀请,使得我的生活跟大自然自己同样地简单。

(二零一五年八月作者摄于瓦尔登湖畔)

建好自己的小屋后,梭罗在明媚的夏日,每天早早起床,向清晨的曙光顶礼,并在湖中洗澡。他赞叹着造物的神奇,赞美生机勃勃的世界,想起遥远的东方古国几千年前的君王刻在自己澡盆上的铭文:"苟日新,日日新,又日新"。洗澡成了一种心怀虔敬的古老仪式,不仅洗去身体的污垢,获得精神上的新生。

在晨曦还没有出现在天边之前,他就静静坐在屋里。门窗大开,一只蚊虫在房子里自在飞着,微弱的吟声让他至为感动。

在温和的黄昏中,他常坐在船中弄笛,看鲈鱼在周围悠游,好似被笛声迷住,而月光洒在肋骨似的水波上,上面还凌乱地倒影着破碎的森林。

宇宙的生生不息常令他感动,令他想起《吠陀经》中的格言:一切知,俱于黎明中醒。

(梭罗)

他热爱东方哲学,印度的,中国的,都为他思考什么才应该是美国人健康的生活理念和方式注入了活力。

他如此挚爱真理,他说:不必给我爱,不必给我钱,不必给我名誉,给我真理吧。

他批判十九世纪初期的新英格兰人为庸俗的商业主义和僵化教条的教会思想所困缚,更从人类的宏大角度批判人渐渐远离大自然而在物欲和权力欲中沉沦的愚不可及。

他在湖畔思考人类:为什么我们生活得这样匆忙,这样浪费生命呢?

人之所需，并不是要做些事，而是要有所为，或是说需有所是。

如果我们不慌不忙而且聪明，我们会认识唯有伟大而优美的事物才有永久的绝对的存在。

瓦尔登湖畔的梭罗，既是个哲人，又是个诗人。他独与天地精神往来，在山水间凝神默思，颇有庄子式的道家气质。

时间只是我垂钓的溪。我喝溪水，喝水时我看到，它那沙底是多么浅啊。它的汩汩的流水逝去了，可是永恒留了下来。我愿饮得更深；在天空打鱼，天空的底层有着石子似的星星。

这些充满了哲学气息的句子隽永清新，意义如星星在夜空若明若暗。然而魅力也正在于此。

瓦尔登湖畔的隐士

第一年的夏天，整整一个夏天，梭罗都没有读书，他聚精会神地种豆。甚至他舍不得把美好的时间牺牲在任何工作中。有时候，他只是在自己造的小木屋前发呆，在湖畔静坐，在森林里漫漫行走，或者与林中偶尔遇见的樵夫聊寂寞的天。

我爱给我的生命留有更多的余地。有时候，在一个夏天的早晨，照常洗过澡后，我坐在阳光下的门前，从日出坐到正午，坐在松树、山核桃树和黄栌树中间，在没有打扰的寂寞与宁静中，凝神沉思……

他说，我在这样的季节中生长，好像玉米在夜间生长一样。这不就是诗吗？然而如此朴素。

八月的湖畔，生命异常茂盛地生长。在他庭院的前面，生长着草莓、黑莓，还有长生草、狗尾草、黄花紫苑、矮橡树和野樱桃树，越橘和落花生。当他坐在窗前时，有时候会听到一枝新鲜的柔软的树枝被自己的重量压倒折断的声音。鹰在林中空地盘旋，野鸽子在疾飞。一只鱼鹰在水面上啄出一个酒窝,便叼走了一尾鱼。

十月中,他到河岸草地采摘葡萄,满载而归,色泽芬芳,胜似美味。

十一月,北风开始把湖水吹凉。

最后冬天热心地来到了,积雪覆盖的森林和湖上,常常有小动物光顾,月夜之下可以听到狐狸爬过积雪,赤松鼠在屋脊上奔窜。黄昏与黑夜中,兔子经常跑来。

一个人是要有多么寂寞,才会将一棵棵杂草顽强的生长写得如同希腊神话中的特洛伊战争,将一只深雪中的松鼠拖玉米的过程观察得那么细致生动啊。

有时候,他静静站在树林的深处,长久地,听着林间各种声音,树叶的飒飒声、猎犬的狂吠声。那是一场捕猎。有狐狸轻快地穿过林间,跳上林中的一块岩石,笔直地坐着,听着,它的背朝着猎人。呼的一声——围绕着死去狐狸的猎犬们不知所措地感到了一种神秘气氛,直到猎人过来缴获战利品,剥掉狐狸的皮。

他描写道:"行走在林间,鹧鸪鸟拍翅而去,震落了枯叶和枝桠上的雪花。雪花在阳光下飘落的时候,像金光闪闪的灰尘。"

瓦尔登湖的冰是独一无二的。近看是绿的,可是从远处看,蓝蓝的很美,像一块很大的翡翠。

"为什么一桶水放久了要臭,而冻冰以后,却永远甘美呢?一般人说,这正如情感和理智之间的不同",这样的句子实在睿智得令人崇拜,而在书中却比比皆是,和瓦尔登湖的美丽一样多姿多彩。

然后,瓦尔登湖的春天又来到了,万物生生不息。

梭罗在湖开冻的时候,于晚间听到惊人的裂响,像一声大炮。他写道:"于是冰的锁链就此全断了。"

几天之内,冰冻迅速消融。野鸭飞来。温暖的风吹散了雾和雨。微弱的银色的啁啾之声穿过了还是光秃秃的润湿的田野,小草像春火在山腰燃烧起来。

积雪消融的澄澈的湖面又开始与高远的天空心心相印。

他写道:"瓦尔登湖春天的来临,很像混沌开初,宇宙创始,黄金时代的再现。"

梭罗深深感到了大自然的美好纯洁,深邃博大,他深情款款地说——阳光如此温暖,坏人也会回头。人们应该像婴孩一样纯洁地感受春天。

充满希望的一年的新生活,如此柔和、新鲜,犹如一株幼树。他相信,人可以从大自然,从海岸的破舟碎片,从旷野和它的生意盎然,从雷云,从连下了三个星期的导致了水灾的雨中,从这一切中得到精神的焕发。

没有谁,比他更能领会大自然给予人的精神的馈赠了。

他又期待又惆怅地想,春天以后,季节流逝,就到了夏天,那时,就可以漫游在岸边越长越高的丰草中了。

一年的林中生活就这样被他说完了,他又这样过了第二年。

在第三年的九月六日,梭罗离开了瓦尔登湖。

这是一八四七年,这一年新英格兰史无前例地迎来了三位脑后留着乌黑长辫子的东方少年,他们随着在马礼逊学校担任校长数年之久的勃朗牧师来到了新英格兰的孟松镇,开始他们接受西方教育的读书生活,其中有一位就是后来被誉为"中国留学生之父"的容闳。

几乎在相同的时间里,当新英格兰人梭罗正沉浸于从中国古典思想中得到的感动时,中国人也从天朝大国的旧梦中渐渐醒来,开始打量这种从海上而来的陌生的西方文明。

简单些,简单些,再简单些!

季节并没有因这个特立独行的新英格兰男人的来到与离开而停留。群峰中的皓月依然亘古不变地照临澄净的湖面。

大美不言。沉默往往胜于一切语言。

然而,在人的世界从此多了一本叫做《瓦尔登湖》的书。梭罗将在瓦尔登湖畔的感悟汇成了这本美国文学史上的经典。

他告诉世人:让生活简单些,简单些,再简单些!

他说,生活越简单,宇宙的规律也就越显得简单,寂寞将不成其为寂寞,贫困将不成其为贫困,软弱将不成其为软弱;

他说,如果你造了空中楼阁,你的劳苦并不是白费的,楼阁应该造在空中,就是,还要把基础放到它们的下面去;

最后他说,使我们失去视觉的那种光明,对于我们是黑暗。只有我们睁开眼睛醒过来的那一天，天才亮了。天亮的日子多着呢，太阳不过是一颗晨星。

言下之意，人们自我的真正觉醒，才是生命内在的光明所在。

而梭罗用两年多瓦尔登湖畔的隐居生活只为证明一个真理：

只有简单而安宁的生活才可以为人们带来生命内在的觉醒。

咪咪妈妈记于二〇一八年三月二十九日

附录：《瓦尔登湖》里引用的那些儒家语录

1. "苟日新，日日新，又日新"。

整个《瓦尔登湖》的核心精神就是"新生"，这也是它作为早期美国本土文学的经典之作所反映的这个新生国家的精神核心。为此梭罗引用中国商代成汤王《汤之盘铭》上的那句"苟日新，日日新，又日新"，以此表明世界的生生不息，内心的新生力量自然地推动对于崇高品德的追求，正如不断沐浴一样，人们需要不断改良自己的德性。

2. "神鬼之为德，其盛矣乎"、"视之而弗见，听之而弗闻，体物而不可遗"、"使天下之人，斋明盛服，以承祭祀，洋洋乎，如在其上，如在其左右"。

这几句出自《中庸》，是孔子对于超乎人力之上的鬼神力量的认识。在《瓦尔登湖》中，梭罗认为人们被那些表面的琐碎的事务所迷惑，却没有意识到"最接近万物的乃是创造一切的力量。其次靠近我们的宇宙法则在不停地发生作用。再其次靠近我们的，不是我们雇佣的匠人，虽然我们喜欢和他们谈谈说说，而是那个大匠，我们自己就是他创作的作品。"梭罗引述孔子语录是为了表明人是无所不在的上帝的作品。人的返朴归真才能令神悦纳。这有着当时新英格兰盛行的清教主义的影响在其中。

3. "德不孤，必有邻"。

梭罗引用了孔子的"德不孤，必有邻"，然后说，"难道我们不能够有一会儿离开我们的充满了是非的社会——只让我们自己的思想来鼓舞我们?"他看重内心,觉得大部分时间里,只要精神充实,寂寞是有益于健康的。他说,真正勤学的学生,在剑桥学院最拥挤的蜂房内,寂寞得像沙漠上的一个托钵僧一样,而"社交往往廉价"。可见梭罗一直关注个体的心灵秩序与外在社会秩序之间的关系。

4. 在"村子"一节中,梭罗引用了"子为政。焉用杀。子欲善。而民善矣。君子之德风。小人之德草。草上之风,必偃。"

在这一节,梭罗讲了他在镇上被捕的事情。他多年拒绝缴付"人头税"给政府,甚至不承认政府有这个权力。为此他被监禁在牢房里,不过第二天他被释放出来了。梭罗相信只要所有人都生活得如他一样简单,偷窃和抢劫便不会发生。发生偷窃和抢劫,原因是社会上有的人得到的多于足够,而另一些人得到的却又少于足够。梭罗认为人心的迷失,很大程度上在于人任自我在狗苟蝇营的生活中堕落,他也乐观相信,人性不无机会返回纯洁,应该抓住一切机会,改正自我,恢复本心,推己及人。

5. 梭罗引用了鲍蒂尔德(Pauthier)译《孟子·告子章句》:

> 虽存乎人者,岂无仁义之心哉。其所以放其良心者,亦犹斧斤之于木业。旦旦而伐之,可为美乎?其日夜之所息,平旦之气,其好恶与人相近也者几希?则其旦昼之所为,有梏亡之矣。

孟子的本意是说:人心犹如牛山之木,固有的本性是美的,人心被放任的同时而又不抓住有限的时机进行自我反省和修缮,便如同牛山之木遭到滥伐后再遭牛羊啃噬,渐渐和原来美的本性就远了。梭罗将此段放在春天篇中,并且在引文的前文劝诫人们在春天这个辞旧迎新的时机,"恢复自己的纯洁",并去"发现邻人的纯洁"。

在梭罗看来,没有被工业化社会和商品经济所异化的人性本真才是最珍贵、值得拿来作为美国精神之基础的东西。否则被异化和客体化的人们连自己都迷失了,更无须谈如何真正爱这个世界,爱自己的国家。

梭罗的文字反映的是活泼泼的,富于创新精神和探索精神的美国精神——"不,你得做一个哥伦布,寻找你自己内心的新大陆和新世界。开辟海峡，并不是为了做生意，而是为了思想的流通。每个人都是自己领域中的主人，沙皇的帝国和这个领域一比较，只成了蕞尔小国，一个冰天雪地中的小疙瘩"。

他借此批评那些不知道尊重自己、不懂得倾听自己的内心却奢谈爱国的人："他们爱上他们将来要葬身的土地，却不理睬使他们的躯体活泼起来的精神。爱国只是他们脑子里的空想"。

6. "三军可夺帅也，匹夫不可夺志也"（孔子语）

梭罗引用这句话，表明的是一个人的思想才是人拥有的最重要的东西。他继而说道："你的衣服可以卖掉，但要保留你的思想"、"如果我得整天躲在阁楼的一角，像一只蜘蛛一样，只要我还能思想，世界对于我还是一样"。

将孔子所言的"志"理解为具有独立性和个体性的思想，这充分反映了异质文化之间进行交流和吸收时，第一步往往都是从有意与无意间的"误读"开始的。这种拿来主义式的文化误读值得我们深思和借鉴。

人文景点提示：

瓦尔登湖（Walden Pond）地址：915 Walden St，Concord，MA 01742
"美国文学之父"爱默生（Ralph Waldo Emerson）故居地址：28 Cambridge Turnpike，
    Corcord，MA 01742.

孔子、梭罗和海子

——一次中国古典思想力量的回流之旅

《瓦尔登湖》里有如此之多的儒家经典语录被作者梭罗引用于字里行间，读过这本书的人大约都会生出这些好奇心：这些在中国文化语境中孕育形成的思想究竟是如何漂洋过海，并且在另一片完全不同的异质文化土壤里生根发芽的呢？

1. "东学西传"之马前卒

孔子思想缘何能远渡重洋来到新英格兰，这得从十九世纪早期西方掀起的世界性的基督教福音传播运动说起。

十八世纪末、十九世纪初西方社会工业化发展，世俗主义盛行，为了应对这种状态、保持人们的宗教热情，宗教团体纷纷发起了海外传教运动，一些具有使命感和冒险精神的欧美传教士先后走上了往东方传教的道路，他们在传道的同时成了文化的传播者，带去西方文明，又将东方文化带回了欧美。

十九世纪初来华的传教士有一个共同点，他们学习地道精深的汉语都是通过翻译儒家经典来学习的。这些虔诚的传教士学习之勤奋实在令人吃惊，许多中国老百姓都不能理解的深奥古雅的文言经典，他们也照啃不误。等他们掌握了汉语，一本儒家经典也被翻译得差不多了。当然，他们不一定能很好地理解语言的奥义，所以一般采取直译的方法。

由此，儒家经典也就进入了十九世纪西方人的视野。

（西方人眼中的孔子）

　　客观地说，无论传教士们如此勤奋出于何种之目的，翻译过程中是否能按照我们的文化语境来理解经典，但毕竟促成了"东学西传"，为中西方文化交流充当了马前卒。

　　一七三一年富兰克林创建的图书馆公司（Library Company）是美国历史上最古老的外借公共图书馆。该图书馆馆藏目录显示一七三三年由法国耶稣会士们编译的《中国哲学家孔子》的法译本收藏入库。这是最早孔子思想传入北美殖民地的记录。

　　东学西传过程中，有两位英国伦敦会传教士的英译儒家经典在美国十九世纪上半期的学界影响巨大。一位是马士曼（Joshua Marshman，1768—

1837)，另一位是柯大卫（Collie David）。说起来，这两位都是为了信仰无惧艰难的卓绝之士。

一八零九年，首部英译《论语》——英文名为《孔子的著作》（*The Works of Confucius*）在一个离中国边境不远的印度城市塞伦坡印刷出版，而这也是近代中文铅活字印刷的开始。

翻译者同时也是印刷出版者，是一位来自英国的新教传教士——马士曼。中文到此种程度的他一生之中竟然未到过中国，但他抱着强烈的传道使命感（也不排除有潜在的政治意图），在印度一心惦记着幅员辽阔的中国，梦想着有一天打开中国的传教大门（鸦片战争之前中国门户尚未打开，基督教传教受到严格限制）。

为此他在印度潜心学习汉语，翻译出版了英文版的《论语》，这本书成为了当地中文教育系统的中英文双语教材，也填补了十九世纪初期西方对于儒家经典认知的空白。

而柯大卫（Collie David）是一位十九世纪初期英国伦敦会派往马六甲的传教士，在中西文化交流史上颇有一席之地，他主持过新加坡著名的英华书院（一八一八年由英国来华传教士马礼逊建立，是基督教在亚洲传教的重要基地）。这哥们为了传道使命，刻苦学习中文，翻译了十几种中国古代经典名著，加上还有其他许多繁重的日常布道工作，过于忘我地投入，令他透支了精力，终因过度劳累而英年早逝。他是将《四书》译成英语的第一人。

马士曼和柯大卫都带着十八、十九世纪往东土传教的新教传教士们共同的特征，他们远渡重洋，背井离乡，冒着生命危险在异国传道，虽然他们的动机不为所有人认同，但不可否认的是，他们埋头耕耘，为"东学西传"，为中西方文化的交流作出了实实在在而又默默无闻的贡献。

2. 十九世纪上半期缺乏文化自信的 Jonathan

不过，最开始，搭建起十八世纪以来东西方之间来往关系的，并非思想文化、宗教信仰这些抽象的东西，而是实实在在看得见的经济利益——西方世界对于一种极为普通的树叶的巨大需求。

最开始西方人称这种植物为"cha"，后来英国人称之为"tea"。中国人称之为"茶"。是的，茶叶对于人类政治史的推动和鸦片一样值得专门加以阐述。对于中西方交流来说,西方世界对茶叶的惊人消费是最早促使西方人来到中国捞金的动力。可以说,是从这个意义上开始了中西关系的实质性创造。

一七八四年二月二十二日,一艘由私掠船(又称武装民船)改装的名为"中国女皇号"的商船自纽约起航驶往中国广东,次年五月十二日返回纽约。

这是史上第一次中美之间的贸易来往,主要是进行茶叶贸易。这次航行丰厚的利润刺激了美国商人的海外进取心,他们开始纷纷将目光投向万里重洋外的东方帝国。

与东方的贸易来往越来越频繁,新英格兰的海岸小镇塞勒姆港口热闹繁忙,海面成群的海鸥在林立的船只桅杆之间飞来飞去。几乎每天都有从东方返航的船只,卸下满载而归的货物。

海外贸易悄然影响着十九世纪美国尤其是新英格兰地区的大众审美趣味。美国人对于中国的精美商品是如此崇尚,一个十九世纪的新英格兰家庭,如果家里没有中国瓷器、雕刻、丝绸、家具,就不好意思说自己多富有,甚至他们的花园也会点缀各种东方情调的装饰,呈现中国园林式的格调以示品味的高雅。

这一切审美趣味的变化里暗含着一种文化价值取向的变化。经济迅速崛起、有着强烈政治自信的美国佬已经不满于在文化上依然附庸于欧洲。他们开始探索自己的风格,塑形地道的美国性格。

美国人对于中国商品的喜爱之情主要由于他们对起支配地位的古典模式感到不满,希望通过引进新颖奇特的中国商品和风俗习惯来排遣他们胸中那种古典主义的乏味感。而这种古典模式和古典主义都是来自于欧洲的。

当时的美国人受够了欧洲人居高临下的文化歧视,渴望形成自己的文化自信,成为有文化影响力的世界大国。

美国人,作为一个新民族,是以追求金钱一样的热情来追求道德和精神的进步,并将二者视为创造其新文化的根本因素的民族。(保罗·约翰逊《美国人的历史》)

与此相类似的是另一位曾获得诺贝尔文学奖的波兰人亨利克·显克维奇在其写于 1876—1879 年间的《旅美书简》中的评价：

> 美国人有一种很可贵的性格，这就是，只要出现一种要求改善人类生活，要求进步的理论，他们就敢于把它付诸实践。

这种民族个性确实是美国早期迅速崛起的重要因素。但我们知道文化自信这玩意儿，不像贸易和金钱那样看得见摸得着，也不像政治制度，说建立就可以齐心协力弄起来。它需要有文学艺术、思想理论等各个领域的百花齐放，需要艺术家们个性化的自由思考和创造，需要天时地利人和，并不是一时半会儿可以实现得了的。

不过，有一样能特别有效地提升文化自信，那就是叫得响的文学作品的横空出世。这就好比咱们莫言得了诺贝尔文学奖的效果。然而，这样的作品还没有。

被欧洲人蔑视为暴发户的美国佬心里的那个急啊。故而我们可以理解一八五四年出版的《瓦尔登湖》具有的价值和意义了，它是美国本土文学形成自己风格的标志，它体现了美国人自己的创造性。它意味着在文化上，从此 Jonathan（美国佬的泛称）不再是那个只会跟在欧洲屁股后面的不自信的小弟了。

3. 孔子与超验主义思潮的邂逅

先来看看十九世纪早期的美国文学现状吧。美国第一位真正意义上的文学名人是华盛顿·欧文，他是第一个获得世界性声望的美国作家，但他的作品多取材于欧洲。然后是《最后的莫希干人》的作者库珀，不过库珀代表着怀旧、保守，是个美国生活方式的批评者。接着是朗费罗、爱伦·坡、霍桑、惠特曼、艾米莉·狄金森……这些十九世纪的美国作家、诗人们在新大陆的荒野上开疆辟土，前仆后继，经过艰巨而漫长的跋涉，渐渐向文学上的成熟靠近。

这中间特别要提到的，是被称为"美国文学之父"的大作家爱默生。他是第一个跟美国的主流气质完全合拍的美国知识分子和作家。他是梭罗的恩师。

　　作为一个旗帜鲜明抵制文化自卑感的文化精英,爱默生声称"要把欧洲的绦虫从美国的躯体中分离出去,用对美国的激情把对欧洲的激情驱逐出去"。他推动了最早的美国本土哲学运动,这股哲学思潮被称为"超验主义"。

　　超验主义思潮的爆发让美国人松了一口气,尽管不太能理解这套现在看起来挺灵修气息的理论,但他们还是赞许爱默生,因为美国从此有了严格意义上自己的知识分子,文化自信又向前推进了一大步呀。

("美国文学之父"爱默生)

　　当时的美国工业迅速发展崛起,尤其新英格兰成为最早的工业区,但是工商业的发展造成了宗教信仰的衰微,世俗主义的盛行,尤其是拜金、实用主义的大行其道,对自然的疯狂掠夺与践踏,既破坏了自然,又造成了人自身的精神困境。而超验主义就是针对这种现象的批判思潮。

　　那么究竟什么是超验主义呢? 这说来话长。它的核心主张就是认为人能超越感觉和理性而直接认识真理,强调直觉的重要性,认为人类世界的一切都是宇宙的一个缩影——"世界将其自身缩小为一滴露水"(爱默生语)。"相信你自己"这句爱默生的名言,成为超验主义者的座右铭。

　　超验主义追求人的自由精神确实成为美国文化中一个重要遗产。这种思潮主张热爱自然,尊崇个性,具有反对权威和教条方面的意义。超验主义强调人的主观能动性，认为人的精神可以超越物质世界、感性世界、经验世界的种种限制，而生活就是为了发掘自我、表达自我、充实自我。这种人文主义精神和自立主张对人类历史的发展具有重要意义和深远影响，尤其对于工业化社会中沉迷于物欲而难以自拔的人类来说，无疑是一个及时的警醒。

由这种思潮的主张我们就可以明白，梭罗的《瓦尔登湖》简直就是这种哲学观念的文学再现。

但作为一种努力摆脱欧洲阴影的哲学主张，超验主义需要有新的思想资源。而这个时候，传教士们从东方带来的文化思想，便如同一股清流，及时地流入了超验主义者们的思想中。

爱默生是美国发现东方的先知，面对国内缺乏文化自信的现状，他认识到亚洲思想的哲学意义，试图将东西方思想调和。他提出"飞向异教徒"。为此他与自己的学生梭罗一起合作，在十九世纪 40 年代逐步在超验主义俱乐部的著名刊物《日晷》上介绍中国儒家文化经典。

于是孔子远渡重洋，为北美带来了一股清新温和的中国风。

据学者考察，梭罗第一次接触儒家思想，是在一八四一年，当时他居住于爱默生家里。他在老师书房发现两部关于儒家思想的书，正是传教士马士曼翻译的《孔子的著作》和柯大卫翻译的《四书》。梭罗立刻被这些东方典籍所吸引，不久就在日记中提及：这些古书是多么动人心魄，荷马、孔子的情趣是多么高贵！

其实马士曼的英译《论语》——《孔子的著作》不算卓越完善。但作为历史上首部出版的《论语》英译直译本来说，它确实填补了十九世纪初期西方对于儒家经典与中文认知的空白。它被传至欧洲，然后又到了美国，为西方其他新教修会以及知识阶层了解中国这个庞大帝国的语言、文学以及哲学打开了一扇窗。

与爱默生、梭罗的相遇，让孔子的思想在异域焕发出光彩。

最终从《孔子的著作》中选出十七句，刊登于一八四三年的超验主义俱乐部刊物《日晷》，题为"孔子的话语"（Sayings of Confucius）。其之于中西文化交流和西方汉学影响深远，意义重大。而新教传教士柯大卫翻译的《四书》对于超验主义影响也很大。一八四三年《日晷》也刊载了《四书》语录，并在序言中指出：这个译本……是我们迄今为止看到中国文献中最有价值的贡献。

那么究竟是孔子的哪些思想元素为这些美国的超验主义者所借重呢？

"儒家相信人的内心感化和善能对一个人起改造和净化作用，使人人自觉成为好的社会成员，这和超验主义者们思想基于的自律、自净的清教主义原则相吻合。"梭罗在孔子的言论中看到了人性，看到了与自己精神产生共鸣性的元素。而这些正是在塑形中的某些美国新精神的特点。

可以说，孔子思想与超验主义的邂逅充分体现了美国人整合异质文化中的精神元素的能力和智慧，他们以拿来主义的方式建构自己的文化新精神。

4. 志同道合的师生：爱默生与梭罗

超验主义与儒家思想在十九世纪上半期发生的这种碰撞，既满足了超验主义自身发展的需要，亦彰显了儒家思想的文化价值与魅力。梭罗后来在瓦尔登湖旁对返归自然的简单生活的实践，很容易让人联想到孔子所赞叹的"一箪食，一瓢饮，回也不改其乐"的颜回精神。

类似于颜回与孔子，梭罗与爱默生也是一对彼此懂得和欣赏的师生。

梭罗一八三七年于哈佛大学毕业时，爱默生已经是声名远扬的大作家、思想家。梭罗毕业后回到康科德镇，在家乡中学教书，与同住在康城的爱默生有了愉快的来往。在爱默生推动下，梭罗开始写诗投稿。过了两年，爱默生邀请梭罗住到他家里。于是梭罗就上门给老师当助手，成为其门徒。

一八四四年秋天，爱默生在瓦尔登湖区买了一块地。得到主人允许，梭罗于第二年扛着斧子走进了瓦尔登湖边的森林，动手建造一间木屋，着手他那留在世界文学史上的伟大实践。

这个在湖畔独自幽居，思考人生的青年，真正地断了舍离。他离开人群，并非厌弃生活，恰恰相反，因着对生活无比热忱的爱，他想知道生命应该如何珍惜，在当时的社会现实中，人应如何自处。

这样的生活方式，既不是隐士的逃离，也不是行为艺术的古怪，而是梭罗有目的地在探索人生的途径。他看到了时代的道德困境，尝试不同方法以使人们改变和摆脱日益忙碌的生活、麻木的精神，回到最初状态来思考人类的文明。

他说:"不做穷苦人的先知,努力做值得生活在世界上的一个人。"

他说:"尽可能长久地生活得自由,生活得并不执着才好。执迷于一座田园,和关在县政府的监狱中,简直没有分别。"

他强烈地反对人类对于自然的践踏漠视,贪婪攫取和无度索取。

> 人类已经成为他们的工具的工具了。
>
> 说甚天堂,糟蹋大地。

这期间发生了一件值得一提的事情,可以让我们看到梭罗的另一面。

一个晚上,他进城到一个鞋匠家去补鞋子,忽然被警察抓起来在狱中关了一晚上,原因是他拒绝交人头税。他拒付此税款达六年之久。第二天别人为他代缴,他被释放出来。出来之后,他像没事儿似地依然去鞋匠那儿补好鞋子,然后穿上它,和朋友去爬山漫游了。这就是他有名的入狱事件。

与之相呼应的,是一八四九年他发表了一篇论文,这就是在美国政治史上有名的一篇文献《论公民的不服从权利》。他认为,如果政府要强迫人民去做违背良心的事,人民就应当有消极抵抗的权利。

不要小看这篇文章,它影响了后来的两位世界闻名的政治运动领导人,一位是圣雄甘地,他以绝食方式反对英帝国主义的"非暴力不合作运动"就是深受该文影响,另一位是争取民权的领袖马丁·路德·金。这篇文章还影响了大文豪托尔斯泰以及罗曼·罗兰。

这是一个既爱人类,又爱着自己国家,更热爱真理的知识者。

梭罗活了四十四岁,很少有活得像他这样纯粹的人。正如徐迟先生所说:他的一生是如此之简单而馥郁,又如此之孤独而芬芳。

一八五四年梭罗的《瓦尔登湖》出版。

《瓦尔登湖》被认为是美国文学成熟的标志,因为它具有如此独特的文学品格,同时也是孕育于美国本土新英格兰地区小镇湖畔的哲学思想之果。《美国人的历史》一书中这样描写《瓦尔登湖》:

《瓦尔登湖》是一本只能出自美国的书,是一部赞美在野生空间里开拓自然,逼近自然的著作,由一位有着清教徒血统的,柔弱而练达的学者所撰写。

5. 中国古典思想力量的回流——海子的诗

　　梭罗对于大自然的崇拜,对于简单生活的赞美,对于工业化社会中人的精神困境的思考,会让我们感到似曾相识。是的,他会让我们想起写下"面朝大海、春暖花开"的悲剧诗人——海子。他们之间,的确有着内在的精神联系。

从明天起,做一个幸福的人

喂马,劈柴,周游世界

从明天起,关心粮食和蔬菜

我有一所房子,面朝大海,春暖花开

从明天起,和每一个亲人通信

告诉他们我的幸福

那幸福的闪电告诉我的

我将告诉每一个人

给每一条河每一座山取一个温暖的名字

陌生人,我也为你祝福

愿你有一个灿烂的前程

愿你有情人终成眷属

愿你在尘世获得幸福

我只愿面朝大海,春暖花开

——海子:《面朝大海,春暖花开》

　　《瓦尔登湖》在一百年之后被翻译成中文,一直受到中国读者的喜爱。

尤其有一位二十世纪八十年代的重要诗人深受其影响,他就是海子。

海子一九六四年生于安徽省怀宁县,是农村长大的孩子。一九七九年他考入了北京大学法律系。一九八三年分配到中国政法大学哲学教研室工作。一九八九年三月二十六日,他在山海关卧轨自杀。

据说他往山海关自杀的路上,携带的四本书之一就有《瓦尔登湖》。而在自杀前一个月,他写下了这首具有浓重的《瓦尔登湖》影子的诗歌——《面朝大海,春暖花开》。

海子从一九八二年开始写诗。他的诗歌是纯粹的中国现代诗,深深打下了时代的烙印。二十世纪八十年代的中国是一个现代化进程加速的沸腾年代,而当从农村进入城市的海子目睹商品经济大潮中人的道德沦丧、信仰失落,以及环境的严重污染等问题时,渴望精神返乡成为他的诗歌中一大主题。他笔下的乡土自然,成为了精神家园和信仰的象征。

同时海子的诗又有着与西方文化的深厚渊源。他十分赞同梭罗的自然生命观,曾写过一组诗《梭罗这人有脑子》,表达了对梭罗的欣赏,以及梭罗对自己的启发和影响。

梭罗这人有脑子

像鱼有水、鸟有翅

云彩有天空

梭罗这人就是

我的云彩,四方邻国

的云彩,安静

在豆田之西

我的草帽上

——节选自海子诗《梭罗这人有脑子》

海子还有一段著名的话,将陶渊明与梭罗面对自然的态度加以对比:

我恨东方诗人的文人气质。他们苍白孱弱,自以为是。他们隐藏

和陶醉于自己的趣味之中。他们把一切都变成趣味，这是最令我难以忍受的。比如说：陶渊明和梭罗同时归隐山水，但陶重趣味，梭罗却要对自己的生命和存在本身表示极大的珍惜和关注。这就是我的诗歌理想，应抛弃文人趣味，直接关注生命存在本身。

由此可以看到梭罗对于海子诗歌理念的深刻影响。和梭罗对美国工业化时代的思考一样，海子关注在工业迅速发展时代的中国社会中人的精神困境，作为精神性的家园，土地所代表的宏大深邃的生命力已然被肤浅的物质欲望所代替。而海子将这种人类性的痛苦全部背负在自己不够强大的精神之上。

他用诗歌对人的精神之殇做出了现代性批判，但却又缺乏更有力的文化和精神资源来支撑自己面对这困境。最后和梭罗重返人间不同的是，二十五岁的海子选择了走向死亡。

现代人　一只焦黄的老虎

我们已丧失了土地

替代土地的　是一种短暂而又抽搐

的欲望

肤浅的积木　玩具般的欲望

——节选自海子诗《土地》

如今进入了二十一世纪，无论是十九世纪的梭罗，还是二十世纪的海子，他们思考的问题也依然困扰着今天的人类，生态危机日趋严重，大自然满目疮痍，消费主义、物质主义盛行。生命意义和存在价值的问题，早已如"野渡无人舟自横"，被搁浅在时代的岸边少人问津。

然而只要人们依然会被《瓦尔登湖》的寂寞打动，依然有着"面朝大海"的向往，以及对于生命的珍惜和生活的热爱，人类就会在不断反思的过程中获得趋于平衡的发展，在梦想的道路上坚定前行。

后记

　　进入到历史之中去追溯探索，有一种迷人的沉重感。从以孔子为代表的中国古典思想对梭罗的影响，到梭罗的融合了中国古典思想的《瓦尔登湖》又在二十世纪回转到中国，并影响到当代的中国重要诗人海子，这是一个奇妙的东西方文化互相借力的过程。中国古典思想的力量既然能够在十九世纪的西方世界发生作用，相信对于今天的中国也会有极具价值的启示。只是我们必须真诚、纯粹地对待这些文化和思想中的优秀遗产，这让我想起文章开头提到的那些为东西方文化交流做出贡献的人们。

　　非常之人才能为非常之事，做的事情不需要多伟大，有超乎常人的毅力和执着就可以改变世界。

二零一八年四月一日咪咪妈妈定稿于辉书房

人文景点提示：

Naumkeag Museum：5 Prospect Hill Rd，Stockbridge，MA 01262
（注：这是一座建于 19 世纪末、20 世纪初期的有着中国式花园的著名私人花园宅邸，后成为对外开放的博物馆）

道一风同问西东

——胡美医生与长沙

一百年前,在来自美国的洋人医生爱德华·胡美的眼里,长沙的西牌楼街是这样子的:

西牌楼街是一条热闹的大街,不到四分之一英里,没有一个地方超过 20 英尺宽。它那花岗石板铺的路像一个舞台,整天转动着令人眼花的景象。

卖水的人肩上一根竹扁担挑着两个湿淋淋的水桶走过,他们大多数是从只有几百码远的湘江里去取的水。

另一路卖水的人从南边进来,这是第二路挑水的队伍。他们从南门外白沙井挑来清澈透明的水供应雅礼医院和全城用户。这是三十万人口最好的饮用水。这股泉水不分冬夏不断涌流着,它那抑制不住的水流象征着长沙本身就是一个不可征服的城市⋯⋯

深夜,大街上只剩下几盏灯光时,我们还听到卖夜宵的叮当声。关门落锁的住家和店铺好像已紧闭门过夜,当他们听到卖夜宵的走过时,就会轻轻开门。

一九零五年来到长沙的美国医生爱德华·胡美整天就忙碌在一所混杂于这条热闹通衢中的医院里。这是一所由他亲手创建的西式医院,也是湖南成立最早的西式医院,今天著名的湘雅医院的前身。

这个穿越了大半个地球来长沙传播西医的洋医生,一边用当地人感到陌生的西医技术给他们治病,一边饶有兴趣地观察着长沙人的生活,认识中医的神奇之处。

他如同在喧嚣和噪杂中用听诊器仔细去分辨病人心脏的声音一样,全身心地感受着这所城市的脉搏跳动,他这样充满感情地写道:

> 随着时间的推移,这些男人,女人,挑重担的人,抬轿子的人,挑水的人,全部都为我所熟悉,不再是远方的陌生人,他们成了我的邻居,我的朋友。我们生活在一起,不像本地人和洋人,而像同乡人,共同享受着这个伟大都市的生活。

爱德华·胡美(1876—1957),美国人,他出生在印度亚美德纳加城,外祖父约翰·艾迪·钱德拉在南印度当传教士度过了后半辈子,父亲爱德华·塞克特·胡美又带着新婚妻子从美国去到孟买,在一所中学当校长,教育印度的男孩女童一辈子。爱德华就出生于印度,他在美国霍普金斯大学取得医学学士学位后,本已打算在印度终生定居。

这时,曾在中国传教的毕海澜博士(Dr. Harlan Beach)向他发出热情的召唤:"尽快来中国,这里比印度更需要你!"并且说:"你在孟买能获得的机会绝不能与在长沙等待你的机会相比拟。湖南人民聪明,有教养,富有创造性。他们一定会欢迎一位熟练的西方医生来创办一所现代的医院,不要多久,你就能够开办一所大学医学院。"

这样的伟业蓝图令富于冒险精神,理想主义和献身意愿的爱德华·胡美无比向往。一九零五年,受耶鲁大学雅礼协会的派遣,他带着一家人——妻子和刚出生的小儿特德,来到印度之外的另一个东方古国——中国。

关于雅礼协会,这里需要介绍一下。雅礼协会的英文名为 Yale-China Association,最早是由一些耶鲁大学的毕业生和教职员工于一九零一年,在纽黑文市成立的。受到当时新英格兰地区清教徒海外传教热潮的鼓舞,开创者们致力于在海外传播基督教,建立基督教的海外基地。但雅礼协会与教会不同,其更注重教育事业,而非福音事业。之所以选择前往中国开展教育事业,是为了向一八九二届耶鲁大学毕业生贺拉斯·特雷西·比特金

（爱德华·胡美博士）

（HORACE TRACY PITKIN）致敬，他曾在中国传教，并于一九零零年死于义和团事件。最后经过和在中国的传教团体的商讨，雅礼协会的运行基地定于湖南长沙。

一九零五年，胡美博士到达长沙时，医学教育与服务是雅礼事业的核心。

这一年的中国，古老的科举制度在袁世凯的力推下被废除。凌迟这样的酷刑也在这一年经伍廷芳修改大清律法而被永远废除。大清帝国的统治者们在内外交困的压力下一点点地不情愿地进行着政治变革，新旧驳杂的社会中正悄无声息地酝酿着时代的巨变。

而这个时候的长沙，是一个新与旧共存的生气勃勃的城市。毛泽东这年才十二岁，还在湘潭的乡下读《水浒传》。以著名的湖南士绅王先谦、"叶麻子"叶德辉为首的保守派势力还很强大，社会的排外情绪依然浓厚。

胡美医生一家人心怀忐忑，从印度洋坐船到太平洋，然后从香港到上海，再沿着长江流域来到了长沙的轮渡码头，走到小西门前。他们穿过一个厚实的如同隧道般的城墙门洞，才算进到长沙城。

这时，展现在他们眼前的是一个陌生的充满不可抵挡的魅力的城市：

苦力们挑着大米、蔬菜摇摇晃晃从他们面前走过。一个挑夫的箩筐里居然有个穿着华丽服装的小孩睁着黑亮的眼睛往上好奇地望向这群洋人。有些母亲看到洋人过来，忙把小孩子拉到身后，以避开洋人的"鬼眼"……

在很长的一段时间里，胡美医生都不能忘记第一天见到的长沙城给他带来的恐惧和不安感。到了长沙后，在正式开展医学工作以前，胡美医生先花了一年工夫去庐山牯岭学中文。一九零六年返回长沙后，在西牌楼物色了合适的房子做医院，花了几个星期的时间将一栋旧旅馆修建成一所医院。门前像其他当地的商铺一样，挂了一块黑漆大招牌，上面有四个金漆大字"雅礼医院"。这"雅礼"正是耶鲁大学的旧译。而在街对面，挂着同样的漆牌，上面写着"雅礼学堂"，这是只招收男生的预科学校。

学校开学时招收了五十三个学生。胡美医生要在长沙建成一所现代的大学医学院的梦想从这简陋的民居里准备起航了。也就是从这里开始，这个用医学搭建了国家与国家，东方与西方文化之间桥梁的美国人充满勇气和热忱地工作了二十一年，回国后写了一本自传《Doctor East, Doctor West》，中文译成《道一风同》。里面记录了他在异国他乡和同事一起创立现代医院和医学院的艰辛过程以及与当地人的点滴交往，尤其有趣的是，他写下了一个洋医生眼里的中医。

胡美医生在行医过程中对于中国和中医的观察中体现了一种非常难得的开放和包容精神，他并没有先入为主地将西医视为先进的，而视中医为落后。他看到了中国人在疾病和健康概念后面所隐含的文化传统和信仰根源。他甚至看到，祖先是使中国人遵守传统习惯的一种最有力的因素。即便对于他所无法理解和解释的中医，以及中国人令他眼花缭乱的神鬼观念，他也心怀理解和尊重。他幽默地将在长沙人生活中占有重要位置的神鬼菩萨、医卜星相称之为自己医术上的"劲敌"。

比如长沙城南天心阁城墙上的一门大炮，因太平军进攻长沙时，太平天国西王萧朝贵即为此炮命中而死，故被长沙人封为"红毛将军"，大炮周围满是神香和蜡烛，炮身上糊满了红纸。旁边挂着许多写有病人感恩词句的对联。因为城里人相信大炮有特殊的保护能力，尤其妇女们相信，既然将军能一炮拯救全城，那炮的神灵就一定有足够力量拯救生病的孩子的生命。胡美医生幽默地称这就是半个世纪以来，城里母亲们一贯相信的一位儿科医生。

除了"红毛将军"，城里某个角落里的老算命医生，医院附近的一块巨石，还有星象家和相面先生都是人们驱病祛灾的帮手，是洋医生胡美所谓的"劲敌"。当然，更虔诚的人会徒步去南岳衡山进香祈求菩萨医治家人。

日常生活中母亲们会用叫魂的方式试图将失去知觉的孩子唤醒。天黑时，商店里的学徒在关门前必会点神香晚祷，请求神灵庇佑。僧侣则会为病人念经治病。没有身孕的妇女常向观音求子……

胡美感叹，在这个古城内外，到处都可以意识到神鬼世界，他们和活人相处得多么亲密！

然而，功夫不负有心人，在如此浓厚的鬼神祖先崇拜的氛围下，随着时间的流逝和雅礼医院坚持不懈的努力，能够救死扶伤的西医逐渐在长沙城里泛起了涟漪，开始有了口碑。首先是一九零七年，雅礼医院登上了当地日报，患者的感谢信赫然登在消息栏内。而医院外面也有因亲友恢复健康而贴在墙上的传单。被治愈了的心怀感恩的病人们将胡美医生的名声传了开来。人们纷纷围观传单，街尾小摊上的星相家则热心地将这感谢信念给大家听。这类传单增加了人们来看西医的勇气，各处请洋医生出诊的请帖越来越多。

胡美医生接触了形形色色、来自不同阶层的看病的当地人。傲慢的道台大人，聪慧高贵、熟知中医理论、用象牙雕刻的小人像隔帘传递自己生病部位信息的大家闺秀，高门大户里一群虔诚孝子的母亲，兜着自己腿上的肿瘤来请求切除的老兵，吓得从手术台上尖叫着跑出去的农村妇女……而最开始医院门前冷落时，胡美医生只好到路上去"拉客"。

想想那副情景，一个高鼻深目的洋人突然拦在你面前，脸上堆满笑容，用蹩脚的中文对你说：

"早晨好，我的朋友！尊姓？"

你吓了一跳，想逃！他无比热情：

"你愿意你上唇的裂口弥合起来吗？如果你到雅礼医院住几天院，我们能给你医好。"深受颜值困扰，找不着老婆的兔唇病人狂喜，哇，还有这等美事！

"先生，你能包治好吗？要多久时间？一定要住院吗？要多少钱？"

有次在半夜胡美去给难产的孕妇成功接生,这在长沙城传开了,一个男医生竟然能创造奇迹,"尽管他是一个洋人"。医院逐渐建立起自己的名声,但许多病人,一看到医生和助手全穿白袍,就感到害怕,因为布置丧事才用白色。让人们接受西医不是一蹴而就的事情。

第一个死在医院的病人给胡美医生留下了深刻印象。这是个孩子,病情十分严重,动手术三小时后就死了。这给雅礼医院和雅礼学堂带来危机,因为以前湖南省从来没有一个中国病人死在洋医生的治疗下的。如果孩子家属医闹起来,医院必然会受到排外势力的乘势攻击,连带雅礼学堂的教职员也会遭受不幸。为了安全起见,医院请求巡抚大人派了士兵到医院前面站岗。

但事情出乎意料。这家人是贫穷农民,孩子的父亲来到医院,仔细看了医院为孩子入殓的棺材,问了这具棺材的花费。胡美医生到客厅接见他时,虽然他满面愁容,但见到医生,恭敬地跪下磕了三个头,胡美扶他起来,请他一起入座,他仍然站着,非常镇静地说:

"先生!我是来感谢你的。"

"你替我死去的孩子买了一具我们乡下穷人怎么也买不起的棺材。孩子的死是天意,但是先生你是够朋友的。我今天才知道我们的大圣人孔夫子说的是多么地真实,他说:'四海之内皆兄弟'。我要回村去告诉大家,你真正是我们的朋友,我们完全可以相信你和你的医院。"

一百年前长沙的农民就有这般的胸襟和见识,这完全出乎胡美医生的意料,也令他对于长沙人民充满尊重。他告诉所有读者,无论东方的还是西方的,这些中国南方城镇的人们并不是像西方想象中的那样愚昧、蛮横、低智力和没有丰富学识及感情。他们虽然主要以崇拜祖先和神灵的方式来决定自己的生活,但一点也不缺理性、智慧和高尚的道德。

从那以后,医院不再担心死人,医院的死亡率开始慢慢上升,城里人也随时将一些严重的病人交给雅礼医院,这使医院不再仅仅停留于治疗兔唇、眼疾等简单的外科手术,而向更高水平的医疗层次迈进。

胡美医生还进行过一次与长沙当地中医大夫的顶级医术 PK。湖南布政使梁先生患病了。家人同时请来了胡美医生和长沙当时最有名的中医大夫王医生。两顶轿子同时进入主人家华丽的庭院。在长沙两个这样有名的医生同时被请到一家来看病这还是第一次。对于自己的竞争对手,胡美充满了高手对高手的敬意。他称"观察王医生看病对他来说真是一个伟大的体验"。

王医生先是坐在病床左侧一张椅子上,面对病人,久久地仔细地凝视病人的头部。然后,弯下腰细听病人的各种声音:呼吸、呻吟。接下来开始提问。问了几个问题后,用非常严谨和庄重的动作,将病人左腕轻轻放在一叠书上,细心给病人摸了好久的脉,细看病人舌头,掰开眼睑细看病人眼睛。

然后轮到胡美医生,按照西医对昏迷病人的检查方式进行检查。检查完后,出于尊敬,先是请王医生说他的诊断。胡美称王医生回答很详细,"给我做了一次导致昏迷的各种可能性的、学识渊博的谈话"。王医生诊断是肾病,胡美表示倾向于同意他的结论。但补充说要等实验室试验结果出来后才作最后判断。试验验证了王医生的判断。

后来胡美医生再三邀请王医生参观实验室,邀请他每学期来讲授一次,王医生答应了。王医生特别提到,希望雅礼学校年轻的医学生们不要忘记自己国家的古代医学泰斗扁鹊和张仲景,以及著名的脉理权威王叔和的名字和医道。这也许是一次史无前例的中医和西医的相逢和交流,它体现了一种未来的可能趋向,也许西医和中医可以携手一起,取长补短,共同促进人类的健康。

胡美医生和他创建的雅礼医院的成长始终伴随着中国近代的动荡时局,他们遇到过官员、绅士、农民,也遇见过暴民、军阀、士兵、土匪。无论这些人来自什么阶层,具有什么身份,在胡美医生的笔下总是有着他们自身所具有的某些闪光品质,中国人美丽的人性光辉在动荡混乱中从未泯灭,且被胡美医生一一捕捉在眼睛里,与此同时,他却从未在书中抱怨过在异乡的苦难和艰辛。

可以说在大部分近代中国人自己的笔下,中国人都没有如此可爱。看过胡美医生的叙述,你会恢复对中国传统的自信,对中国人道德品行的自豪,确信我们的确曾经是礼仪之邦。

胡美医生初到中国的时候,中国还是大清朝的天下,但到了一九一零年初,胡美从各种病人那里也能觉察到中国正面临着动荡不安的政治变革,清朝当局的政权行将崩溃。果然,这一年长沙发生了抢米风潮,因上一年水灾歉收,地方官僚、劣绅、外国洋行乘机抢购稻米,哄抬粮价。四月十三日,两万余民众涌向巡抚衙门,当夜各处米店被抢。湖南巡抚岑春煊下令对民众开枪,打死了二十多人。在保守的地主士绅们的支持下,群众的怒火烧向了官府和洋人,摧毁巡抚衙门、教堂、洋行以及一些外国在华办事机关。城里一片混乱,处处在起火,冒着浓烟。胡美一家人和雅礼医院也危在旦夕。

然而戏剧性的是,在这场劫波里,无论是医生的住宅、医院还是雅礼学堂,没有一扇门被打开,没有一块玻璃被打碎。显然雅礼医院没有被列入官府的黑名单,而暴民们也对医院手下留情。当一群暴徒像潮水一样涌到街上,寻找政府财产或"外国财产"加以摧毁时,有人看到雅礼医院,于是拥到门口要去砸门。

这时有个宽肩厚背的汉子叫道:"住手,这是医院,两年前他们替我取出腿里的一粒子弹。如果这场乱子继续闹下去,一定会开枪,我们这些人很可能腿上中弹,我们必须留下医院救急。我们可能用得着它。前进!"

暴徒们心服口服,保全医院的居然就是胡美的第一个外科手术病人——姓黄的土匪。两年前,还没有人敢来医院让胡美医生做手术,只因黄姓土匪无处医治,只好病急乱投医,没想到捡回一条命,更没想到两年后,救人一命的雅礼医院也因此得到保全。这大概也就是中国人相信的善有善报吧。

到了北洋军阀时期,最支持雅礼医院的是湖南省都督谭延闿,在他两次督湘时期,建成了新医院和医学院,为此谭延闿很是骄傲。在他的推动下,湘雅医事计划取得不断进展。一九一七年,得知由于电力供应不足,不能开展现代 X 光检查。谭督军便提出了一个在北门外建立新电厂的计划。

胡美医生回忆,"一九一七年二月的一个晚上,正当我们摸黑时,整个医院顿时明亮起来。这就是十二年来我们一直努力奋斗的目标的象征。"

南北军阀混战给医院带来的除了动荡麻烦,也有"福利",城外打完仗,胡美医生就请求谭督军派士兵陪同兴奋的解剖学教师一道去寻找合适的解剖实验材料——尸体,因为当时的解剖实验室连一具尸体也没有。

一九一五年十月十八日,新的被正式命名为"湘雅医院"的西式医院和学校"湘雅医学院"在长沙北门动工修建。"湘"代表湖南,"雅"代表雅礼协会。"湘雅"的命名完美体现了湖南与雅礼协会的合作事业。胡美医生的导师，霍普金斯大学的威廉·韦其教授特地不远万里从美国来长沙为湘雅医院的开工举行奠基仪式。

在仪式上，他说这是个伟大的时刻，在这个时刻科学和渗透着宗教精神的博爱向外传播、渡过重洋，结合在了一起。这也是令胡美医生无比激动的时刻，因为这正是他来到中国的最终目的——那就是在这片东方的土地上奠定现代医学实践和医学教育的基石，他做到了。

从一九零五年胡美被雅礼协会派到长沙，直到一九二六年因北伐战争影响，胡美返回美国，他在长沙度过了一生中最好的时光，成为守护长沙人健康的白衣天使，是长沙人的好朋友。一九三四年，他又曾应国民政府邀请来华，担任卫生署和教会医院之间的联络干事。一九三七年返美后，曾在霍普金斯大学医学院讲授中国医学。

"真正的美德，始于人类交往中知识和道德上的互动互惠"，美国学者吉瑞德——《朝觐东方：理雅格评传》的作者这样评价这些为东西方交流作出默默贡献的人们。而胡美医生在其自传中说，"真正无所畏惧的人们一定会相逢，因为他们的精神相近，他们的勇气和顽强相似"。

"道一风同"是这部自传的中文名，它反映了一种普世性的价值追求——救死扶伤。无论在东方还是西方，救死扶伤都是医生对于自己职责的期许和理想追求。怀抱这种理念让胡美跋涉万水千山来到长沙这个陌生的中国南方城市，也让他得到长沙人民的信任与友爱，并且在历史的长河里留下属于湘雅医院和医学院的动人一笔。令人感喟的是，那么多帝王将相

张孝骞(1897—1987)

的功业都已灰飞烟灭,变成了历史的尘埃,为百姓福祉而创立的湘雅医院却还在履行救死扶伤的使命,湘雅医学院也在培育一代代中国的医学人才,雅礼的精神依然在传承,张孝骞是其中的杰出代表。

1914年,毕业于长沙长郡中学的长沙人张孝骞以第一名成绩考入了长沙湘雅医学专门学校;

1921年7月,张孝骞在湘雅医学专门学校取得学业成绩和毕业论文两个第一名,被美国康州政府授予医学博士学位。毕业后,留校担任内科学助教,兼任湘雅医院住院医师、总住院医师;

1926年9月,他被选送赴美国约翰霍普金斯大学医学院,也就是胡美医生毕业和执教的大学医学院进修一年,从事血容量的研究工作;

1937年6月,湘雅校董院董联席会议议决,公举张孝骞教务主任代理湘雅医学院院长。受命于国家危难之时,张孝骞力排众议,带领湘雅人迁校贵阳,在纷飞战火中保住了湘雅医学院,并在流亡期间增设了湘雅医学院沅陵医院和耒阳医院。湘雅精神在战火中开枝散叶。

洋医生爱德华·胡美和他的中国学生张孝骞常让我想起《论语》中记载的孔夫子和学生樊迟的一段对话:

樊迟问老师,什么是您常说的"仁"呢?

孔子说:"居处恭,执事敬,与人忠。虽之夷狄,不可弃也。"

意思是说,平日言行举止端正庄严,从事工作严肃认真,待人忠心诚意,即便是到了其他非华夏民族聚居的地方,也能坚持,这就是"仁"。而促成胡美来到中国长沙的雅礼协会素以"知行并举,互学互助"为自己的使命,所谓"道一风同",大概就是这个样子。一个两千年前的东方哲人说出的为人智慧与一个两千年后的西方医生践行信念的方式,并没有什么不同。

只不过在孔子看来,虽然"恭"、"敬"、"忠"就可以成就最好的人,但这是一种难以达成的理想,他承认他最好的弟子颜回也只能做到"三月不违仁"。而洋医生胡美远离故国,来到当时保守落后的中国南方城市长沙,筚路蓝缕艰苦创业,在异乡的土地上开创现代医学事业,用一生践行其道,数十年如一日,为何他能做到呢?

想起林语堂先生曾阐发儒家"仁"的思想,认为"仁",或者说真人性,在道德律的形式上,是以人的内心和外在宇宙的道德相和谐为基础。然而人凭借于自己的力量，无法做到对这个宇宙的真正了解，也就难以实现在他身上的那个"最好的人"，所以颜回也只做得到三月不违仁。而胡美医生不一样的地方在于，他的内心始终有一个声音在对他说："这是你要走的路"，如同黑暗中引导他的光芒，这也许就是那个让他百折不回、知行并举的力量所在吧。

二零一七年七月七日咪咪妈妈写于辉书房

作者注：

我是长沙人，有幸和张孝骞先生是校友，也是长郡中学毕业的。约一百年前，由新英格兰的雅礼协会派出的胡美医生不远万里来到长沙，历经艰辛创立了湘雅医学院。一百年后，我的女儿咪咪得病后的救治正是从湘雅附三医院开始的。访学美国期间，我收集新英格兰与近代中国文化交流资料时，曾亲到纽黑文的雅礼协会拜访，后得到《道一风同》这本胡美医生的自传，故而有了此文的撰写，以此来感谢为咪咪治病的所有医生。

这样穿越了时空的东来西往让我有一点感慨，即当我们将自己置身于悠远的历史之中来看时，个人便不仅仅是个人，而是历史中或卑微、或伟大却都在发生各自意义的一环，当每个人都尽其所能地发出自己的光芒，可以想象，历史的天空必然繁星闪烁，无比绚烂。

人文景点提示：

雅礼协会 Yale-China Association：442 Temple St，Box 208223，New Haven，CT 06520

Amherst，Massachusetts 01002

我们已经过了九月。可是我的花仍像六月一样怒放。安默斯特已变成了伊甸园。

——（美）艾米莉·狄金森

从地图上看，大概是在波士顿和纽约之间的中间位置，有一个小镇，叫做安默斯特（Amherst），华人昵称它为安城。

咪咪，你也许注意到了，安城的邮政编码 01002 很靠前。美国邮政编码的第一个数字从 0 到 9，分别代表了整个国家分成的 10 大地理区域。0 为首，代表新英格兰地区的六个州，紧接后面的两位数——10 则代表 Springfield 周围的地区，而最后的 02，就是指的 Amherst 小镇。因此，01002 是这个国家的第二个邮政编码。而 01001 代表的是新英格兰地区的另一个小镇 Agawam。

安城被美国人认为是美国最好的、最具吸引力的小镇之一（Amherst is one of the best，most attractive small towns in America——From Vincent J. Cleary）。

离开安默斯特这么久，至今不能忘记的，还是那里的秋天。

安默斯特的秋天，确实如同上帝所造的伊甸园。它不仅有湛蓝澄净的天空，金色明亮的秋阳，最动人的是一树树的红叶，如同一团团温暖的火焰，点亮了这个美丽安宁的小镇。

周末的镇中心（Downtown），尖顶高耸的教堂里传出悠远的钟声，安城咖啡馆（Amherst Coffee）里人们在惬意地喝着咖啡，看着手上的报纸，和旁边的朋友小声地聊着天。旁边的安城电影院（Amherst Cinema）总是有小众的文艺范的电影上演。

如果到安城来，一定得到这个别致的小电影院感受一下这个小镇文化所特有的那种既前卫又怀旧的文艺气息。这样优雅精致的小影院，如果上演的是好莱坞嘈杂的大片，无法想象会是什么样子。

记得我在这里看过的一个电影叫做《Amy》，是获得奥斯卡奖的一个纪录片。讲述的是二零一一年去世的歌后艾米·怀恩豪斯的短暂一生。小小的播放厅，就那么几个人，静静看着银幕上歌后的浮世悲欢。散场后再回到阳光下时，看着影院外精致的饰花桌椅，冰淇淋广告牌，便觉得平凡地活着真好。

电影院隔壁是一个小小的画廊（Gallery），闲来无事，我曾进去过一次。一个优雅的老太太端坐在桌子后面，房子里面空空的，四壁都挂着画儿。老太太很高兴有人来打扰她的寂寞，告诉我这是会员制的画廊，只接受镇上人作为会员，但画作会和其他镇的画廊交流展出和出售。比如最近就会展出附近的 New Hampshire 的本地人画作。

美国人自觉地去维护自己本地的文化生态似乎已经成了一种习惯。这样默默坚持着的画廊就是一个例子。

镇中心 Main Road 街边的一栋白色房子是我们最喜欢的小镇图书馆，历史大概和这个小镇的诞生一样久远，绿色的草坪上鲜花簇拥，如同一个童话故事里的温馨小屋。

阳光下，一位穿着纯白衣裙的白发老太颤巍巍地走到图书馆的门口，手上拎着一袋子的书，腋下微微有些汗渍。

街的转角处是栋上百年的红色砖房，却是快餐连锁店 Subway 的店面，店铺的门窗玻璃上满是二十一世纪美味诱人的汉堡广告。

咪咪，那时，你最喜欢坐在这个店里，啃大面包，喝可乐，看着 Ipad，那副极其惬意的模样让我至今记忆犹新。

Subway 隔壁就是安默斯特书店（Bookshop），店面不小，书也都不便宜。美国的书怎么都那么贵呢？记得那会儿收银台旁是个男青年，动作神情却非常女性化，闲闲地坐着，友好的眼神。在马萨诸塞州，同性恋是合法的。

窗外人行道上，人们悠闲地走着，有的还牵着自己心爱的狗，和邻居、同事友好地打着招呼。有操着不熟练的英语问路的行人，多半是镇上大学里的留学生或访学者，他们总是能得到当地人热情的回答。

没有人特意地关注谁，这里的人们舒适而优雅地生活着。

最热闹的镇中心靠东的街边是一排精致的门店，卖的是服装和各类装饰品。门店前的招牌也都别致极了！有一家装饰品店门前挂着一串风铃，风铃下面是一块黑板，上面用五颜六色的粉笔写着：欢迎来到安默斯特！微风吹送着时断时续的叮咛叮咛的声音，如同歌吟。

记得到美国后第一次逛街，就是在这里。当时我买了一双靴子，酷酷的军靴风格，花去我三百刀。买的时候收银的老太太从眼镜后面用鼓励的眼神看着我，说这双鞋很值得。

第一次在美国买东西，我以为东西都贵，后来朋友知道靴子的价格，说我败家。现在想起来老太太的潜台词也还是这双鞋贵。不过不悔，鞋子真的很好穿，我穿着它在美国晃了一年。回国后鞋底终于烂了，恋恋不舍扔掉了，现在想起来仍是有点可惜。因为那双靴子伴随了我们俩在美国的几乎所有的生活记忆。

小镇上会让中国人感到不可思议的是这些精致的门店后面竟是一大片墓地——安城的西墓园。

墓园的墙壁很有特色，也就是门店的后墙上没空着，上面画着大幅大幅的壁画。一路过去，画的应该是各个不同时代安城的典型生活和重要人物，一看便知是在叙述这个小镇的历史。在里面我一眼看到她的形象：十九世纪清教主义氛围下典型的保守装扮，静穆而倔强的样子——美国著名女诗人艾米莉·狄金森。她葬在这里，整个狄金森家族的墓地在这里，他们家族是安城最有影响力的家族，著名的文理学院——安城学院创始人就是艾米莉的祖父。

第一次去墓地时，问了一个跑到墓地来玩儿的中学生。小美国人知道诗人家族的墓地位置,给我指路。果然,女诗人的墓碑不起眼地立在家族墓地的一个边角上。墓碑上刻着她生前最后一首诗,只有一个字——Back(归)。对比上面的 Born(出生),觉得这两个字,却是诗人用一生写的最长最深邃的一首诗。

这个终生未嫁的天才女子的诗歌才华总让我联想起我们民国时期的天才女作家萧红。我后面再聊她们。

(女诗人艾米莉·狄金森的墓地)

美国人的墓地丝毫没有我们想象中的阴森恐怖,这是个由绿色植物装扮的世界,阳光祥和地洒在那些沉静的墓地石碑上,将宁静赐予地下的死者。生与死在温暖的日光下平和相处,融为一体。

到了黄昏时分,夕阳的余晖洒在市政厅古老建筑的尖顶上,窗户玻璃上反射出耀眼的金光,静静肃穆在夕阳下,这红砖尖顶、气势恢宏的楼房散发着一种时光雕刻出来的苍远之感。

美丽的安城如一只泊在时光岸边的木船。

一日百年,百年一日。

想起戴望舒的句子:

这样迟迟的日影

这样温暖的寂静

这片午炊的香味

对我是多么熟稔……

——戴望舒《过旧居》

只是没有午炊的香味罢了！毕竟这里只是异国他乡。

人浸润其间久了，会生出一种安宁又安心的懒散吧。幸亏那时的我还没来得及懒散，就回国了。

——我们只是过客。

镇中心的北边是马萨诸塞州大学的主校区，南边则紧邻着美国数一数二的著名文理学院——安城学院（Amherst College），这个学院有不少和中国有关的近代故事，下一篇再细说。再远些，坐公共汽车可以分别到另外三个实力也很强的文理学院——Hampsire College，Smith College，Mount Hollyoke College。

这是个大学城。五校聚集于此，应该是安城最与众不同的地方，是她独特气韵产生的根源所在。

免费的公共汽车在不同学校间来回穿梭，像一根针将学校与学校细密地穿在一起，以方便学生和教师在不同学校之间的交流和互访。

因此安城和其他的宁静得可以感觉到时光在一点点老去的新英格兰小城镇又不一样，它既上了年纪又非常年轻，充满了活力与朝气。

因为有学校的缘故，安城像个年轻人的联合国，什么种族的年轻人都有，光是开公共汽车的司机就有白人、亚裔、黑人以及满头不羁长发的南美帅哥。

常有白人学生在公车上看书，无论男女，安静的样子，让人觉得特别美好。尤其白人的睫毛又长又密，阳光灿烂的时候，从旁边瞄过去，竟有蒹葭苍苍之感。而那些黑人女学生绝对属于这里穿得最性感又最具性感的女性，好好的衣服，裤子一定要剪得稀巴烂，背心一定短得露出肚脐眼，围巾一定搭得那么好看，肤色就像是蘸了奶油的巧克力。她们很明白，呈现自己就是美。至于满头小辫的男人，包着黑色头巾的女人也比比皆是。肤色、种族各各不同,但一律说的是英语。不同文化在这里既保持自身特色,又彼此和谐相处。

穿行在这个多元世界,有如做一场异国之梦。

毫无疑问,这是一个自然和人文环境都非常优美动人的小镇。记得我俩刚到小镇时,又好奇又新鲜,都很庆幸能来到这里。如果不是安默斯特而是美国的其他地方,哪怕是波士顿,相信你都不会那么喜欢。

我坚信这一点,因为我对安城怀着和你一样的感情。

亲爱的女儿,今天就写到这里。愿你安好。

咪咪妈妈记于二零一七年十月五日

"Boys，be ambitious!"（"年轻人，应该胸怀大志！"）

我访学所在的马萨诸塞州州立大学安城校区里高耸着的杜波依斯图书馆二十三楼，是俯瞰安城的最佳所在。不仅是整个安城，站在窗边远眺，连更广阔的美丽的康涅狄格河谷也可以收于眼底。

妙的是，这一层恰好是东亚藏书层，中文藏书都在这里，而且古往今来的还很不少。这个以二十世纪上半期最有影响的黑人知识分子杜波依斯命名的图书馆，据说是全世界最高的图书馆，与旁边沧桑的校园老教堂以及悠游着成群加拿大鹅的校园池塘成为 Umass（马萨诸塞州州立大学安城校区）的标志性建筑。

杜波依斯这哥们对中国非常友好。当年非常支持中国的抗日战争和解放事业，曾写信给宋庆龄，引中国为"真正的兄弟"。这让我对这个图书馆又添一层亲切之感。

咪咪，记得吗，好多次我们俩在二十三楼看书，这个地方一定也是你回忆中最美好的一部分。

安默斯特的冬天很长，印象中四、五个月里窗外都是白雪皑皑，茫茫无极，没有人间烟火气，似乎时间在此停顿——从蛮荒的史前岁月到文明时代的现在，这块土地一直都是如此存在着，于宁静安详之中蕴藏着造物主沉默、神秘而无所不在的意志。而我俩沉浸在书的世界里温暖惬意，也是不知今夕何夕。

来这一层的人不多，常常就我们俩，自在极了。

那个时候，你喜欢蜷窝在一圈玻璃展览柜边的沙发里，抱着在那里找到

（马萨诸塞州州立大学安城校区的杜波依斯图书馆）

的《金庸全集》看，我们当时还很惊叹美国大学的图书馆里居然金庸的小说全套都有。玻璃柜里安放着一组忍者神龟和老鼠大师的群雕，很有东方的神秘气息。

高楼确实宜于远眺：远处峰峦起伏，或红叶灿烂，或积雪未融，宁静的安城像是睡在摇篮之中做着甜梦的婴儿。遥遥地，可以看见远处教堂的尖顶在树丛掩映之中三三两两。新英格兰地区的教堂多而且颇有年代，这和早期的清教徒移民们对于上帝的笃信虔诚有关系。早期的新英格兰地区，每一个移民村落，建得最富丽高大的一定是教堂。

十七世纪，最初落户在新英格兰海岸的清教徒移民都受过良好的教育。他们往往是带着妻子儿女一起来到这块荒凉的土地上，这些移民不是为了改善境遇或者发财来到新大陆的，他们是为了信仰。

那时，人们白天在茫茫荒野辛勤的劳作结束后，晚上就在油灯下全家人一起虔诚地诵读《圣经》。这样的信仰传统奠定了新英格兰文化的精神底蕴,一直到今天也依然发挥着它的影响力。

即使是小小的安默斯特,如今的教堂也不在少数,有当地人的基督教堂、三一教堂,以及韩国人的基督教堂,华人教堂等等,不一而足。尽管时代于前行中越来越深地走向世俗主义的深渊,神对人们心灵的影响日渐式微。但对上帝的信仰,依然是这个国家文化的根基所在,处处皆可感受。

不过,需要知道的是,最早的安默斯特,可是原住民印第安人的乐园哦。

在十七世纪的英格兰移民来到这片土地定居之前,安默斯特和附近的区域很可能是美洲原住民印第安人快乐自由的狩猎之所。英格兰殖民者来后,用一些并不值钱的小玩意与天真烂漫的印第安人交换了大片的土地,做了笔超划算的买卖。可见落后会挨打,无知也会被骗啊!

确切地说,安城的传统农业最早是发源于十八世纪。当时居于哈德利的英国殖民者将旁边的安默斯特的土地作为专门的牧场。因为这一片都属于康涅狄格河谷的低地,不少地方土壤质地不好。相对而言,安默斯特的土地更适合家畜的养殖。

据记载,到一八四五年的时候,这个小城已经拥有 2054 头绵羊,1668 头奶牛,625 头猪,336 匹马——六畜兴旺啊,那个时候当地农业已经算是同期小镇中的佼佼者了,由此当地人也积累了丰富的农业经验和知识。

可以说,安默斯特所有独特的人文底蕴和重要的历史意义都来自于——它一直将农业生产和教育这两大事业视为小镇发展的根本。正是这两大事业,如同斑斓热情的红叶,点亮了这个小镇的历史和文化。

我们先来说农业。看看这个新英格兰小镇的农业是如何走向世界的。

因为地理环境的得天独厚,安默斯特的当地人对于农业一直恪守和坚持。一八六三年马萨诸塞州农业学校建校于此,更是将当地以农业为主导的理念进一步制度化。作为研究"科学农业"的基地,这所坚持自身理念的学校随着时间的推移,成为了马萨诸塞州大学的旗舰校园,现在则成为马萨诸塞州立大学的主校区。所以,你现在知道了,你和妈妈访学所在的马萨诸塞州立大学安城校区的前身是马萨诸塞州农校。

而我发现马萨诸塞州立大学和日本北海道大学在十九世纪就建立起来的深远历史关系竟然是因为下雨。

说起来也是机缘巧合，那天的黄昏时分，我在校园里沿着山坡跑步。半路上突然细细密密地下起雨来。我于是匆匆跑到旁边的教学楼避雨，那正好是农业系的大楼，沿山坡而建。下午的教学楼很安静，没有人。我从三楼往下闲闲走来，一直走到一楼。

准备出门时，发现一楼其实是一个小型的展厅。展厅里陈列着各种老照片、植物标本和来往信件等，显然是在展示农业系的发展历史。那些上了年代的历史照片里面居然有不少亚洲人的面孔以及日语信件。走近再看时，发现确实是日本人。

原来，马萨诸塞州立大学的前身马萨诸塞州农校在一百多年前曾为万里之外的一个远东国家援建了一所农校。而这所叫做札幌农校的学校成立后，不仅为日本引进了欧美的现代农业技术，而且人文蔚起，学校居然成了近代日本思想孕育的摇篮之一。许多重要的近代日本思想家和文学家都是从这里走出去的。这极大地引起了我的兴趣。

要知道，日本在近代与中国一样是被西方殖民者武力胁迫打开国门的，面临亡国危机，并几乎同时于十九世纪六、七十年代开始与中国一起向西方学习。有如两个同班的学生，一方面向老师学习，一方面还互相较劲。因此在关注中国早期与西方的文化交流中，都必然不断地遭遇日本，对比日本。这是有意思的对比，也是心痛的对比，因为同时是学习西方的两个学生，最后交出的成绩单很不一样。

甲午战争中，一个被另一个打得惨败，更深地陷入半殖民地深渊，而胜利者则一跃而成亚洲强国，并且因为尝到了战争带来的甜头而有了继续侵略的勃勃野心。如果分析两个学生成绩不同的原因，我们是可以追溯到他们最初向欧美学习的时候的。

也就是在这个平淡无奇的黄昏下午，于新英格兰小镇的一栋普通的教学楼里，从那些几乎被人们遗忘和忽略的静止的老照片里，无意间打开历史的一扇窗，扑面而来的却是另一个东方民族于近代迅速崛起的峥嵘气象。

时间要回溯到十九世纪的六、七十年代了。

一八六八年，日本新兴的革新势力夺取了国家政权，并通过国内战争彻底推翻了德川幕府的封建统治，建立君主立宪政体。明治天皇建立了新政府,并立刻拉开了明治维新的序幕。这个日本近代第一个中央集权政府急于摆脱被西方殖民的不平等地位,快速实现现代化道路,为此掌权者将眼光投向了大洋彼岸的西方世界,他们开始准备做西方现代国家的学生。

（注：日本近代历史上有一次非常有名的官方出访欧美之行,开启了日本向欧美学习的序幕。从 1871 年 12 月到 1873 年 9 月,长达一年九个月的岩仓使节团的美欧巡访由大使岩仓具视、副使大久保利通、木户孝允和伊藤博文等新政府过半数的首脑参加,规模很大。而这次出访中有一个重要的人物,与安默斯特有关,他叫新岛襄,是另一篇文章《一个偷渡客的理想和一百二十分之一》的主角。)

当时的北海道开拓使是黑田清隆。黑田是明治维新的功臣,倒幕运动的元老,他后来还做过日本首相。一八七零年明治天皇任命他为北海道开拓使,为了不辱使命,搞好北海道的开发工作,第二年,也就是一八七一年的一月到五月,他出国游历了美国和欧洲,对西方发达国家进行考察。旅途中,他目睹了欧美工业革命所创造的辉煌社会成果,欣然同意让美国的农务长官开普伦(Horace Capron)担任开垦北海道的顾问,这为日后更多外国顾问得以前往日本协助进行维新改革铺平了道路。

我常常在具体的历史细节中感到,论近代改革的推行,上层精英中,日本远比中国更容易达成共识。至于为什么会如此,近代中国士大夫阶层面对西方挑战的消极态度和反应想来是一个不可忽视的因素。儒家士大夫阶级以"礼"为核心的价值观念体系与思维方法,决定了它对于异质文化居高临下的排斥态度。这又是另外的话题了。

却说黑田清隆是一个极有开明眼光的地方首脑。他做了一个举足轻重的关键性举措,建立了一所学校,从教育开始着手,培养开拓北海道的人才,这才有了聘请三位美国教师来日之举,引出了本篇文章的真正主角——克拉克博士。

威廉·史密斯·克拉克,一八四八年毕业于安默斯特学院。后又留学德国获得博士学位。一八五二年他成为母校安默斯特学院的教授。他一生在安城小镇度过了大部分时光。作为美国近代农业教育的先驱,他一直倡导农民不能只做个土农民,这个职业应该和其他职业,诸如医生、律师一样,得到更好的智识教育和审美教育,否则农民将在社会中找不到适当的位置。

一八六三年,马萨诸塞州农校在安默斯特小镇上建立。四年后,这个毕业于安默斯特学院的学生成为了农校的第三任校长。克拉克发挥他的组织才能,使校务运营很快上轨道,他也深受学生拥戴。

(威廉·史密斯·克拉克博士)

然而当时的美国处于工业革命爆发后的迅速崛起时期,因此那些被工业的巨大力量所眩惑的政治家们和媒体对于农业都非常轻视,觉得为农业花钱办教育完全是浪费纳税人的钱,故而马萨诸塞州农校举步维艰。尽管如此,克拉克博士一贯坚持的具有革新意义的现代农学教育却引起了来自远东地区一个东方国家的关注。不经意间,他卷入了日本民族的时代巨变里。

至今在日本札幌东南的羊之丘观景台,还有克拉克博士的青铜塑像,上面刻着他那句激励过这个东方民族一代青年的名言:"Boys, be ambitious!"("年轻人,应该胸怀大志!")。

克拉克博士被日本人尊称为"北海道开拓之父",而他的名言成为激励日本年轻人的座右铭。日本邮政事业厅还专门发行了邮票纪念这个远渡重洋来援建日本的外国人。他到底做了些什么，能产生如此大的影响呢？

如前所说，日本明治政府为开发北海道决定创建一所专门培养现代农政官的学校。当时的日本驻美公使吉田清通过各种渠道了解到克拉克是作为顾问的合适人选后，向他发出邀请。克拉克本人对这项邀约也颇感兴趣，因为他是一个充满"拓荒精神"的人，认为若能在远东的新兴国家开创事业，不失为人生的一大成就。于是他说服麻州农校董事会，停薪留职，借调前往日本任职一年。

一八七六年，克拉克博士远渡重洋，来到日本，作为一个外国顾问被正式聘请到日本北海道的札幌帮助建立农校，这所札幌农校就是今天的北海道大学的前身。

克拉克博士在札幌农校仅仅呆了八个月的时间，然而这八个月的时间，他却深刻影响了日本的历史。他不仅成功组建了农校，对北海道的科学和经济发展发生影响，更重要的是他的言行在近代日本文化和思想史上也留下了独特的印记。

克拉克在北海道工作的直接上司正是北海道知事（日本未来首相）黑田清隆。两人都有过往的军事经验（克拉克在美国南北战争中曾加入北军，黑田是倒幕元老，都上过战场），因此都很尊重对方，两人的积极关系促进了克拉克博士许多教育理想在札幌农校的实施。

与在麻州办农学教育受到各种阻力和压力相反，学校一切事务都由克拉克博士主持和定夺，这让他非常开心，能够大刀阔斧地实现自己的教育理念，以至于他在给妻子写的信中开心地说："亲爱的，我在地球的另一端重建了马萨诸塞州农校。"

克拉克建立札幌农校不遗余力，向日本引进了第一个美国式的样板农场和谷仓，还介绍了农作物、渔业和畜牧业的新作物和新技术。不仅如此，他时常鼓励自己的日本学生们要具有雄心壮志，这种鼓励个人提升、富于现代自由和个人主义意识的言论正好与明治时期日本青年人渴望摆脱封建门阀制度的热情相契合，因此得到学生极大的拥戴。同时他在各种场合都对学生说"Be Gentalman"（请表现得像个绅士），非常注重学生的道德养成和人格陶冶。

克拉克本人是基督徒,他认为"毕竟国家建设的根基在于人,国民精神的成长和培养,其实更重要",在对学生的教育上,他物质和精神建设两手抓,通过《圣经》向学生传授基督教精神。本来札幌农校的学生都是旧武士阶层的子弟,几乎不曾接触过基督教,而日本在一八七三年基督教开禁之前,也一直都排斥基督教,但在克拉克一言一行的感化与带动下,学生们也都渐渐愿意主动研读《圣经》。

当时日本政府是禁止在公立学校教授《圣经》的,但经过相当大的努力,克拉克获得了黑田清隆批准使用《圣经》的权利。因为黑田在视察这所学校时,发现学习《圣经》并没有带来坏处,相反,学生们都表现得仪态端正,行止有方,这让他十分满意。

克拉克就这样把基督教介绍给了农校的第一个入门班。落地的麦子不死,接着,这第一届学生又影响了克拉克离开后的第二届学生。一种精神的传承就这么一代代接力下去。

你知道这两个班的学生有多强吗?

这个农业技校的第一届和第二届学生中,出了内村鉴三(近代日本著名基督教思想家)、新渡户稻造(日本近代名著《武士道》的作者,日元钞票上的纪念人物)、大岛正健(日本著名汉语学家)、志贺重昂(日本近代名著《日本风景论》的作者)、武信由太郎、有岛武郎(日本近代著名作家,白桦派文学的代表人物)等一批日本近代史上的文化名人。这种壮观的人才井喷实在是令人讶异,也是我对克拉克博士发生浓厚兴趣的重要原因。

虽然在职仅仅八个月的时间,但他的思想言行深深感化了学生们。最难以磨灭的历史记忆是一八七七年克拉克要归国的时候。他经过札幌附近的岛松时,骑在马上,对前来送别的依依不舍的师生们大声说了一句:"Boys, be ambitious!"这句话后来成为了北海道大学的校训,也是那段风起云涌、意气风发的激情岁月的见证,并被日本民族所深深铭记。

曾任东京大学校长的日本教育家矢内原忠雄这样评价道:"明治初年,日本的大学教育有两个中心。一个是东京大学,另一个就是札幌农校。这两个学校打下了日本教育的国家主义和民主主义两大思想的基础"。就札幌农校而言,由于来自美国的克拉克博士的自由主义教育思想和基督教精神的影响,成为了近代日本民主主义思想的发源地。

回顾这一段历史，深深有感于日本民族对于异文化优秀基因的吸收能力之强。我们只看到日本人强烈的民族意识，另一面却被我们忽略了，那就是这个民族有不囿于民族主义的格局和识见。

有一个很值得深思的例子。在日本神奈川县横须贺市专门建造有一座佩里公园，这是为了纪念一八五四年迫使日本签订了第一份不平等条约的美国海军将领佩里。虽然佩里的目的是为了来侵略和掠夺日本，但在日本人看来，他毕竟打开了锁国时期的日本，倒逼日本自强，走上富国强兵的道路。

与其说日本民族是在感谢一个侵略者，毋宁说他们是想让自己的后代以感谢的方式记住这段耻辱历史，时刻自警罢了。而对一个侵略者，日本人尚且能加以纪念，对于克拉克博士这样的海外援建者的感谢与铭记就更不足为奇了。

谁会想到，一个新英格兰小镇的农校教授，却能在短短八个月之内影响了一个万里之外民族的文化精神，为促进这个民族的近代化做出如此卓越的贡献。如果不是凭借坚定而虔诚的信仰，无私忘我的热情，谁会有这样大的力量呢？从另一方面来说，如果不是接受者有着开放的胸怀，又如何能拥抱异质的文明，从中吸取有利于自身发展的养料呢？这种历史的邂逅，并不是偶然的。

这段触动我的历史，虽然与中国无关，一定也能触动你，因为其中有一些价值和精神的取向，是人类的和世界的，超越了具体的国家和民族，每个人都可以从中得到启示。

女儿，想念你。因为想念你，所以有了这些文字和思考，祝在天国安好。

二零一七年十一月二十九日写于辉书房

安城的白衣女尼与呼兰河的女儿

　　喜欢安默斯特出生的女诗人艾米丽·狄金森的诗歌,也熟悉萧红的散文小说,为了介绍艾米莉·狄金森,我采用将她们放在一起比较的方式,这是有趣的尝试。

(美国十九世纪著名女诗人艾米莉·狄金森)

（一）有才华的女人往往也是有故事的女人

> 晚饭一过，火烧云就上来了。照得小孩子的脸红红的。把大白狗变成红色的狗了。红公鸡就变成金的了。黑母鸡变成紫檀色的了。喂猪的老头子，往墙根上靠，他笑盈盈地看着他的两匹小白猪，变成小金猪了，他刚想说："他妈的，你们也变了……"
>
> 他的旁边走来了一个乘凉的人，那人说："你老人家必要高寿，你老是金胡子了。"
>
> 天空的云，从西边一直烧到东边，红堂堂的，好像是天着了火。

这样的文字读起来有种不加雕饰、清新率真的美，如同从土地里长出来的豌豆、丝瓜一样，绿意葳蕤，很接地气，既像是随手涂鸦，却又诗意盎然，情味十足。那种看待自然与人情的烂漫无邪的视角是双重的——既女人又孩童，即细腻又天真。看多了精致典雅或者正大庄肃的文章，这样的文字简直是田间陇上吹来的一股清新动人的乡土风。

这段文字七零、八零后的读者多半有似曾相识的感觉吧——是的，小学语文课本里的《火烧云》。尽管这不是诗，而是散文，却有诗的情绪和意境，富于一种特别的魅力，让人很多年后都难以忘记。

它的作者叫萧红，是民国时期的天才女作家，却不是每个人都熟悉的。

萧红不幸早逝，三十一岁病逝于战火纷飞的香港浅水湾的医院里。据说她弥留之际悲音连连——"我将于蓝天碧水永处，留得那半部红楼给别人写了"、"半生尽遭白眼冷遇，……身先死，不甘，不甘！"

一个有才华的女人往往也是一个有故事的女人。

萧红是那种在文学上极有天分，但在情爱上极为软弱的女人。她将自己一手人生的牌打得稀烂，烂到让人叹为观止。比如她短短的一生，却在重复一个模式——在和第二个男人一起时，肚子里却怀着前男友的孩子。

这样不按常理出牌过日子，命运自然不会好到哪里去。然而她的《呼兰河传》，她的《生死场》，她的《小城三月》写得那样的动人，那样的优美而直抵人心，才情让当年的文坛大牛鲁迅先生都亲自出马为她的小说《生死场》作序,罕见地为这个有着孩子气的女子牵动了一份父性和男性兼而有之的温柔。而茅盾、胡风这样的左翼文学大咖也为她纷纷作序、写读后感。对她而言,才华难道是命运的一道诅咒吗?

好吧,我们只能用非常之人走非常之路来理解萧红。

不过,不是每一个文学女天才都会为了爱情而执迷,或者一旦罗曼蒂克地爱上一个男人后就会抛弃一切去和爱人私奔。虽然她们可能有着同样让人惊叹的文学天赋,同样深邃同样也是直觉式的——对生命的洞察力。

我要拿来和萧红做比较的另一位,是美国十九世纪著名的女诗人艾米莉·狄金森。

为什么将这两位属于不同时代和空间的文学女性放在一起比较呢?

先看看艾米莉·狄金森的诗歌吧:

"篱笆那边

有草莓,长着

我知道,如果我愿

我可以爬过

草莓,真甜!

可是,脏了围裙

上帝一定要骂我!

哦,亲爱的,我猜,如果他也是个孩子

他也会爬过去,如果,他能爬过!"

再看另一首:

今天是星期天

约翰

大家都到教堂去了

一辆辆马车过去了

我出来站在青草地上

听圣歌
三四只母鸡跟着我
我们并排坐着。

是不是感觉到狄金森的诗歌里也有与萧红类似的那种特质：有着活泼泼的生命气息，稚气又率真地看待世界和自然的视角，仿佛是从田间地头里长出来的、等着人采摘的还沾着露水的新鲜草莓。这是贴近自然和心灵本真的诗歌，如同石头里自然形成、未经雕琢而又千年难遇的璞玉。

两位文学天才女性对于世界万象的观照，对于事物的领会和把捉都是如此纯粹、天真。她们让人相信自然、诗和女性的心灵是一体的。她们用自己的心灵体验着世界，又毫不费力地用文字来把捉心灵那稍瞬即逝的触动和感悟，于是——诗产生了。

"希望"是个长羽毛的东西——
它在灵魂里栖息——
唱着没有歌词的曲子——
永远不会——完毕——

——艾米莉·狄金森

有人说女性的视界相对于更具有社会性的男性，不免受到生命经验的束缚而显得狭小。但在萧红的小说和狄金森的诗歌里面只有女性洞察世界独特的细腻、敏锐、直觉，却丝毫不见女性写作常见的沉浸于情感与自恋的狭隘。尤其是艾米莉·狄金森，对生命本质近乎天人合一的体验，使女诗人自信于对世界和宇宙的理解的深度。她笃定地相信，自由的心灵可以从最卑小的稗草里见到天堂。而自由的本质，与性别完全无关，她的诗就可以证明这一点：

不是玫瑰，可是觉得自己在盛开；不是小鸟，可是在遨游以太。

萧红对人性观照于不经意间所达到的深度，也是让人惊叹的。随便举

一例,她的短篇小说《手》就让人印象极为深刻:

> 在我们的同学中,从来没有见过这样的手:蓝的,黑的,又好像紫的;从指甲一直变色到手腕以上。

这样的手,属于一个家里开染缸房的贫苦女学生,父亲把她送到学校念书,她努力读书,却因为铁一般颜色的手受到同学的冷落,校长的歧视。故事并不曲折,却完全不是那个时代常有的简单肤浅的压迫控诉,而是运用了堪比莫泊桑和契诃夫那样伟大的"短篇小说之王"的笔触,让那双手所代表的人类的不幸与挣扎超越了时代,指向茫茫苍穹,默默拷问世人的灵魂。

(二)安默斯特的白衣女尼

为什么萧红和狄金森会对于她们所生活之处有如此动人细腻的感受与刻画,对生命人性的洞察如此深邃和独特呢?

这和他们所生长的地域也许有一定关联。两位文学天才女性的作品中有太多来自生长之地的生活经验和生命记忆。孕育萧红美丽灵魂的是民国初期黑龙江呼兰河畔的一个小城——呼兰,而孕育狄金森动人诗歌的,就是这个十九世纪上半期风景如画的魅力小镇——安默斯特。在本篇文章中,我主要介绍安默斯特与艾米莉·狄金森的关系。

安城之所以是安城,有很重要的一部分原因源于女诗人艾米莉·狄金森,她是这个小镇文化精神的核心和灵魂。直到今天,来到安城的人仍然可以在小镇的任何一个角落感受到她的存在。

小镇中心就坐落着她的家园和墓地,从生之地到死之所,不到1000米。艾米莉一直生活在这片她深爱的土地上,她所有优美的诗歌也都是为了这片土地而吟唱的。她非常地域化,自称自己的诗歌是新英格兰式的。

一八三零年十二月十日,艾米莉·狄金森(1830—1886)出生在马萨诸塞州安默斯特小镇上的一个极有名望的清教徒家庭。当时的安默斯特南边有纽黑文的耶鲁大学,北边是达特茅斯大学。而艾米莉的祖父就是达特茅斯大学毕业的高材生,毕业后他回到家乡做律师,十分受当地人尊敬。

祖父为安城做了一件意义重大的事情,一八二一年他创建了安默斯特学院。作为一名清教徒，老狄金森对于教育事业十分热衷。当时为了创建这所学院，他不惜代价，甚至卖掉了自己的家宅。直到艾米莉·狄金森的父亲手上，宅子才得以赎回。

而艾米莉的父亲则常年担任这个学校的财务主管。这是一个十分正直清廉，生性节制，崇尚理性，对公共事务和家庭都尽职尽责的男人。而狄金森的母亲是那个时代典型的好妻子，虔信上帝，沉默寡言，对丈夫十分敬畏。父亲对孩子们的管教十分严厉。可以说，在狄金森家族的所有男人身上都充分体现了当时新英格兰地区盛行的清教主义特点，他们都是虔诚的基督徒。他们严格地按照教义生活。

但在艾米莉这里，信仰却不再是不容置疑的。十九世纪中叶的安默斯特小镇还有着浓厚的清教主义氛围，宗教是人们生活中的重要内容。艾米莉开始也和大家一起上教堂，听布道，做祷告，但几年之后，她就不愿再参加这些活动。对于宗教她有了自己的认识，她更乐于在内心中与上帝进行交流和对话。

一八四零年七月，艾米莉和妹妹一起进入了祖父创建的安默斯特学院读书。学校就在她们家宅的对面。在这里度过了愉快的七年时光。

一八四七年艾米莉从安默斯特学院毕业，这年秋天，父亲送她去距离安默斯特16公里远的芒特·霍利约克女子学院。这是一所新英格兰古老的女子学院，今天的它有一个非常优美的中文译名——曼荷莲学院。

那时候的艾米莉和其他正值豆蔻年华的少女生活没什么不同。她是沐浴着新英格兰田园的阳光雨露长大的姑娘。只不过大自然不仅成长了她的身体，也滋润了她的灵魂。她执着于探索个体的内在生活，有自己对于这个世界的独立看法。

二十岁时，她开始写诗，而且一生中一直写作不辍。可出版社拒绝了她的诗集出版，在那个人们认为女人无法创造出具有永久价值的作品的时代，她只好匿名发表诗歌。艾米莉生平发表的诗歌寥寥无几。然而很多年后直到今天，人们认为她是美国最好的诗人之一，并且是现代诗的先驱。如今，对她的研究成了美国现代文学批评中的热门。她的诗歌被誉为"美国文艺复兴"的一部分，她和惠特曼同为美国现代诗歌的先锋。

撇开艺术创作，这个女子和萧红热腾腾又乱纷纷的人生太不一样，她们几乎是走了两个极端。萧红是不断牺牲掉自我,为的是靠近恋人获取爱的温暖;而艾米莉却独守闺中,孤独一生,终身未嫁。

这位觉得世界纷扰,干脆拂衣深居,专注于园艺以及内心世界和诗歌的女诗人,在安静美丽的小镇度过一生。甚至她嫌这样的小镇生活都太喧嚣了,在三十岁后的某一天,这个总是穿着棉布白衣裙的女子彻底关上了通向世俗生活的大门,足不出户,在自己房间里度过谜一般的余生,所以文学史上称她为"安默斯特的女尼"或者"安默斯特的白衣修女"。

那是一八六一年,狄金森的行为开始发生变化。除非绝对必要,她并不离开宅子。一八六七年,她开始与客人隔门交谈,而不是面对面。那以后,当地人中很少有人亲眼看到过她。而艾米莉的家人也开始保护她的隐私,决不让她成为外人的谈资。然而,尽管身体上与外界隔离,艾米莉仍然是活跃的,她通过笔记和信件来表达自己对生活的感受。当访客来到家里时,她还经常会送出小小的诗歌或鲜花作为礼物。

究竟是什么原因让她内心如铁,隔绝了自己与人之间的世俗交流,选择最彻底的孤独呢?有资料说艾米莉是因为爱情受挫的打击才会如此。这非常有可能。看看这首诗:

她的门和窗,都涂上颜色
阳光雨水蕴涵其中,每一个局部
都有音乐产生,都有鸟
悄悄飞出来,用坚硬的喙
啄食泥土,和白色的衣裳
她只接触自己
翻开青蛙和蝴蝶
然后用减法,先减去爱情
再减去社交和世俗
一个波涛汹涌的自然
在知更鸟的眼中
无穷无尽

当内心的铁出现

她死去,先于自己

　　　　──《如果知更鸟来临　我已不再呼吸》

　　这诗里有一种内在的坚定的力量,作为女性这是很罕见的。是的,狄金森渴望爱情,她对于爱情的渴望程度不会低于萧红。当然,女人的爱情是无法比较衡量的,每一个女人的爱情都是一片深海。但对于狄金森来说,如果爱情无法实现,那也不等于一无所有。诗中知更鸟的形象似乎是诗人自我的投射,而大自然则是作者最崇尚的美和无尽丰富性的来源。如果一切没有了,还有这个波涛汹涌、无穷无尽的自然作为归属,进行对话。最后一句很决绝,诗人因为爱的无法实现而不得不封铸了那扇为爱而开的心灵之窗──“当内心的铁出现,她死去,先于自己”。

　　但她的生活并没有因此而更逼仄。看看她的诗歌就知道。她有一片无限宽旷清朗的灵性世界。这首小诗尤其可以看到她丰盈的内心世界,以及她自身对于这种丰盈的自信与自觉:

要造就一片草原,

只需一株苜蓿一只蜂,

一株苜蓿,一只蜂,

再加上白日梦。

有白日梦也就够了,

如果找不到蜂。

　　　　──《造就一片草原》

　　对她而言只需要一株苜蓿、一只蜂加上白日梦,世界的形象就可以被呈现和造就。如果实在找不到蜂,有白日梦也就够了,她尽可以从中获得对世界的认识和感知。这种对把握世界的笃定,这种不需要依赖于他人而自得其乐的生命意识是如此独特而强大,出自于一个没有见过什么世面,只在一个小镇里度过一生的女子而言,实在是不可思议。

　　她的灵魂既安静而又充满激情。

爱情是女人一生的课题。你无法比较两位文学女性的一生,究竟哪一种结局更好,是艾米莉·狄金森这种经脉俱碎的完整,还是萧红那样历经沧桑的残破。爱情总是让女人伤痕累累,这倒不仅仅因为男性令她们失望,这更是由爱情和美本身的特质决定的。如果只要爱情,不求彻底的完美,执子之手与子偕老也不是不可能。但对于执念于追求完美爱情和心灵的纯粹契合的文学女性来说,爱情简直就是她们一个人的独自战斗。萧红蓝天碧海处的寂寞,狄金森闭门不出的孤独都是为爱付出的代价。

对于文学女性而言,爱情是一场一旦进入就无法理性止损的人生赌博,因为爱情根本不是她们追求的目标,而本就是她们生命的一部分。

(三)自语与对话

不过相比之下,两位女性的文学风格还是有很大的不同。同样对自然非常敏锐的萧红,文字里总有一种落寞荒凉,缺少狄金森那种自足的从容。

其实萧红的笔下并不缺少力量。鲁迅先生都说过,她以"女性作者的细致观察和越轨的笔致"描画着民族沉默的灵魂。她在代表作《生死场》里有一句让人难忘的话:"人和动物一起忙着生,忙着死"。不过,她对于人生和世界的认识有一种悲悯情怀,这种悲悯基于她的生命意识,本质上是脆弱而忧伤的。

> 满天星光,满屋月亮,人生何如,为什么这么悲凉。(《呼兰河传》)
> 外边凉亭四角的铃子还在咯棱咯棱地响着。
> 因为今天起了一点小风,说不定一会功夫还要下清雪的。(《北中国》)
> 年轻的姑娘们,她们三两成双,坐着马车,去选择衣料去了,因为就要换春装了。她们热心地弄着剪刀,打着衣样,想装成自己心中想得出的那么好。她们白天黑夜地忙着,不久春装换起来了,只是不见载着翠姨的马车来。(《小城三月》)

萧红的忧伤和落寞,一方面是因为自身生命困境引起的感触,另一方面也是因为她为所爱的东北家乡彼时正受到异族的侵略和奴役而感到的更广大的痛苦。然而更多的还是因为她自身特有的女性困境。

这个敏感而渴望温暖的女子受制于女性情爱那个自我囚禁的樊笼,以至于曾向朋友聂绀弩这样诉说:

> 你知道吗？我是个女性。女性的天空是低的,羽翼是稀薄的,而身边的累赘又是笨重的！而且多么讨厌呵,女性有着过多的自我牺牲精神。……不错,我要飞,但同时觉得……我会掉下来。

中国传统女性被社会设定了太多的框框,以至于自由主宰自己的命运成为一个比诗与远方更遥不可及的梦想。你看,从《诗经》里女子所哀叹的"心之忧矣,如匪浣衣。静言思之,不能奋飞",到民国的萧红叹息"女性的天空是低的",觉得自己即使飞翔也会掉下来,所叹息者如出一辙,两千年来并没有太多变化。女性过多的自我牺牲精神与对男性的强烈依赖性是一个问题的两面罢了,独立的生活与独立的思考,对于中国传统女性来说是根本不值得追求而且非常出格、乃至大逆不道的生活方式。传统文化意识形成的桎梏已经内化成一副副精神枷锁被女性自觉地套在身上,而不觉其沉。民国才女萧红亦不能摆脱它的重压。

而这些,艾米莉·狄金森是没有的。她并不害怕孤寂,一切的孤寂。因为她有着更深层的关于灵魂等终极问题的思考与认识,她在内心中不断地与造物者对话,认识着有限中的无限:

> 有空间的孤寂
> 死亡的孤寂,但这些
> 应当算是交际
> 若与那更深沉的场所
> 即灵魂允许自己进入的
> 那种极地的幽僻
> 有限的无限相比。
>
> ——艾米莉·狄金森

有一部关于狄金森的传记电影——A Quiet Passion，中文名字译为《宁静的热情》。电影中一开头就刻意展现狄金森小姐的与众不同：即将从女校毕业的狄金森小姐被修女嬷嬷问及信仰问题，她坦然表示，既不愿意选择对基督和上帝的侍奉，成为修女，也不相信基督教关于救赎的说法。小妮子大逆不道的言论让修女嬷嬷大吃一惊，视之为怪物。

事实上，狄金森并非不相信造物主，但她的信仰非关世俗，而是和灵魂与美有关。她觉得信仰纯属自身和上帝之间的事情，它自个人内心生出，不能由他人"赐予"。正如林语堂所说："宗教最好像田野间生长的花朵，盆栽和花房培育出来的，容易失色或枯萎"。

这很可能是由于受到当时在美国极为流行的超验主义思潮的影响。美国超验主义的代表人物爱默生肯定人的神性，强调人的直觉意识，认为它与宇宙中的超灵是一体的。他的思想渗透在狄金森对心灵、自然、生与死以及永生的沉思冥想中。可以说，艾米莉·狄金森全身心的艺术追求和心灵与意识的探索是对于爱默生的超验主义思想的审美实践。

如果说寂寞，狄金森看上去也许比萧红要孤寂得多，她一生从未走出过家乡的小镇，成年之后也终日闭门不出，与人们的交往少之又少。但她从未停止过与自然与上帝的对话。这位守候着心灵净土的女诗人，如果没有契合心灵之爱，则宁愿在寂静与坚持中走过一生。她的世界不是纷繁扰动的时代的投射，而是一个更加宽阔自由灵动的心灵宇宙。她的诗就是她灵魂的声音。艾米莉从没有真正皈依宗教，从不上教堂做礼拜，却常常在内心与上帝直接交流与对话，期盼神的引领。

也许，与神对话，是女性能够在世俗恋爱关系中不丧失自我的一种值得考虑的方式。比狄金森早二十年出生的另一位十九世纪新英格兰著名文学女性、也是超验主义代表人物之一的玛格丽特·富勒这样写道：

> 我希望女人首先为神而活着。然后她就不会把一个并不完美的男子奉为神明，而陷入偶像崇拜。然后她就不会因为觉得自己软弱、贫乏而接受并不适合于她的东西。然后，如果她发现男人身上具备她所需要的东西，她就会知道如何去爱，以及如何才能值得被爱。

艾米莉·狄金森一直在和神对话，一直持守着自己的信念。而萧红却始终处于一种自语状态，因为那些她所依赖的注定不完美的男子无法承担神的角色，他们总是在她的精神和身体最需要他们的时候离她而去，唯一陪伴她的，只有寂寞和寂寞时写下的文字。

或许，从两位文学天才女性的命运和人生可以得出这样的结论：没有神性光辉照耀的天空总是寂寞的，总是——低的。

（四）艾米莉·狄金森的诗歌欣赏

接下来，让我们来好好感受一番艾米莉·狄金森的诗歌吧。

在艾米莉的诗人的眼睛里，二月屋檐滴答的雨声，造成了"灵魂的粉红"。鸟儿的形象在她诗歌里频频出现，那是自由灵魂的形象，它超越了死亡，超越了疾病和一切悲伤，充满了希望：

> 我有一只春鸟//为我高歌长啸——//诱来一片春光

灵魂、上帝、死亡——诗人在日常表面的琐碎生活的河流下不断获取对这些深层事物的理解。她对于神的个人体会，常形诸于笔端：

> 我从未见过荒野——//我从未见过大海——//可是我知道石楠的模样//也知道巨浪是什么形态。//我从未跟上帝交谈//也未到天国造访——//但我确信那个地点//就像按图核实过一样——

她这样想象自己的死去：

> 我死时——听到一只苍蝇嗡嗡——//房间里一片寂静//活像暴风雨前——//那种寂静的氛围……这个世界不是结论。//一个物种在那边屹立——//像音乐，眼看不见——//却如声音一样确实。

最动人的是，她想象一个人在死去的坟墓里还能找到同路知己，这种想象极为奇妙，有着明显地受到当时爱默生所代表的超验主义思想影响的痕

迹,然而又并不拘泥:

> 我为美而死——然而//很难适应这座坟墓//一个为真理献身的
> 人//这时躺在我的邻屋——//他轻柔地问我为何而亡,//"为了美",是
> 我的表示——//他却说,"我——为了真理——//美真是一体,我们是
> 兄弟"——//于是像亲人夜里相逢——//我们隔墙侃侃而谈——//直
> 到青苔蔓延到唇际——//并把我们的姓名——遮掩——

在女诗人成年之后,她不断地与自以为珍爱的东西分别——有时是向
坟墓中的亲友告别,有时是向比死亡更令人痛苦的遗忘告别,女诗人的心经
常滴血。孑然一身,她热爱美善的灵魂发出这样的行吟:

> 如果我能让一颗心不再疼痛,
> 我就没有白活这一生;
> 如果我能把一个生命的忧烦减轻,
> 或者帮助一只昏迷的知更鸟
> 重新返回它的巢中

她告诉我们应该如何看待充满磨难的人生:

> 最好的获得
> 必须经受损失的考验
> 把它们整合起来
> 才是获得

她依然坚信:

> 我知道我的鸟
> 纵然已经飞去
> 但在远方的树上

　　　　　　为我尽情欢唱

　　　　　　必回无疑

　　灵魂具有激情的人，必然具有针对世俗的精神叛逆。艾米莉·狄金森
也有如此叛逆和勇敢的赞美逃离的诗歌：

　　　　　　我从未听见"逃跑"这个词

　　　　　　而不感到热血沸腾，

　　　　　　一个瞬间的期待，

　　　　　　一个飞逝的姿态！

　　　　　　我从未听说宽敞的牢狱

　　　　　　被士兵毁坏，

　　　　　　但我幼稚地努力挣脱铁栅

　　　　　　只为了再次失败！

　　　　　　——艾米莉·狄金森《我从未听见"逃跑"这个词》

　　艾米莉·狄金森的最后一首诗是写给自己的。

　　一八八六年五月，她临终前留给两个小表妹的最后一封遗书，只写了两
个词构成的短促的一句："归"（Called back）。一个字——"归"，平淡而深
远，从容而智慧，是她于有限的一生对于无限宇宙的最后理解和拥抱，她始
终是自己的那个丰富内心世界的创造者。正如爱默生所说："人的本质不在
物质，而在精神，人本身就是有限的造物主。"

　　女诗人葬在狄金森家族墓地的一角，这片墓地就在安城镇中心教堂对
面的商铺后面。虽然女诗人声名显赫，但她的墓碑并不与名声相称，似乎在
家族的亲人中，她始终只是一个默默安静的平凡女子，不能逾越。那墓碑与
旁边的墓碑相似，上面写着诗人的名字，不同的是，墓碑的上面放着不少慕
名而来、喜爱她诗歌的人留下的小石头、小铅笔之类的纪念物品。比起周
围的墓碑，平添了几分生动。诗歌跨越了生死，流动着情感。生前寂寞的
女诗人大概在九泉之下会为人们对她诗歌的喜爱、对她本人的怀念感到
羞涩呢。

（五）结语

如今,安城正街(Main street)上狄金森家宅(Homestead)和长青居家宅(Evergreens)两处都已经设置成艾米莉·狄金森博物馆,成为来自全美乃至世界各地的粉丝们膜拜女诗人之地。博物馆对面,是安城警察局,竟是一栋颜色很温暖的橙色房子,据说一楼曾经住过美国二十世纪初期的另一位大诗人弗罗斯特。房子后面就是全美数一数二的文理学院——安默斯特学院(Amherst college)。学院不大,却精致优雅,依然可以看出一百多年前女诗人所生时代的建筑风范。

有意思的是,也就在艾米莉·狄金森这个新英格兰小镇的女子把自己完全封闭在家中的那些岁月里,她家马路对面的安默斯特学院先后来了两个亚洲学生(一八六七年来自日本的新岛襄和一八七九年来自中国的何廷梁)。这两个亚洲学生带着来自母国的强国梦,远渡重洋,来到这个新英格兰小镇学习,也许曾无数次地从女诗人的窗下走过,并用脚丈量着安城的每一条街道。然而万里求学的东方之子们却走不出各自带着浓厚母国气息的曲折命运,他们的故事容下篇再叙。

如果从艾米莉·狄金森故居所在的 Main Road(主街)往东开车,不到两公里,所见到的路旁就多是没怎么开发的树林或者旷野。记忆里是在冬季,积满白雪的湖面,旁边是黄叶枯林,远处有黛色起伏的山峦,一切安静而荒古,这正是艾米莉·狄金森诗歌孕育的地方。只有到过新英格兰小镇安默斯特的人,才不会对艾米莉灵动、质朴而又深邃的诗歌感到惊奇。因为,没有安城那种极为典型的新英格兰如画般的风景,也就不会有艾米莉笔下如此丰美动人的诗歌。

艾米莉·狄金森的诗是从她所生长的土地和自然里孕育出来的。

二零一七年十二月五日定稿于辉书房

日落之前爱上你

光影中的安城（Amherst）是如此优雅迷人，让我即便离开了这么久，却依然记忆犹新。

安城是个大学镇，一个教育与生活紧密融在了一起的小镇。一条主路 Pleasant Street 南北连接着我访学所在的麻省大学安城校区（Umass）以及著名的文理学院——安城学院（Amherst College）。

Umass 校园的池塘和老教堂一直保持着两百年来的朴素宁静风貌。春夏之际，会有成群的野鸭在池塘边悠游，云影天光倒映在水中，恍惚如诗。从 Umass 校园沿着 Pleasant Street 往南走就进入了小镇的中心，市政厅、教堂、安城旅馆，以及艾米莉·迪金森的故居，全都那么优雅地矗立在那里，百年如一日。接着就是全美顶尖的文理学院——安城学院了。宁谧清朗的小镇时光实在让人流连，然而这里的人们似乎已经习惯了，只有我这个异乡人会为这个小镇的宁静和优雅如此惊叹。

除了市中心那小小的一片聚居区，从主路再往东开车不到两公里外，车上见到的路旁风景就不同了。民居星星落落，间或出现，但基本上多是没怎么开发的树林或者旷野，典型的新英格兰乡村田园风景。白雪铺满的寂寥湖面，黄叶枯林，远处的黛色山峦安静而荒古，让人觉得这片天地似乎从未被现代文明染指，大概一直是按照它本来的样子这样从容优雅地沧桑着。如果待久了，和它融在了一起，就不觉得心动了，但内心会有一种单纯明净的感觉，正如同这新英格兰风景的本身。

如此，方体会到十九世纪美国作家梭罗何以能在新英格兰的林间独自徜徉之后写出《瓦尔登湖》那样寂寞而又纯净的书来。因为新英格兰的山山水水、天地之间有一种单纯质朴之大美。

安城地势平坦,视野开阔,看云最相宜。高天流云极富于变化,与晨夕之间的阳光相参差,气势恢宏,有时候厚厚的云层自天边压城而来,让人会幻想流云之上是否真有神的国度。

有一次,天色暗沉,浓云密布,我们的车子在小镇边上行驶。窗外天地阔朗博大,一览无余。只见天色愈来愈亮,一路的行进中,厚厚的云层里似乎在孕育着某种不安的巨变。终于,金色的阳光刺破苍穹,将浓云的帷幔撕开一个口子,将开阔的天地之间都渲染上了一层金色,如同婴儿从十月怀胎的母亲的身体中降临人间,亦让人想起破茧而飞的蝴蝶。于是万物陡然变得华美和明亮起来,那种转瞬间魔幻般的宏大变化令人屏息,会让人想起《圣经》里上帝六天造物的神奇,又充满对"新生"的感动。

而作为行旅匆匆的过客,在异国他乡,看到天地之大,感到人的微渺,又让我想起苏东坡的那首《临江仙·送钱穆父》:

一别都门三改火，天涯踏尽红尘。依然一笑作春温。无波真古井，有节是秋筠。

惆怅孤帆连夜发，送行淡月微云。尊前不用翠眉颦。人生如逆旅，我亦是行人。

我想，光影是天地间最大的奇迹，它幻化出的美丽、壮观实在让人流连、痴迷乃至深陷。它带来的温暖、希望又让人能生生不息、心中充满盼望。只是光影转瞬即逝，美不常驻。所以人类需要拥有在黑暗中想像光影的能力，黑暗中憧憬美的能力。能感应万物天地的脉动，亦能将光影带出的那份感动留驻在时间流逝之外。这正如鲁迅先生在《摩罗诗力说》中所道："古民神思，接天然之宫，冥契万有，与之灵会，道其能道，爰为诗歌。"所以我们怎能不热爱艺术呢，热爱艺术就是热爱生命啊。

可以肯定的是，生活中人所创造的美也是动人的，但仔细想想，那些美是为了取悦于人，通过悦人进而悦己，获得属于人性部分的那些感动。

天地自然之美是自天地之始就存在的，不是人创造的，你可以说它是神创造的。天地，光影，生命，这一切非人力所能为的美深邃广大、无边无际，却又是和人的灵性（神性）感应的，所以我想灵性大概就是人对不能由自己来掌控的未知一切的感应力吧。能感应天地之美，"与之灵会"，是一个人智慧心性深邃的反映。

对于有的人来说，智慧太深，如同《石头记》里的贾宝玉一样，红尘一趟，早早地明白洞悉了一切乃至造物的真相，再活下去也是无聊。这样的人离开尘世，不过是放下，没有不舍。再如英国作家毛姆的小说《刀锋》中的主人公拉里，万人如海一身藏。虽然学识渊博，却去做一名出租车司机。其实也是另一种意义上的自我放下。

我喜欢"呈现"这个词，越来越能体会"呈现"之妙。尤其是大自然在光影中呈现的美令我叹息崇敬。所谓天地有大美而不言，所谓云在青天水在瓶，所谓敏于行而讷于言，所谓意在言外，以及"兴"的修辞手法，坐忘，心斋，天人合一等等，都是"呈现"之妙。"呈现"是通过视像观物所得，于思悟中接近和感受神性（道）的状态。它需要我们去除语言的干扰，凝神体会所观照的对象。

日本民族对于内心与自然之间的体悟通感大概是所有民族中最直达的吧。他们不说什么，只是呈现自己所见到的一切，带着一种对造物者的虔敬。日本人喜欢用野、木、清晖、暮、夕、水、镜、涡、流、白砂、黑石、花、流、青空、空幻、绘叶、风语、春日影、渡、夕暮、绯桃、垣苔、残迹、荒事、逝秋、村雨、温味、春明等语词，都干干净净的，没有一丝烟火世俗气息。也都是些转瞬即逝的事物，却被用文字和艺术留驻在时光里。日本文明里让西方人着迷的，大概也是那点对神性的呈现与虔敬吧。

所住的北村斜对面，是麻州大学安城校区农业系的一片旷野。

几乎没有人注意这片旷野，除了我，一个来自中国的女人。晨昏，春夏，雨雪，每一时刻，它都静默着，却有着千变万化的美。它似乎从远古而来便如此安详存在，与永恒相接，如今只多了一个同样孤独的行者，为它的美而倾倒。但它并不因此而有所不同，也许，旷野尽头那片酡红的晚云是为我的懂得而盛开？

这样的想法让我感到幸福。其实它的宁静深邃始终不增不减，却又无边无际，一直蔓延到我的思绪和灵魂深处。我爱上了这片旷野，常常在此流连徘徊，它引导我向更深更远的世界之尽头探索。

给我留下深刻印象的，还有安城的雪，下得真是只可用潇潇二字形容，在长沙从未见过这样大的雪。不到两个小时，就白茫茫一片。我所爱的那片旷野上，雪野枯林，竟然颇有中国水墨画的萧疏风味。站在雪中，静静看天地间雪花纷飞，听雪落在草上的声音，不觉孤寒。

(Puffers Pond)

安城有一个非常美丽的去处。Puffers Pond，是 UMASS AMHERST（麻省大学安城校区）的学生喜欢去散步和游泳的地方。那天阳光极好，于是和咪咪特意去找到这个地方。大概走了不到三公里的路程，见到了这个池塘，是很安静幽谧的所在。其实池塘一端水流出去的地方，水声很大，这反而有了"蝉噪林逾静"的效果。

绕到水流从高处流下去的一边看，更有惊喜：水流陡直地落下，形成了一个小小的瀑布景观。这还不算，正好阳光透过树林打光在这自然形成的幕布上，于是黑的树的影像印在白的水流织成的画布上，如同一张天然生动的印象派画作，最伟大处，是这一切都不是静止于画布上的，一切都在运动变化中，却刚好构成如此天成的画面，刚好又被我们看到。大自然，才是那个最具匠心的画家。从水边上来，看到不远处有很多栋公寓房子，这些住在房子里的普普通通的美国人，不知道他们这种临水而居的幸福，是如何羡煞了一个从中国来的女人。

在美国认识到的最深刻的一点，就是人最幸福的事情莫过于与自然和谐相处。免费的空气、水、阳光、土地、青草、绿树等等其实是人能拥有的最大的财富，它们在一起构成了一个远远超出我们人类所能完全理解的奇妙的有生世界，当阳光将明暗光影再铺洒其上，大自然似乎就有了灵魂，当你试着和自然一样沉静下来，你就能从自然中看到——那最好的自己，因为任何一个人都会希望自己能够有与这恬静自在的自然相称的心灵。在大自然中我们会感到神赐予所有生命的自由和平等。

如果逛街和逛艺术博物馆让我选，我多半选后者。不是不喜欢购物，是觉得博物馆里的氛围更吸引我，站在那些艺术品面前，碰到有触动的，时光会穿越，思绪会万千，很有意思。感恩节和邻居建新去了 Williams Town，那里有与安城学院齐名的文理学院 Williams College，是王力宏的母校。还有一个很棒的艺术博物馆——Clark Art Institute。

美国各地常有有钱人捐赠建立艺术博物馆，而且不少是向民众免费开放的，因有这样一种观念——认为艺术品是人类的财富，所有人无分贵贱贫富都可以来分享欣赏。不过这个博物馆平时收费，只是在大雪纷纷的冬季不收费。馆藏很丰富，有一个印象派画家莫奈的专展。在这里亲眼感受了日本建筑大师安藤忠雄的博物馆设计。新馆部分是请这位以极简主义闻名的建筑大师设计的，用的是他惯用的清水混凝土材料，灰色的墙体，几何形式的空间设计，极其简净。

很幸运的是在雪天来博物馆，白雪覆盖的大地，远处有疏林映于灰茫的天空，博物馆建筑几何造型的灰色墙体立于雪中，如白纸上面一行没有文字但深邃简峻的诗句，在黑白两色的天地之间，让我想起张爱玲在《倾城之恋》中写到的那堵象征着人类文明尽头的高墙。真是一首要用脚步来读的诗，喜欢到让我心生感动。设计者安藤忠雄那种面对自然的虔敬态度昭然于自己的作品中，他完全将建筑与自然完美融合在了一起。

新英格兰的光影与人文同时令我对于那种高于人自身的神性有了一点懂得，让我对于世界和自己有了新的认知。其实，我们的人生轨迹就是我们

(Clark Art Institute)

不断地被塑造,不断在变幻组合的时空之中与不同的人事邂逅,不断地寻找的过程。

　　而那不可见,不可闻,不可知,亦不可被描述的,我将在日落之前爱上您。

　　　　　　　　　　二零一八年四月二十八日咪咪妈妈定稿于辉书房

人文景点提示:

克拉克艺术博物馆(Clark Art Institute):225 South St, Williamstown, MA 01267
威廉姆斯学院(Williams College):880 Main St, Williamstown, MA 01267

美国农夫凯文印象

那是二零一五年夏初，周末的一天，天气很好，和同在安城访学的吴老师开车去安城附近的新英格兰小镇农场转悠，打算作一个农场考察随访。我们遇见了美国农民凯文。

他穿着估计有些年头了的红色 T 恤和牛仔裤出现在我们面前，戴着棒球帽，鼻梁上架着副眼镜，一脸络腮胡子。很大众化的美国人形象，不修边幅，随意率性。我们上前搭讪，大约守着农场挺寂寞，他倒是很乐意地与我们交谈起来，并带我们参观只有他和女儿在照看的农场。

我注意到凯文手臂上纹有两个中国字——死、生，问他为何纹这两字。他反问，这不是在你们中国人看来最重要的两件事吗？还真是，但将"死"字纹在身上以体现其重要性，这也只有你们百无禁忌的外国人才想得出做得出好么，中国人还是没有这个胆量的。

大概，美国人都有那么点东方文化情结吧。比如我的导师亨利，居然是罗大佑的粉丝，坐落在树林深处的家里，客厅赫然挂着中国书法，他还像模像样地打太极拳，那姿势远看起来极像一只得了道的螳螂。

凯文有四个孩子，他声称还准备再加一倍。我问他生这么多孩子，他们的教育怎么办。凯文说，一直到大学，孩子的教育政府会管，这才解释了我心中的疑团，为何他敢如此肆无忌惮地生。他美丽得如同芭比娃娃的小女儿不太说话，穿着长靴子，在旁边玩耍，有点寂寞，有点好奇，让我忍不住联想起她将来的人生——长大，读书，渴望着离开没有前途的农村，在更广阔的天地放飞自己，美貌和青春为她插上翅膀，或者成功，当然也可能失败，命

（美国农夫凯文）

运会让她和今天的小姑娘比起来面目全非，但她的眼神里永远也抹不去新英格兰乡村童年生活里的这点寂寞，这点好奇。因为一个人的命运里总是藏着他（她）的童年。

这个农场是凯文租了别人的。他养猪，养鸡，全是原生态的有机放养。农场里一头公猪和几头母猪过着伊甸园般的幸福生活。我们亲眼看到，猪亚当和猪夏娃们高兴了就在泥潭里打滚，猪亚当神气得像个国王。凯文说，它们每天的光荣任务就是晒太阳，钻灌木丛，在泥巴里打滚，制造猪宝宝。这种生活状态让我想起战国时期钓于濮水之上的庄子曾无限羡慕的生活理想——"吾将曳尾于涂中"，虽然他说的是乌龟，但总之，都比人幸福。凯文也羡慕地说这头公猪是个被宠坏了的男孩，语气中颇有希望取而代之的意思。

这个美国农夫，他关注眼前的猪宝宝，也关心世界的食品安全问题。与他聊天的时候他大谈环境问题，强烈反对转基因，不希望自己的孩子们受到转基因食品的伤害。秋季他准备去 UMASS AMHERST（麻州大学安城校区）学习政治经济学，以前他是学政治学的。我想他应该是马克思的信徒，因为他很反感资本主义对世界的掌控,极为不满地将现实中的纽约市看成是电影《饥饿游戏》中的第一区。那电影里面有个用强权统治着所有区域,将贫富阶层分化隔离起来,被其他区强烈反对的总统。对于资本家们带来的社会贫富分化,他打心眼里抗议,从他的生活水准倒不难理解这一点。

习惯了在国内从影视以及文学和生活中获得的朴实、善良、勤劳,而又带点懦弱和无知的农民印象,这个具有自己明确的政治见解,反对资本主义,反对转基因,生活在一个无名的新英格兰小农场里却关心着全人类的美国农民实在让我有点开眼界。美国农夫凯文只是一个极普通的美国人,我和朋友私下根据他养的这些家畜的产出可以计算,他的收入大致只能算低层。我不知道他能否代表大部分美国人,即便能代表,应该也只能代表美国农村的收入很低的普通人,但他让我看到无论是教育水平和见识,他们都超出了大部分的国内农民。他们一方面脚踏实地,过着接近大自然的田园生活,另一方面却又能与时俱进,有着超出家园局限的对社会、对世界和人类的关怀。在美国,这大概并非个别现象。

这让我想起十九世纪新英格兰地区安城农校教授威廉·克拉克博士的主张,他认为农民应该接受教育而不仅仅是掌握技术,应该让农民这一职业像律师、医生、教师一样获得他们应得的社会地位。这可是近两百年前提出来的主张哦。

何尝不是呢,作为社会的基石,是塔底普通人的教育水平而不是塔尖精英的水平决定了一个国家文明程度的水平线。想想我们的农民普遍的教育水平,和凯文差的还真不是一个层级的距离。

凯文要干活了。我们告别了凯文和他美丽的小女儿。车子在地广人稀的新英格兰农村的林荫道上静静穿行,行走在这片让我们感慨不已的陌生土地上。

美国农夫凯文,在我脑海中留下了关于美国社会深处的一点真实印象。

二零一八年五月二十一日记于辉书房

落地的麦子不死

——"中国留学生之父"容闳

以中国人而毕业于美国第一等之大学校,实自予始。

——容闳

(一) 那人却在灯火阑珊处

哈特福德城边有一个西带山墓园(Cedar Hill Cemetery),据说好莱坞大明星凯瑟琳·赫本即长眠于此。

二零一五年五月,一个明媚的春日正午,我带着咪咪和朋友一起驱车一个多小时,从麻州的安城来到康州的哈特福德市西带山墓园。

虽是墓园,却并不阴森可怖,相反,非常宁静美丽:园子里树色水光交相辉映,池塘里野鸭悠游,阳光下一树树繁花静静开放,各种形状的简洁肃穆的墓碑在草地上如同雕塑般林立,进门的公示牌上写着:"园内禁止遛狗"。

墓园不小,我们转悠了很久,最后几乎准备要放弃寻找的时候,才在第十区的一个小坡地上看到要找的目标。凭借直觉就知道是它,真有"众里寻她千百度、那人却在灯火阑珊处"之感。

谁知道呢,也许我跋涉重洋,只为您而来。

绿阴深处,繁花似锦,那块静穆树立的墓碑,方础圆顶,上面刻着一个由

（耶鲁大学礼堂中的容闳画像）

中文"容"字构成的心形图案。而墓碑本身的形状，一看即与众不同，犹如一顶清朝人惯戴的小帽款式。久立墓前，遥想地下之人为国奔走一生的传奇，真的可以感觉到孟子所说的充塞于天地之间的浩然之气。

屈原的《哀郢》诗中有"鸟飞反故乡兮，狐死必首丘"之语，谓狐狸死时头总是朝向自己的故乡，以喻故国之思。这个墓碑的朝向，正是东方。万里太遥远，重洋太广淼，鸟儿虽飞不过沧海，但炽热的爱国之心却始终朝向太平洋彼岸的母国——中国。我似乎可以看到地下之人那眷念故国的深情目光。

这个自称对祖国怀着"永恒热爱"的中国人，这个被他的美国朋友形容为"从头到脚、身上每一根神经纤维都是爱国的"中国人，就是有"中国留学生之父"之誉的容闳。

容闳是在西学东渐过程中由历史塑就的一个关键性人物，是为中国现代留学历史拉开序幕的先驱者。落地的麦子不死，自一八七二年第一批晚清官派留美幼童三十人从上海踏上赴美的轮船，中国近代留学史便由此而生发开去,如大江浩浩前行,势不可挡。

让我们将时间回溯到一八四七年的中国广东黄埔。

(二)穷孩子的求学路

一八四七年一月四日,广州黄埔,去往美国的帆船"亨特利思号"准备起锚出发。

黄埔是外籍轮船装卸货物的码头,距离广州城 10 英里,来来往往于中国与西方欧美国家的船只林立于水上,热闹非凡。

这时,岸边开始响起了雷鸣般的炮仗声。在当地,这是每一只船离开的时候都会有的欢送仪式。在海上风浪里讨生活惯了的当地人用炮仗"唤醒神明保佑船只离开,让它顺风顺水"。久而久之,那些从美利坚来的番人也习惯了这种热闹而充满善意的隆隆声响。"亨特利思号"满载货物缓缓离岸。船长是 Captain Gillespie。

与往日不同的是,这次船上除了货物,还有三个特别的小乘客,他们衣着朴素,穿着干净的棉布长衫,脑后垂着乌黑的长辫。他们刚刚告别父母,准备去向未知的番人国家,内心多少有些惶然。然而新奇的旅程又令他们有着莫名的兴奋和激动。

少年们站在甲板上,看着船只沿江而行的风景:两岸都是绿茵茵的稻田,散落的宁静村庄,数个花岗岩做成的威严的炮台,以及远方起伏的山峦,近处矗立的七层宝塔。他们互相兴奋地指点着岸边这些无比熟悉的乡村和土地。这是生平第一次,他们站出来看这个他们之前习以为常的古老而安详的世界。

少年里,有一个显得格外不同,他眼神坚定,神情刚毅。他望着远方,似乎一直望到了渺远的不可知的命运深处。他就是本文的主人公容闳。

一八二八年,容闳出生于广东香山县南屏镇的一个贫苦之家。南屏乡与澳门只有二里宽的水上距离,北距广州不过九十里。十九世纪初期,受到对外贸易的影响,当地人对于高鼻深目、金发碧眼的西洋人并无内地人那样的生疏恐惧。

容闳双亲以务农为生,兼在村子里做些小生意。他之所以能读书,并幸运地出洋留学,既具有个体的偶然性,本身又是西学东渐的结果。这份机缘还得从在华的第一位新教传教士马礼逊的去世说起。

马礼逊博士（Dr. Robert Morrison）是西方国家（英国伦敦传道会）派遣到中国的第一位新教传教士（注：新教传教士和天主教传教士是不同的，具体区别就不在本文中赘述了）。早期（整个明代和清代前期）在中国传教的都是天主教传教士，马礼逊作为新教传教士的 No.1，到达广州是一八零七年九月七日。

不过和那些在历史上留名的在华新教传教士相似，马礼逊的传教并不成功，其影响力主要在文化的传播和交流上。

马礼逊完成了史上第一部英华字典，又将《圣经》译成中文，对中西文化交流来说功业甚伟。最让人感动的是，他克服各种难以想象的困难和艰辛，在中国孜孜不倦、无怨无悔地为上帝和中国人工作了 27 年。

一八三四年八月一日，在从澳门去广州的途中，因健康情况恶化，又遭受暴风雨煎熬，马礼逊到达广州不久重病去世。马礼逊逝世后，为了纪念他，广州的传教士们在外商和侨民中号召组建教育会，筹措到捐款 4800 美金，于一八三六年成立马礼逊教育会，其目的是要筹措资金办让中国人学习西方语言和知识的学校。从安城学院毕业的新教传教士裨治文便是总会长。

创办了《中国丛报》的裨治文早在一八三五年就在发刊词中这样写道："中国人拥有大量的学校和有高级头衔的文人，这为求知提供了驱动因素。可是，尽管很多人在学习，但他们的知识却没有增长"。他认为真正的知识的习得、包括语言的习得都是信仰得以传播的前提，因为语言不通是文化知识传播的最大阻碍。

在谈到马礼逊教育会的宗旨时，他改写了儒家典籍《大学》中的一段作为结尾（不得不承认，一根筋的外国人一旦学起中文来，比浅尝辄止的许多中国人都要倍儿厉害）：

> 物有本末，事有始终，知所先后，则近道矣；吾等欲明明德于中国，先致其知，知至而后事成。

理事会还建议美国请一位"年轻、有事业心、熟悉教育领域，并有志于将此作为终生奋斗目标"的教师,这位日后出现的教师对于容闳来说是非常关键的一个人。

花开两朵,各表一枝。

(三) 倒贴学费求孩子来上学的洋学校

这时候住在澳门的普鲁士传教士郭士立的夫人(Mrs. Gutalaff)在澳门设立了一所女子私塾,郭夫人堪称最早在中国办现代女子教育之人。这时马礼逊学校还没有筹建起来,几个年级小的中国男孩就组了个男生班,先暂时附读在郭夫人的女校。当时容家的一位邻居在郭士立家当差,因为有了这层关系,七岁的容闳就成为了其中一个小男生,而且他的聪明淘气给慈爱的郭夫人留下深刻印象。

那时候虽然对外通商已开,沿海洋务渐兴,但西方知识完全不受中国人重视。教育的正途仍是走科举道路,做好八股文才是王道,是仕进的敲门砖。容闳是家中老二,大约父母希望容闳能学会和西人打交道的技能,将来生计无虞,出人头地。而且洋学堂不收学费,免费供应食宿,若是家境贫寒而又想让孩子学点东西,去洋人办的私塾读书也不失为一个无奈之下的选择。

设想如果没有这样的机缘,容闳的一生也许就是这个沿海荒僻小村庄的务农的村民。然而,他坚毅的个性,强烈的求知欲,以及对身外世界探求的勇气,似乎本也是他被命运女神选中的原因。

后来女塾因故停办,容闳曾一度辍学。一八四零年春夏之交其父去世,一家人迫于生计,他便在一位天主教教士那里当印刷书报工人。月获工资四元五角,每天的工作就是在斗室中折叠书页。本以为读书不再有望,然而数月之后,命运突然又出现转机。

这一天,一个洋人找到容闳,拍着他的肩膀直言找了好几个月了,总算找着你了。容闳一看,是先前在郭士立夫人私塾中经常见到的霍白生医生(Dr. Hobson),一时摸不着头脑。霍医生解释说:我是受人之托,郭夫人回美国之前特意嘱托我,一旦马礼逊学校开学就送你入校。你回家和母亲商量一下,如果母亲答应,你就辞掉这份工,来我医院一段时间,让我了解一下你的为人,看是否可以介绍你去学校。

原来,一八三九年十一月马礼逊学校在澳门终于正式开学了。并从美国新英格兰延请了勃朗牧师(Rev. Samuel Robbins Brown)出任校长。日后正是他将容闳等三个中国穷孩子带往了新英格兰,为中国现代留学史的开启做了奠基。

(容闳恩师:塞缪尔·勃朗 Rev. Samuel Robbins Brown)

于是,容闳依言和母亲商量,母亲虽然不乐意,也拗不过儿子的坚持。然后容闳辞掉工,去霍氏的医院,帮霍医生每天杵臼丁丁,制各种药膏丸散。霍医生查房时,容闳也捧着盆子跟随其后,如此做了两个月的勤工俭学。勤谨懂事的容闳顺利通过了考察,霍医生带他去谒见马礼逊学校校长勃朗牧师。

容闳一八四一年入学时,学校仅有一个班,班上已经有五个中国学生。当时中国家长均不愿送子弟入洋学校。这五个学生真是捡了个大便宜。其中至少有两个是广州街头无家可归的流浪儿,其他几位也是校方付钱给家长,好说歹说求着人家把孩子送来就学的。读书可以改变命运,这些孩子的命运改变可谓超级具有戏剧性。

日后这批校方倒贴钱培养的学生确实没有辜负马礼逊教育会在中国传播西方文明的初衷。容闳不用说，黄宽是第一位受西方教育的医生，后来在广州行医极负盛名。黄胜则后来担任容闳助手，在"肄业局"和领事馆担任英文翻译工作。唐景星则成为巨商，又是煤老板，又修铁路，并创办中国第一个"轮船招商局"。还有一位叫做梁进德的学生则为林则徐工作，译介了很多西方知识，魏源《海国图志》中有不少材料都来自于他的译介，实为中国官吏中介绍西方知识给同僚的第一人。

　　世如蛛网，万事互相牵系互相关联而又互相效力，由此可见一斑。容闳的一生更是这种历史偶然性与必然性结合的最好注脚。

　　几年后，学校从澳门搬到了香港，设于某山之巅。后此山遂以马礼逊得名，今天叫摩理臣山。

　　一天半夜，这所学校被一群海盗打劫。勃朗牧师还被一个飞镖击中右胳膊，鲜血直流，情况凶险。多亏了几个中国学生，勃朗牧师的夫人和孩子得以到安全处隐蔽起来。这场历险中容闳尤其表现出了非凡的镇定和勇气。

　　一八四七年，勃朗校长因妻子健康不佳，决定返美，拟带三个学生同赴美（时人称新大陆），受原汁原味的西方教育，并且是费用全免，而且校方想得超级周到，学生留美期间，不只自己经费有着落，父母也可以得到至少两年的赡养。你可能觉得这样的好事还用犹豫吗？

　　但出国留洋读书在那个时代，是有史以来第一遭，没有人尝试过，人们受到见识的局限，无人响应也是正常的。这个时候，有胆量者就抓住了机遇。

　　勃朗校长在课堂上对着所有学生（大概几十人）宣布这个决定，如有愿意同行者，可起立。容闳是首先起立者，其次是黄胜、黄宽。也就三个孩子站起来了。如果说最开始入郭士立夫人私塾读书是父母的安排，这个时候容闳则主动做出了人生最重要的选择，赢得了去西方接受完全西学教育的机会。

　　于是有了开头三个少年乘船赴美的一幕。

　　一八五零年，马礼逊学校解散了。虽然它存在的时间不长，但作为最早的西方人开办的学校，却具有里程碑式的意义。而且母亲死去了，孩子们继续前行。有更多这样的进行现代教育的西式学校在十九世纪末的中国陆续建立起来。

（四）孟松镇上来了三个长辫子的中国少年

容闳晚年回忆十九岁的自己初到纽约时，只见这个让人炫目的国际大都会：危楼摩天，华屋林立，各种教堂的塔尖高耸云表，人烟稠密，商业繁盛……他很是感慨。

不过他感慨的不是眼前这一切新奇的事物，而是想起一八四五年作为穷学生尚在马礼逊学校读书时，曾经做过一篇命题作文《意想之纽约游》，那时候他做梦也想不到两年后自己真的站在了纽约大道上看人来车往。

由此容闳生出对命运的感慨，觉得梦想也会成真，不一定都是虚幻。比如他一生有两个梦想：一是他的教育计划，"愿遣多数青年子弟游学美国"；一是希望娶个美国女子为妻。结果都成为现实。我们且看他的人生梦想是如何实现的。

（十八世纪的纽约街头）

初到美国，容闳一路行来，接触到的新英格兰人给他留下深刻印象。纽约的 David E·Bartlett 夫妇、勃朗牧师妻子的父亲巴牧师、母亲巴夫人、孟松中学的校长海门牧师、女教师勃朗女士，这些人多是虔诚的新教徒，道德品行皆优善，并热心于教育。

尤其是勃朗夫人的父亲，"其人足为新英国省清教徒之模范"，"闻其生平兢兢所事，绝不稍稍草率"。当时整个新英格兰地区的社会里充满着清教主义氛围，人们宗教信仰诚笃，热心社会公益事业。

所以基督教文化在美国不仅仅是一种神学体系、意识形态，从"五月花号"船上信奉新教的英格兰移民从新英格兰普利茅斯登陆的那一刻开始，它作为美国的建国根基，就一点点渗透到了美国的文化结构深层，成为美国社会基本的文化意识、社会意识和社会背景之一，美国的《独立宣言》里有四次提到了上帝，连美元上也声明"In God We Trust"（我们相信上帝）。

正是笃信上帝的勃朗牧师将三个中国少年带到了自己在新英格兰的故乡孟松镇。

勃朗牧师将容闳带到美国，在命运女神的安排里他的使命基本上就完成了。但他的故事实在值得再补上几句。

在维基百科的 Monson（孟松）这一词条中，小镇名人一栏里，排在第二位的就是：Samuel Robbins Brown（1810－1880），missionary（塞缪尔·布朗，传教士）。这不起眼的一行里包含了一个平凡而又了不起的基督教传教士将自己奉献给信仰的一生。

勃朗牧师在中国担任马礼逊学校校长，后来又应日本明治政府之聘，在东京设立西式学校，因此他算得上是西方教育在中日两国的奠基者。一生里，他往返于东西方之间，将两国的孩子带往西方接受教育，在中国和日本的近代化进程里留下了谦逊而荣耀的身影。

相比之下，他在日本更为知名，在将圣经《新约》译成日文中做出重要贡献，日本人尊称他为"新东方的缔造者"（A Maker of the New Orient）。生活中，他头脑冷静，温和亲切，为人乐观。他非常热心地对待学生，简单而直接地向学生清楚表述自己的观点。似乎他具有与生俱来的亲和力，善于找乐子开玩笑，以至于让许多艰难的工作都变得轻松了。显然作为一个教师，他极具师者的魅力。

容闳若无勃朗牧师带同赴美继续升学，断无日后之成就，更无日后中国近代化教育的主张和计划，所以勃朗牧师实是容闳最大的恩师。日后容闳带领幼童赴美留学的模式，其实与当年勃朗牧师带着三个中国孩子到美国求学的模式非常相似，整个幼童留美计划可以说是勃朗牧师理想的延伸。

孟松是个清静幽雅的小镇，教堂里钟声悠扬，小镇周围是典型的新英格兰田园风光。直到今天，也依然平和宁静，仿佛时光在此停驻，不曾流逝。

却说三个长辫子中国少年的到来，在小镇激起了不小的涟漪，他们受到小镇居民和善热情的对待。而勃朗牧师的母亲幽闲沉静的道德品行给予容闳很大感动，在她温暖澄净的人格感召下，容闳受洗成为了基督徒（也有资料称容闳可能在马礼逊学校读书期间就受洗了）。

（五）致力于培养世界公民和全球领袖的古老中学

三个少年进入了孟松镇上的孟松学校读书。这所学校建于一八零四年，于一八零六年开始招收学生，因为容闳们的到来，被认为是第一个招收中国学生的美国中学。

二零一五年五月，我专门去往了离安城一个小时车程不到的孟松镇，先到的是昔年容闳他们读书的孟松学校，不过孟松学校的原址已经因为失火而烧毁了。现在的这所韦伯拉汉·孟松中学由十九世纪早期成立的两所中学于一九七一年合并而成：建立于一八零四年的 Monson Academy 和建立于一八一七年的 Wesleyan Academy。这所学校如今座落在紧邻孟松镇的韦伯拉汗镇，有着非常大气、宁静、美丽的校园。

韦伯拉汉·孟松中学是一所独立的、初高中男女合校的、兼有走读和寄宿的综合性大学预科学校。这所学校的办学宗旨宏伟得吓人，号称"致力于培养世界公民和全球领袖"。学校崇尚多元化，欢迎来自美国以外的各个国家的学生和老师，如今，学校的在校生中有来自二十一个国家和十三个地区的学生。

这所历史悠久的中学引以为豪的历史中，招收的最早一批国际学生就是来自于大清帝国的三个少年。在学校的档案室里，至今仍然保存着容闳的档案资料和一张年轻时的照片。这张照片上的容闳，沧桑的脸上坚毅有神的目光让人印象深刻。

而在他们的两百年校庆宣传册上也有容闳的介绍。容闳成了这个学校的骄傲，也确实是其办学理念实现的成功典范。

(2015年摄于韦伯拉汉·孟松中学)

　　我似乎与容闳隔代有缘，不经意间走遍了他在美国的生活求学之地。在学校我见到了年轻帅气的校长，我们在老孟松中学的油画前合影。亦认识了孟松中学的档案管理员简妮特，热情的她告诉我，之所以她成功申请到这个职位，就是因为她非常熟悉这段容闳在孟松学校学习的历史。她还带我去看了容闳少年时寄居的勃朗牧师母亲勃朗夫人家的故址，只不过这时已换了主人了。

　　站在昔日勃朗夫人家门前，我看着长长的小道向远方延伸，直到消失在树林中。想象着一百六十五年前，这条路上曾经来回奔波的那个中国少年的身影。容闳在后来的自传中说，住处离学校约半英里，每天要往返三次，虽然新英格兰的严冬漫长、雪深三尺，也必徒步来回。如此长期运动，胃口好，食量也惊人。

　　还有什么人生经历比这幅场景更能诠释那句话——"天将降大任于斯人也，必先苦其心志，劳其筋骨"呢？

　　简妮特又带我们去往容闳的恩师勃朗牧师的家族墓地。

　　勃朗牧师的墓碑非常普通，其墓碑上的一行铭文，取自《圣经》中的雅歌：

Until the day break and the shadows flee away.

（待天破晓时，云翳终将散。）

我久久在勃朗牧师碑前站立，默然遥想着这位牧师东往西来奔波的一生，心生感动，因为他让我认识到：在这个不完美的世界，总有那样一些人，怀着信仰或者信念，以努力拨开云翳为己任，只为光明依然能够照临人间。他们把自己活成了一束光，总是以照亮别人的人生为自己活着的意义。

紧靠着勃朗牧师墓旁的居然是两个年青日本学生的墓碑。这两个日本学生和容闳一样，是当年勃朗牧师从日本带到新英格兰学习的，但他们是生活的失败者。一名芦原洲平（实名为木藤市介），另一名是国友泷之助。

芦原在一八七六年七月二十二日自杀，很可能是赴美之前母亲去世的打击和不能适应新环境造成了精神忧郁。无论如何，将之埋葬在自己家族的墓园，可知勃朗牧师对两名学生的关怀和痛惜，也可知当年这些离家万里求学的东方少年要克服多少寂寞与思乡的苦楚。而容闳却以其不同寻常的坚韧和勇气在异国他乡生存与求学了八年。

一八七六年，容闳的头生子出世，他为儿子洗礼命名为马礼逊·勃朗，其感恩于马礼逊学校的教育以及恩师勃朗的用意尽在其中。

（六）耶鲁大学的第一个中国毕业生

穷孩子的求学道路是艰难的，但也有一句老话叫做"天无绝人之路"。容闳等出发前，校方与他们约定两年为限，一八四九年即须回国。而到了一八四八年秋，黄胜因病回国，算是被淘汰了。剩下容闳和黄宽两人，到了一八四九年从孟松中学毕业，即面临何去何从的问题。他们都想继续深造，但必须找到资助方，才能继续学业，当时，如果他们答应学成后为教会工作，则可以得到学校资助，但两人都婉拒了。

黄宽接受了之前资助人苏格兰人萧德锐（Andrew Shortrede）的条件，去英国爱丁堡大学学医，因为爱国的萧德锐很希望苏格兰能替中国培养第一个医生。后来黄宽学成返华，一直主持广州"伦敦教会医院"，成为中外人士公认最负盛名的外科医生。

那么容闳呢？

他不想去苏格兰，而愿意留在美国继续学业。但他不愿意将来做传教士，他的理由是将来无论干啥工作，都将"择其最有益于中国者为之"。如果限于一业，范围又窄，"有用之身，必致无用"。而且他深谙中国人的民族性，认为中国人并不具有真正的宗教精神，所以要为中国谋福利，这条路行不通。他辞谢了校方的盛意，拒不改变初心。

怎么办？我们说人生际遇，往往非所逆料。这时又多亏了到美国南部走了一遭的勃朗牧师。他带回了一个好消息，佐治亚州的萨伐那妇女会听说容闳的境况很是同情，答应资助他。

身无分文、举目无亲的容闳就这样得到了投考耶鲁大学的机会，并且幸运地考上了。要知道，在那个时代的美国，上大学即便是对于美国本土人来说，也是非常不容易得到的机会。

容闳留着辫子，穿着中式的长袍作为第一个华人入读耶鲁大学。不到一年，这两样东西就都被他割弃了。求学机会来之不易，他在耶鲁刻苦攻读，英文论说文连获两年头奖，他还在耶鲁勤工俭学，为学生团体采买伙食、管理图书，不但解决自己的经济困难，也锻炼了自己的工作能力和社交能力。

在耶鲁大学读书的日子里,他无时无刻不在关心母国的现状和前途,想为祖国的富强文明尽一己之力。他认为中国唯一的希望,就在于尽速吸收西方科技文明,而欲达此目的,中国政府应当精选年轻子弟前往欧美留学。

也就是在读大学期间,他明确了自己的人生目标:

> 予之一身既受此文明之教育,则当使后予之人,亦享此同等之利益,以西方之学术,灌输于中国,使中国日趋于文明富强之境。

容闳后来的事业,都以此为初心,专心致志而为之。

一八五四年容闳毕业,获得耶鲁大学文学学士学位。他的毕业是那一年毕业典礼上的大事件。有些人来参加毕业典礼主要就是为了来看看这位中国毕业生。在给同学的临别赠言中,他题写了孟子的著名章句:

> 大人者,不失其赤子之心。

容闳曾十分明确地谈到为什么自己会以让"西方学术灌输于中国"为理想志业。他说在耶鲁读书期间,中国的腐败情形时时触动他。想到自己的同胞身受无限痛苦,无限压制,却毫无感觉,又因未受教育而不知这是痛苦与压制,视痛苦与压制为常态,故而容闳下定了要将西方"文明之教育"推行于中国,使中国臻于文明富强之境的决心。他将其作为自己一生的志业,孜孜以求,用了18年的时间,终于实现了让中国学子远渡重洋到异国接受西方教育的教育计划。

也是在这一年,他揣着耶鲁大学的羊皮纸毕业证书踌躇满志地重返中国。这时离他初到美国,已经过去八年。八年的西方教育,将一个中国少年培养成一个有着赤子之心的西化的海归精英。毅然回国为祖国效力,他会得到同胞对待英雄的鲜花与掌声吗?

且来看看,一介布衣的海归是如何实现自己的中国梦的。

（七）归国后做的第一件事

一八五四年十一月十三日，毕业不久的容闳揣着羊皮纸的耶鲁大学毕业文凭，从纽约登上"欧里加号"船踏上归程。

经过 154 天的长途航行，终于回到了阔别八年的祖国。回国后容闳做的第一件事就是回到故乡，来到贫穷老病的母亲身边，以自己的学成归来告慰老母。有个很富有意味的小细节，母亲见他蓄了胡须，慈爱地说："你哥哥还没蓄胡子呢，你还是剃掉为佳。"容闳二话不说，立刻出门找理发匠剃须。母亲看到儿子依然是那个多年前听话的好儿子十分高兴。

容闳在自传中特意提到这一细节，可见其拳拳爱母之心。"谁言寸草心，报得三春晖"，虽然受了多年西方教育，中国以孝事亲的固有道德他却从未忘记。何况《圣经》里也说：不论是谁，如果不为自己，特别是不为自家人作打算，他就是否定基督教，因此比异教徒更坏。这个细节表明，在他内心爱国与爱家、爱亲是一致的，爱国正是他爱家与爱亲的情感延伸。

然而回到国内后，迎接容闳的并不是鲜花和掌声。在人们眼中，他是个英文比中文还流畅得多的假洋鬼子。他是如此孤独，但却并不彷徨。他准备要在日暮西山的大清帝国干一番经天纬地的大事业，但他很明白，自己得认清现实，脚踏实地。他需要先安身立命，同时慢慢经营自己的维新中国之理想，正所谓谋食亦谋道。

十多年里，容闳先是在广州为曾在华传道的美国人伯驾当私人秘书。后在香港随英国律师学习法律。又在上海做过海关翻译，还为在华的美国洋行做过茶叶经纪人。这中间，他看到机会，从洋行出来后自己单干，还在茶叶贸易中狠狠赚了一把，获利颇丰。

从现实的轨迹看，利用自己的学识和才能以及语言优势赚得财富对容闳而言不是很难的事情。但这却远不是他的目的。他一边谋生，一边在西人圈、商业界、中国士人圈中游走，白手起家建立社交圈，结交各种朋友，为自己的梦想夯实基础。

他仿佛是一个最有耐心的猎手，蛰伏在草丛中等待最好的出击时机。

同时他用基督徒的孤独和忍耐坚守着梦想，尽管遭遇的都是让人可以陷入绝望的黑暗和污秽。在香港学习律师却受到香港律师合力排挤，怕他学兼中西会垄断涉华诉讼案件。而在上海海关,眼见中国船上商人与海关官吏沆瀣一气,他又不屑为伍。

这中间,他经历了几件不能不提到的重要事情。

(八) 大屠杀给他留下深刻印象

回国后不久的他,目睹了一次刑场大屠杀。

正如留日期间的鲁迅观看日本军人砍中国"间谍"之头的电影、少年沈从文之目睹无辜的苗民被屠杀一样,作为屠杀的目击者,列强的欺侮、统治者权力的滥用都给这些民族精英们留下一生难忘的痛苦印象,也成为他们各自伟大事业发生的动力和起点。容闳也不例外。

一八五五年的中国,清政府正在残酷镇压太平军和各地农民暴动。在广州,两广总督叶名琛就以残暴手段镇压广东人民暴动,一个夏天就杀了七万五千余人。容闳的居住地离刑场颇近,有一天他突发奇想,跑去看刑场。刑场所见,如同地狱,到处都是无头之尸体,空气恶劣如有毒雾。看到此种惨状,容闳极为震惊和愤懑,深感满清统治的腐朽无状,亦对太平天国运动产生了同情。这为他五年后的太平天国之行埋下了伏笔。

(九) 太平天国之行

也许是得益于西方教育,容闳不仅仅有高远的理想,他也是很务实的行动派。他很能变通,没有所谓知识分子的清高。一八五四年回国后,他有意结识达官贵人,各路社会名流获取人脉,以期能为自己的教育救国梦在政府中找到机会。尽管他的理想高远得堪称开天辟地第一遭,但现实操作一点都不含糊。这是受到国内儒家孔孟之道教育的精英知识分子很少能做到的,因为自视清高、爱惜羽毛的读书人不愿意去主动与权贵结交,而与权贵结交者又往往放弃梦想,与之沆瀣一气,成为利益共同者。

还有一点,容闳完全没有以清政府为神圣不可侵犯的正统,视太平天国为大逆不道的暴民。而是以人道和正义的标准来衡量清朝与太平天国之间的对抗。对他来说,所爱的是国家和民族,并不等于清朝腐败的政府。因而他既可以跑到体制反对者那里去考察实力和寻找机会,也可以在体制内按照游戏规则来寻找合作者。

一八六零年，容闳居然跑到南京去对当时的"反动"政权太平天国做了一次实地考察。

他去面谒了以前在香港的故识、如今的干王洪仁玕，向他献计献策。谁知，作为对他的一番诚恳进言的褒奖，是过了几日后送来的一方四等爵位的官印。这南辕北辙的结果，让这位耶鲁大学毕业的洋学生是大失所望而又啼笑皆非。而见到的其他太平军领袖人物，大多数的行为品格和所筹划的事情，都不能令容闳对其抱有信心。于是他决计离开。

关于这场农民起义，容闳有诸多看法。他认为太平天国起义能成事的原因，是洪秀全利用了宗教精神来蛊惑民众；起义发生的根本原因，他认为"恶根实种于满政府之政治，最大之真因为行政机关之腐败，政以贿成。上下官吏，即无人不中贿赂之毒……"；而起义的最终失败，他将之归因于队伍中后来大量没有宗教信仰的无业游民的加入，以及太平军道德水准的每况愈下。

尽管如此，波澜壮阔的太平天国运动依然意义重大，它打破了中国素有的顽固保守性，让老大之中国从梦中醒觉并感到了危机，为新的时代的来临埋下了伏笔。

话说回来，既然太平军不能对之抱以希望，那容闳"借西方文明之学术以改良东方之文化"的教育计划到底如何才能得以实现呢？

他在等待。

（十）和曾国藩走到了一起

一个事件的成功，决非仅凭一人之愿力就可实现，而是需要各方面条件的成熟，所谓"天时地利人和"。

十九世纪六十年代，中国政局发生了重大变化。与清政府对峙十多年的太平天国政权和持续四年的第二次鸦片战争令业已腐朽的清朝统治达到了崩溃的边缘。清政府最高层和一批务实开明的封疆大吏终于开始正视现实。

正是在这样的背景下，容闳与晚清名臣曾国藩走到了一起。

因容闳结识的朋友、中国近代著名算学家李善兰的极力推荐，身在安庆督战与太平天国之役的曾国藩向他发出邀请，以总督身份与之恳谈，问他：

"当今若要为中国谋最有益最重要的事业,当从何处入手?"

容闳很聪明,知道在这个时候就提出教育计划不合时宜,而曾国藩最想要的是西方先进的军械。于是见识不凡的容闳提出了一个"制器之器"的观点。

他对曾国藩进言:"中国今欲建设机器厂,必以先立普通基础为主,不宜专以供特别之应用。所谓立普通基础者,无他,即由此厂可造出种种分厂,更由分厂以专造各种特别之机械。简言之,即此厂当有制造机器之机器,以立一切制造厂之基础也。"也就是说,先"立普通基础"之工厂,有了这个基础后,可以造枪炮弹药,可以造轮船,更可以造各种机械。既可为军用,也可为民用。这比之曾国藩原来的想法,即只造枪炮轮船,显然要高明许多。

于是接下来,中国近代第一座完整的机器厂"江南制造总局"就在李鸿章的主持下诞生了。而容闳成为了去美国采购机器的全权代表。这个诞生在上海城西北高昌庙的机器厂,成为近代中国民族工业的起点。容闳用粉丝对偶像的膜拜崇敬感叹道:

> 此厂实乃一永久之碑,可以纪念曾文正之高识远见。世无文正,则中国今日,正不知能有一西式之机器厂否耶。

(按:容闳处处毫不吝啬对于曾国藩的崇敬之情,也由此可以看出曾国藩对于中国近代化在起点上的关键性推动作用。作为湖湘之人,不能不为这样有远见卓识、为民族发展奠基的湖南人感到自豪。)

一八六五年容闳成功采办机器回国后,曾国藩奏请朝廷对其封官嘉奖,官为五品。但教育计划呢?走在入仕的阳关大道上,容闳是否忘记了初心呢?没有,他从未忘记那个梦。

这期间,他还成功建议曾国藩为江南制造总局设立了一个附属的兵工学校,几年下来就培养了一批机械工程师。且只要逮到机会,他就跟自己的上司兼老友江苏巡抚丁日昌进言教育计划。他的想法是,时机者,也要人力所造也。

时机终于到了。

（十一）梦想成真

一八七零年天津教案发生，容闳受命前往天津作为译员处理调停事宜。到了天津后，容闳重提教育计划，丁日昌力助之，在曾国藩跟前进言，而在教案处理上吃足了洋鬼子苦头的曾国藩对此事极为赞同，准备入奏朝廷。

"予闻此消息，乃喜而不寐，竟夜开眼如夜鹰，觉此身飘飘然如凌云步虚，忘其为僵卧床第间"，容闳如此形容自己的喜悦之情。

放在今天，大概只有中了头彩巨奖才会有如此心情吧，然而对于初心不忘的容闳来说，十多年的等待和奔波终于有了结果，何尝不是中了头彩般的喜事呢？

一八七零年冬，朝廷准奏，拿出了相当于一百五十万美元的专款来专为此事，这也是下了血本的。上任两江总督的曾国藩立刻召容闳筹划出洋教育计划的进行。

容闳兴奋地回忆道："至此予之教育计划，方成为确有之事实，将于中国二千年历史中，特开新纪元矣。"

一八七二年夏季之末，第一批留美幼童三十人，从上海乘船赴美国。容闳成为整个晚清留美幼童计划的首倡者和操盘手。幼童留美开启了中国官费出洋留学的先声。官派幼童出洋留学的实现，是国人冲破传统观念、走向世界的重大举措。正如曾国藩所言："固属中华创始之举，抑亦古来未有之事。"

一八七五年，在美国哈特福德市中国幼童留学事务所督办留学事务的容闳与玛丽·L·克洛小姐结婚了。克洛小姐在家里曾教过两位中国幼童。两人志同道合，非常幸福。

一八七六年，母校耶鲁大学为了表扬他对中美文化交流的贡献，特授予他荣誉法学博士学位。

同年六月十日，他的第一个孩子出生。

直到一八八一年留美幼童计划夭折，学生们半途而废被召回国为止，那几年是容闳人生中最得意幸福的时光。

结语：世事如蛛网

让我们把镜头切换一下，将容闳剩下的三十年蹉跎时光以及留美幼童计划为何半途而废的疑问暂先略过，来看他生命的终点。

一九一二年（中华民国元年）四月二十日，容闳病逝于美国新英格兰的康涅狄格州首府哈特福德城，在沙京街二百八十四号自己的寓所中去世。去世时，他刚刚收到孙中山赠送给他的一张照片，可惜他已经昏迷不醒，不然大清帝制终结、中华民国诞生，他殷殷寄予希望的孙中山先生成为民国领袖的消息会令他何等欣喜若狂！

直到生命的最后一刻，他仍然关注着中国的时局，盼望中国能够尽快地独立富强。

在自传《西学东渐记》中，容闳曾感慨：世上之事，如同蛛网牵丝。一切虽不可逆料，但他要实现教育计划的初心不忘，于交友结缘中，一切却彼此关联，互相效力，一步步走向其理想的实现，而致中西学术能汇萃一堂。他不禁神往将来：照此类推，则将来世界成为一家，也不是不可能从这里起步，而又不知如蛛网之到处牵连，最后以何处为止境呢。

回溯历史，没有西方新教传教士往东方传教的行动，也就不会有容闳来到新英格兰接受西方现代教育的机遇，更不会有之后他回国的 18 年求索，以及后来促成晚清政府留美幼童计划的成功和再后来民国政府官派留学计划的大规模开启。虽然最终这个留美幼童计划半途而废，然而如果没有这一切，中国近代化的进程也许是另一种节奏、速度和面目。

谁知道呢，历史不能假设。历史发展充满了偶然，然而偶然中又包含着某种必然性。这种必然性是什么呢，我想，也许是一种精神性的力量。容闳、曾国藩、勃朗神父等等，这些历史节点上的重要人物，都具有一种精神性的力量……

从另一方面看，容闳的很多对于中国近代以来发展的预见经时间检验，每每言中,比如他说中国将成为世界工厂,一百年后果然如此。他从自身致力于西方文明东渐的求索经历中,体会到"世事如蛛网",预见了异文化之间的传播、互渗、融合的趋势,或许他所说的"将来世界成为一家"将是世界文明发展的最终方向也未可知。当下互联网时代就已经具有这样的趋势,互联网尤其符合蛛网的喻指。

人类命运息息相关,要使世界成为一家,异文化之间的传播,互相补充完善是必然途径。要完成这一使命,容闳的不囿于国族的世界公民意识,以及融合了爱国主义、宗教精神和圣人人格的内在品格无疑是后人继续前行的指路之灯。

人的理想和意志才是推动个人和人类整体命运前行方向的潜在动力,尤其在整个时代都茫然无措的时候。

身临历史之境,遥想容闳他们当年,便觉得在人类日常平凡的生活中,所幸还有那些刚毅弘道的人秉持着他们的精神信念坚定前行,如群星闪耀于历史的天空。

于埋头苦干之际,路已经在向前延伸。

如果说容闳的历史意义之外还带给了我们以个人的启示,那就是——一个人的精神和信念在一生中起到了何等重要的作用。

有句话说得好,"当你真心渴望某种东西时,整个宇宙都会联合起来帮助你"。

命运的神奇之处正在于此。

二零一八年三月五日咪咪妈妈定稿于辉书房

人文景点提示:

韦伯拉汉·孟松中学(Wilbraham & Monson Academy):423 Main St,Wilbraham,MA 01095

哈特福德市雪松岭公墓((Cedar Hill Cemetery)10 号区(容闳墓地所在墓园):453 Fail-field Ave,Hartford CT 06105

容闳在哈特福德市的旧居地址:16 Atwood,Hartford 06105

一九零三年旅美的梁启超在美国看到了什么?

1. 与容闳在异国相见

一九零三年二月到九月,梁启超曾到北美一游,并到了美国东部的新英格兰地区。

彼时梁启超因维新变法失败,流亡海外,一八九九年取道日本前往北美新世界,特为了解西方共和政体之国家,"问政求学观其光",可惜当时到了夏威夷因故折返。四年后于一九零三年方得以成行。此次旅行是一次政治旅行,任务是促进北美"中国维新会"(保皇会)的建设。他边游边拉拉杂杂地记日记,有《新大陆游记及其他》传世。

却说这一年的四月三十日,他从纽约来到了新英格兰地区的哈特福德市,这是康涅狄格州的首府。正是在这里,他与隐居于此地的容闳有了在异国的一次会面。

从繁盛杂乱的纽约一入恬静的哈特福德市,梁启超心情便愉悦起来。他这样写到对于哈特福德市的印象:

> 一到哈佛(即哈特福德),如入桃源,一种静穆之气,使人俏乎意远。全市贯以一浅川,两岸嘉木竞荫,芳草如赘。居此一日,心目为之开爽,志气为之清明。

历史上,哈特福德市是美国汽车工业的发源地,十九世纪末波普公司在这里生产出第一部汽车。这里也是电报的故乡,并拥有全美最古老的公共艺术博物馆——华兹沃斯博物馆。

二零零四年,哈特福德市市长埃迪·彭瑞思给珠海市政府写信称,"哈特福德市一直以来就是一座盛产先驱者的城市",确实,美国的大文豪马克·吐温在这里生活过,《汤姆叔叔的小屋》的作者斯陀夫人的故居与马克·吐温的旧宅相隔不远。而"中国留学生之父"容闳在这里度过了他生命中的最后十年。市长写道:

> 哈特福德市骄傲地把容闳称作自己的孩子,并认为他在这座伟大的城市中具有超凡的历史意义。

适时,容闳七十六岁。他极力促成的晚清政府留美幼童计划无奈夭折后,容闳依然不放弃探索中国富强之路,眼见一八九四年中日甲午战争中中国惨败,一八九五年受湖广总督张之洞的电召所动,再次回国效力,后来还参与了维新政治活动,几年下来却未有成效,又被清政府视为危险分子指名通缉,一九零二年遂从中国来美避难,此时正住在哈特福德市中。

梁启超与他是老相识。容闳甲午战争后回国期间,与维新党人过从密切。当时他在北京的寓所是康、梁等维新党领袖经常聚集议事的地方。

一到哈特福德,梁启超即专程前往容氏居所拜访,与之谒谈了两个小时。容闳以长辈身份教督劝勉于他,爱国之心依然不减当年。梁启超称容闳年虽高,但矍铄如昔,"舍忧国外无他思想、无他事业也"。

2. 哈特福德的三一学院

第二天,容闳带着梁启超游哈特福德市内的高等学校——三一学院。

这是美国最古老的学校之一,建于一八二三年,原名为华盛顿学院,一八四五年更名为三一学院。是康涅狄格州的第二所大学,也是全美第一所不分宗教派别的开放型大学。梁启超走后的第三个月,康有为的女儿康同璧即入该校就读。这位女士不容小觑,日后成为著名的社会活动家,是第一位官派出席世界妇女大会的中国女性代表,在民初的中国妇女界有极大的影响力。

今天的三一学院仍然是美国文理学院中的佼佼者。它以致力于培养能独立思考、以改变世界为己任的人才为学院的办学宗旨,学校官方网站中这一段关于学校办校宗旨的声明让我印象深刻:

> At Trinity，we believe in independent thinking. We stand for it and we teach it. So you can pursue engineering and minor in art. You can chase a career in politics and also cultivate a love of biology. We'll help you pursue whatever path piques your interest. And though your time here will require hard work，the effort will be well worthwhile.

> (在三一,我们相信独立思考。我们代表它,并且教授它。因此在三一,你可以主修工程,同时辅修艺术;你可以既追求政治生涯同时培养对于生物学的热爱。我们会助你探索任何激发你兴趣的途径。当然你在这里需要非常努力地学习,但这种努力是值得的。)

最后,这段话用了一个非常诗意的句子结尾:

> 三一学院是人文教育与现实世界的邂逅之所。
> (Trinity College is where the liberal arts meet the real world.)

记得二零一五年的五月为寻访容闳墓地,我来到哈特福德市,顺路往三一学院参观。正是春光烂漫的季节,校园主楼的钟楼下花树绚烂,如云似霞,小小的校园布局精致而优雅,校园建筑均保留着十九世纪的古朴庄重风格。草坪上,学生们闲适地躺着趴着坐着看书聊天,与这明媚的春天一样充满生机与活力。真是个和谐自在的思想与现实邂逅之所。也许,一百年前的梁公走在这四月末的校园里时所看到的和我看到的相差并无太多吧。

想起《牡丹亭》里杜丽娘见到春天花园中的美景时的惊叹:不到园林,怎知春色如许?

3. 梁启超的旅美观感

那么第一次从东方来到崛起的新兴的美利坚合众国,梁启超看到了些

（作者在三一学院门前留影）

什么,哪些给他留下了深刻印象呢?

　　他看到了美国革命独立后短短一百余年里的突飞猛进,纽约城人口的迅速增长。"今欲语其庞大其壮丽其繁盛,则目眩于视察,耳疲于听闻,口吃于演述,手穷于摹写,吾亦不知从何说起"(梁启超语),一副刘姥姥进了大观园的样子。

　　他看到美国的建筑,"最宏伟者为国会,次为兵房,次为邮局,最湫隘者为大统领官邸(总统)",叹羡人家的"平民政治","其所谓平等者真乃实行,而所谓国民公仆者真丝忽不敢自侈也",谓人家的为政者是真正的国民公仆。

他在游记里介绍了美国的两党政治和地方自治、地方分权，并引用卢梭、波伦哈克的话说，这种政体实为实行民主共和的要素之一。

他在走访游览一七五五年北美兵民和英军交战的古战场后，深感民众力量的历史作用之伟大。作诗云："谓是某英雄，只手回横流？岂识潜势力，乃在丘民丘。"

同时他也看到了美国国家的种种弊病和潜藏的危险，并作出自己的理解。

首先是对纽约的印象，梁启超称："天下最繁盛者宜莫如纽约，天下最黑暗者殆亦莫如纽约"。这颇有点像上个世纪 80 年代的电视剧《人在纽约》里的台词：

> 如果你爱他，就把他送到纽约，因为这儿是天堂；如果你恨他，就把他送到纽约，因为这儿是地狱。

纽约有脏乱的贫民窟，有居高不下的犯罪率，人们性关系混乱等等，梁启超将这些黑暗面归结为美国的贫富过度悬殊。

值得一提的是，一百年前的梁启超就看到了今天困扰美国的移民问题。美国在十九世纪初到二十世纪初的百年之间，人口增长十五倍，全拜海外移民所赐。但梁启超看到移民大潮中隐藏的忧患："以今日之趋，恐数十年以后，美国将不为条顿人之国土，而变为拉丁人及他种人之国土。"

因原住之旧民，婚姻越晚而生育少，入籍之新民，婚姻早生育多，这样入籍的新民就会凭借人口的数量优势而逐渐以他们的文化影响社会。梁启超说，这样下去，"吾恐不及百年，而前此殖民时代独立时代高贵民族之苗裔将屏息于一隅矣"。

如今过去了一百一十五年，美国总统特朗普还真是拿移民问题大做文章。但梁启超代为美国杞人忧天，当时的美国人却不以为意。梁启超说，这是因为美国人以平等博爱理想自夸，故而对于其他民族嫉妒心颇淡（中国民族除外）；而美国人又自恃同化力强，是一个文化大熔炉，可以包容各种民族的文化。

文化自信让美国人不以外来移民为忧，梁启超却并不认同，谓不同民族的移民各自聚集,形成不同人种区域,互不往来。他举例纽约市中,除了中国城,意大利村,俄罗斯村也比比皆是。

梁启超还认识到选票对于共和政体国家的重要性,他认为外来之民对于美国道德政治影响甚多,尤其选票之半数若一旦都在外来新入籍者之手,就非常被动了,"一倡异议,则万戈向之"。他还进一步认为华人在美者之所以受歧视,与缺少此等选举权也很有关系。

为此,他在旧金山极力鼓舞华人争选举投票权利。当时旧金山华人专设有同源总局,这个机构专以争投票权利为目的,但当时旧金山入美籍者仅二千人,同源总局会员不过三四百,而投票时真正到场的不满百人。梁启超深憾之,感慨道:"以自由权赋诸中国人,果何益哉!",大有对在美华裔缺少自由权利意识怒其不争的味道。

梁启超在美国时,还有社会主义者来拜访他,殷殷劝他:中国若行改革,必须从社会主义着手。不过梁启超不以为然,他以为这些意见"太不达于中国之内情","不能与之深辩"。

在游记里,梁启超还介绍了马克思学说。以他的理解称,社会主义"以极专制之组织,行极平等之精神,于中国历史之性质,颇有奇异之契合"。以一百年后的今天看来,这话说得对不对,就仁者见仁,智者见智了。

了解美国,最终为的还是在比较中更好地认识自己的民族和国家。北美一圈游下来,梁启超对中国人的国民性作了以下的总结:

> 一曰有族民资格而无市民资格;
>
> 二曰有村落思想而无国家思想;
>
> 三曰只能受专制不能享自由;
>
> 四曰无高尚之目的。

关于第四点,他认为中国人除了衣食住外别无目的,是中国人根本之缺点。而欧美人相对而言,有好美之心(谓中国人多言善而少言美);有社会之名誉心;还有宗教之未来观念——梁启超称此三者是"泰西精神的文明之发达"的根本,而中国最缺者。

谈到在美的华人时,梁启超对于留学生也颇有自己的看法,担心留学生培养出来却不能为国所用。他说："教育者何？国民教育之谓也，天下固未有甲国民而能教育乙国民者"。以为只有自己国家的教育才能教出为自己国家服务的人才，因为这样教出来的学生才有国民意识。

只是梁公忘记了，他在哈特福德市拜谒的容闳，在美国接受八年西方教育，爱国之心却至死不渝。即便最后身死异国，也依然狐死首丘，墓碑朝向东方自己的母国。这样的爱国感情令许多受本国教育的国民都黯然失色。可见爱不爱国与是否一定是本国教育并非必然关系。

梁启超虽广闻博识，但其观点看法毕竟受时代和民族个人的识见格局所限。如果拿同样为中华民族的崛起与富强而上下求索的容闳与他进行比较，受过西方教育并具有基督教精神的容闳（容闳是基督徒）是立足世界来热爱祖国和同胞，他的爱国具有一种对民族主义的超越性，其爱国——情深、心烈而格高；梁启超则是立足中国认识世界，见西方社会发达文明种种，便以本国本民族的不足去比较，因见识受限而又爱国心切，易有己不如人的自卑自贱心理，往往爱之深而恨之切。这也是国人在东西文化比较思维中常见的问题，即，不是盲目自大就是自卑自贱，总不能以心平气和的方式取其之长、补己之短。

而此番游美归来后，梁启超再无最初旅美时追慕西方政体、寻找救国之路的壮怀与初心，他丧失了那种"大风泱泱，御风以翔；大潮滂滂，破浪以飏"的豪情与锐气，于归途中写道：

庄严地岳来何暮，刍狗年华住且佳。
一事未成已中岁，海云凝望转低迷。

诗中弥漫的是人到中年的暮气和低迷。

在现实中，他"自美洲归来后，言论大变"，在《新民丛报》上连续发表文章，声称前所深信的"破坏主义与革命的排满主义"全部放弃，要转向更加稳健、渐进的改良和立宪。

二零一八年二月二日咪咪妈妈定稿于辉书房

哈特福德市人文景点提示：

哈特福德市内有马克吐温故居和斯托夫人故居，三一学院，以及华兹沃斯博物馆可参观。哈特福德中学是历史悠久的中学，也是当年晚清留美幼童部分学生入读的学校。

部分地址：

马克吐温故居地址：351 Farmington Avenue，Hartford，Connecticut 06105，与斯托夫人故居相隔不远。

三一学院：260 Summit St，Hartford 06106

容闳墓地位于哈特福德市的雪松岭公墓（Cedar Hill Cemetery）10 号区：453 Failfield Ave，Hartford 06105

华兹沃斯博物馆（The Wadsworth Atheneum Museum of Art）：600 Main Street in Hartford，Connecticut.

容闳如何评价三位晚清名臣
—— 曾、李、张

作为中国近代留学事业的先驱和拓荒者,容闳的一生中与三位晚清名臣——曾国藩、李鸿章和张之洞都有交集,故而他从自己的角度对于三位封疆大吏进行了不同评价。作为历史在场者,这评价颇有意思,所谓群众的眼睛是雪亮的,又或者"仁者见仁、智者见智",个人化的评价让这些历史人物别开生面。历史的边角余料,不忍弃之,录如下。

首先不得不承认,晚清名臣曾国藩已经达到了几乎是完人的境界。

连中国近代第一位美国名校耶鲁大学毕业的留美海归容闳都成了曾国藩的铁杆粉丝。他的自传《西学东渐记》里对曾国藩的评价极高,认为曾国藩"可称完全之真君子,而为清代第一流人物"、"一生之政绩、忠心、人格,皆远过于侪辈,殆如埃浮立司脱高峰,独耸于喜马拉雅诸峰之上"。

晚清政府留学生计划的实现,曾国藩在最初阶段发挥了极其重要的作用。对此容闳十分感激和尊崇,同时在与曾打交道的过程中对于曾国藩本人的个人人格魅力几乎到了顶礼膜拜的地步。

相对而言,他对于不同时期接触到的另两位封疆大吏、晚清名臣李鸿章和张之洞的看法可就没那么崇敬了。

对比一下一个海归精英眼里的三位晚清名臣是颇有意思的。

容闳初见曾国藩,是在一八六三年的安庆,湘军与太平天国的战争正是白热化阶段。

最初他收到来自安庆大营曾国藩方面邀他去谈话的请帖,很是疑惧不安,恐因自己之前曾往南京见太平天国将领洪仁玕事发,被疑为奸细,故而婉辞谢绝。没想到过了两月后,第二函三函接连又至,足见身为两江总督的曾国藩的诚意,且容闳的朋友著名的数学家李善兰此时正在曾的幕府中,也来书信说明事情原委和总督的意图。于是容闳欣然前往。

当时曾国藩在安庆的幕府有百人左右,幕府外还有候补的官员,怀才的士子,法律、算学、天文、机器等专业人才云集,曾国藩身边差不多集中了全国人才之精华。而这都是缘于他的声望道德和功业成就的号召力。对于博学多才之士,急需之人才,曾国藩尤加礼敬。喝了洋墨水的容闳被邀请便是极好的例子。

容闳与曾国藩一见之下,便觉其为人"具有一种无形之策力,能吸引吾人,使心悦诚服"。

容闳回忆,与之寒暄数语后,曾国藩便命他坐到自己面前,先是含笑不语数分钟,并以锐利的眼光,将容闳从头到脚打量了一番。曾国藩相人有术众所皆知,对这个在美国受西洋教育的中国人兴趣自然不在话下,很想知道容闳有异于常人否。最后曾国藩以炯炯有神的双目直射容闳,特别盯着容闳的眼睛看。这种有如 X 光般的犀利透视,令留过洋的大海归都颇觉坐立不安了。

这时曾国藩才开始问问题,说:我看你相貌,是绝好将才。以你的目光威凛,一望就知是有胆识之人,必能发号施令,驾驭军旅。并问及容闳的志愿等等。大约见面时长三十分钟,然后曾国藩举茶送客。(举茶送客是中国官场礼节。如果话说得差不多了,便举杯示意客人可以离开。)因此曾国藩作为总督,待人接物颇有孔子的学生形容孔子的"子温而厉,恭而安,威而不猛"(《论语·述而》)的君子风范,并不因为容闳与自己身份的悬殊而有所怠慢,但对方的格局行止在他的犀利审视下又无所遁形。这令洋学生容闳大为折服,从此成了曾国藩的铁杆粉丝,对其道德才能都赞誉有加,膜拜之至。

至于李鸿章,因曾国藩去世前向朝廷荐举李作为自己的接班人,故而李是官派留美幼童计划实际的主持者,容闳对这个上司差评可太多了:

> 其为人感情用事,喜怒无常;行事好变迁,无一定宗旨。而生平大病,尤在好闻人之誉己。其外貌似甚卤莽,实则胸中城府甚深。政治之

才,固远不逮文正;即其人之忠诚与人格,亦有不可同日而语者。

容闳在称赏曾国藩克太平天国后位高权重却又绝不滥用权威,虽财权在握,却绝不闻其侵吞涓滴以私肥,身后两袖清风、家业清贫时,对于李鸿章去世时给子孙留下四千万的私产尤其不屑。

而甲午战争后,他受到了湖广总督张之洞的召见,更是颇觉失望,称"张之为人,目空一世,而又有惰惰不振之态"。当容闳对张发表意见,陈述自己为了中国富强而拟定的新政策时,张始终未置可否,也不发表意见,默然静坐。容闳形容张之洞有如已干的海绵,只能吸水入内而不见外吐。

其实张之洞既嫌容闳所献计划太新太激烈,自己又无方针可言,却又不对容闳加以鼓励,十分隔膜疏离。因此在容闳眼里张之洞就是一个世故老练的官僚,城府极深的作派令容闳很不以为然,觉得其远不如曾国藩之成竹在胸而又磊落光明。

总其评价看,容闳以为在道德人格上,李鸿章不如曾国藩;在能力见识上,张之洞则差曾国藩太远。容闳用一个铁杆粉丝对偶像的膜拜态度对曾国藩赞誉道:

> 总文正一生之政绩,实无一污点,其正直廉洁忠诚诸德,皆足为后人楷模。故其身虽逝,而名足千古。其才大而谦,气宏而凝,可称完全之真君子,而为清代第一流人物,亦旧教育中之特产人物。

一八七二年对于大清帝国而言,是走出去的一年。这一年曾国藩于三月去世,很遗憾地没有能看到自己在生前最后一个大手笔——他一手促成的官派留美幼童计划的实施,八月份中国历史上第一批官派留美学生三十人从上海出发,登上了去往美国旧金山的轮船。官派幼童出洋留学的实现,是国人冲破传统观念,走向世界的重大举措。

容闳在《西学东渐记》中说起曾国藩对于中国西学东渐的贡献,犹似用基督教的谚语"落地的麦子不死"之意,实表达了他最高的崇敬:

> 然创业之人,既播其种子于世,则其人虽逝,而此种子之孳生繁殖,

固已绵绵不绝。故文正种因虽未获亲睹其结果,而中国教育之前途,实
已永远蒙其嘉惠。今日莘莘学子,得受文明教育,当知是文正之遗泽,
勿忘所来自矣。

(第一批留美幼童合影)

在哈特福德市的中国驻美"幼童出洋肄业局"的正厅墙上一直悬挂着曾
国藩的肖像画,以示不忘文正公之遗泽。

一八七六年,容闳接到对他驻华盛顿副公使的新任命时,他充满对于中
国驻美肄业局事业前途的担忧和焦虑。更希望能留任原职,常驻哈特福德,
直到学生们学成回国,能在不同岗位上以他们的才能报效国家。对此他说:
"到那时,我也将可以向曾文正交卸一份责任了,同时我对中国也履行了一
项伟大的义务"。

可见,他内心对于曾国藩圣人人格的景仰崇敬之情,与其爱国情感已经
达到了同样的地位。

一个信奉儒教的清朝官员,且是以平定镇压打着上帝旗号的太平天国
而崛起,为何信奉了基督教的容闳却如此心仪于他呢?这恐怕是因为曾国

藩的圣人人格和君子情怀契合了容闳这位留学海归的价值追求。

容闳一八五四年在耶鲁大学毕业时与同学的临别赠言中就曾以《孟子·离娄下》中的句子——"大人者,不失其赤子之心"表明要成为伟大之人的心志。

故而在容闳身上,爱国主义情感、儒家圣人人格、基督教文化精神以及所受的西方科学教育互不相悖、共同加持,才有了这样一个先驱者的特殊人格的塑就,来完成为中国近代留学历史开荒的使命。

二零一八年二月二十日咪咪妈妈写于辉书房

从"留美幼童"到"帝制余孽"

——梁敦彦的命运死结

梁敦彦,号崧生,广东顺德人。是晚清留美幼童计划中一八七二年派出的第一批幼童之一。曾就读于美国耶鲁大学。

留学归来后梁敦彦从事船政、电报教学等中国近代工业发展事业,后得到两广总督张之洞的赏识、提携,逐步升迁并进入政府内阁,曾任清廷最后一任外务大臣兼尚书,及后来北洋政府的交通总长。

梁敦彦一生有两件事情最值得纪念:一是他在中国近代铁路建设上所作的贡献,他坚持用中国自有力量建设(北)京张(家口)铁路,并举荐同是留美幼童出身的詹天佑主持修筑这条铁路,完成了中国人自己设计建筑的第一条铁路;二是,他力促利用美国退回的庚子赔款,在"清华园"开办"留美预备学堂"——这正是清华大学的前身。

但他的政治生涯里有一个致命的政治错误。一九一七年张勋复辟时,他是参与其中的七个议事大臣之一,而且是最认真卖力、办实事的一个。复辟失败后,民国政府曾经通缉参与者,梁敦彦只得逃往法国使馆避难。从此以后,他就黯然消失在了人们的视野之中。一九二四年因病死去。在历史上,他也被贴上了"帝制余孽"的标签。

一个曾留学美国就读名校的海归精英,缘何后来成为了维护帝制的保皇派呢?

在一百二十名官派留美幼童中,梁敦彦绝对是一个让人无法忽视的存在。他的言行容止,就像从《诗经》里走出来的:"言念君子,温其如玉",有一种那个时代特有的清华高贵。第一次看到照片上梁敦彦着中式夹袄装束、戴着清朝小帽的少年模样时，我不禁为之倾倒（读者们请原谅，笔者是个穿越型的"花痴"）。

据说他在耶鲁大学读书时，舞会上常成为女士争相邀请的舞伴，以至于那些美国男同学眼热到想揍他。而他在女同学的阳光般的热情面前，也是谦谦君子，展现着一个中国绅士特有的温雅得体的风度。

（梁敦彦）

更八卦的是，一九零七年三月，当他奉诏准备出任驻美、墨西哥及秘鲁公使时，行前，到御前辞行，据说慈禧太后见他丰神俊朗，博学多能，便干脆没让他出国，留在了御前工作，八月份将他官升一级，升任为外务部右丞，相当于今日副部长级别。到一九零九年就成了外务部的一把手——外务部尚书会办大臣。这就是颜值高的竞争优势啊，古今一同。

不过，梁敦彦不是光有颜值的人。看看他的人生履历，一路踏踏实实走来，无论是恃才傲物的怪杰辜鸿铭、身居高位的封疆大吏张之洞，以及识才的袁世凯、精明的慈禧太后，对他的能力和德行都是十分肯定的。所谓"文质彬彬，然后君子"，应该也就是梁敦彦这样了。

＊ ＊ ＊

回首一生时，梁敦彦最难忘记的时刻，大概是一八七八年他在美国新英格兰历史悠久的公立中学哈特福德高中毕业典礼上的演讲吧。

那一天，台下人头攒动，大多数是金发碧眼的西人，也夹杂着一些亚洲少年的面孔，那是他的伙伴们。而台上的他身着中式长袍，气质高华，清秀斯文，如同一颗耀眼的明珠，让人眼前一亮。作为最优秀的毕业生代表，他慷慨激昂地发表演讲——《北极熊的威胁》，对于俄国侵略中国的野心加以声讨与批判，展现着温和敦实的他平日里难得一见的激情，也让台下的人感动落泪。

那一幕也成为了晚清官派留美幼童历史的骄傲。一个中国少年，在西方世界，用纯熟的英文发表关于国际形势的见解，发出自己的声音，这是前所未有的事情。那一刻他代表着东方帝国的未来和希望，这一生命记忆必然是深入灵魂的，令梁敦彦从一开始就踌躇满志地将自己和国家民族的命运联系在一起。只不过他真是猜到了繁花似锦的开头，却没猜到黯然无语的结局。

同治十一年（一八七二年）曾国藩、李鸿章、丁日昌会同奏派学生出洋留学，在沪考取学生。梁敦彦祖父曾在香港行医，其父则在南洋做过生意。故而愿意将小梁送去留学。祖父梁镇邦甚爱此孙，临行前命梁敦彦书春联"接物谦恭，修业勤慎"于街门，又铸手镯有"谦恭勤慎"四字，命永为佩戴勿忘。遂带梁敦彦赴沪应考，结果梁考取第一班40名学生中的第一名。跟随负责幼童事务的委员陈兰彬赴美时年仅十四岁。

初抵美时，同学中能操英语者仅梁敦彦一人，半年后就操英语与美国人一样了。小梁读书至为勤奋，在哈特福德的幼童出洋肄业局集中学习中文，他也是成绩最好的一个，深得陈兰彬器重。

故而梁敦彦虽然在美学习多年，但早年得力于祖父教诲，儒教信仰潜移默化，深入其心，谦恭勤慎确实是他一生为人处事的写照。

从哈特福德高中毕业后，梁敦彦考入耶鲁大学，攻读经济。风华正茂、血气方刚的他不仅读书刻苦勤奋，而且爱好运动，精于西洋拳术体育。同学中组织了一支"东方人棒球队",他是这支球队的投球手。每到夏季,游历美国各地,与各校比赛,常常大获全胜,令美国人都为之叹服。

梁敦彦还是耶鲁 DKE 学会会友,此会是全美大学最著名的学会,当时耶鲁校内的这类社团是很排斥外人的,但还是吸收了梁敦彦,中国学生中加入该会的只有梁敦彦和另一位留美幼童钟文耀(后曾任沪宁铁路和沪杭铁路总办)。风华正茂、品学兼优的他,似锦前程仿佛触手可得,然而命运急转直下。

好景不长,由于国内外政治形势的急剧变化以及对于留美幼童西化的不安,清廷下旨要求一律召回留美幼童。一八八一年,还差一年毕业的梁敦彦被迫与其他留美学生一起提前回国,十分令人惋惜。更令所有留美幼童们感到前路彷徨的是,回国后,他们的留洋背景不仅不受人肯定,在当时是备受冷眼和排斥的。

回国后梁敦彦被分配到天津任电报学堂英文教习,薪资微薄,且没有出路,因为要进入仕途,必须有科举功名。无奈之下,在美国接受了近十年西方教育的梁敦彦只好在教课之余,又重拾经史八股之学,准备参加科举。追溯中国留学生史的源头,这些第一批官派留美学生的命运正是处于日暮黄昏的大清帝国昏聩颠顶状态的投射。

不过虽然剑藏于匣,终究也难掩其光芒。

一八八四年,梁敦彦父亲去世,他回乡办丧事,花光了所有积蓄,家中债台高筑,一日三餐都困难。回天津的盘缠凑不出来,后来被李鸿章以逾期不归为由通缉,因为他们当初签了合约,回国后必须为政府工作,不能另谋职业。估计梁敦彦自己也并不想再回天津做那份没有出路的职业。

这时穷愁潦倒的梁敦彦,连做件像样长衫的钱都没有,只得用从美国带回来的床单勉强裁置成一件长衫。后来经人介绍,香港一位牧师以月薪百金聘他去教堂讲经。到了香港,教堂的人见梁敦彦是华人,居然让他走后门进去。

梁敦彦很是气愤难平,为了尊严放弃了职位。回到广州,已经到了断粮的境地,幸亏遇到同村亲友,邀至店铺中暂时居住。当时梁敦彦衣着单薄寒酸至极,连伙计都偷偷笑他,不相信他是留学在外十年之久的人。

梁敦彦却毫不在意自己的寒酸,也不把周围人的讪笑当回事。

昔日在美国,他寄居在哈特福德中学教师巴特勒(David Bartlett)家中,虔诚的基督教信徒巴夫人为人处事的虔敬笃实给他很大影响。回国后他因在天津电报学堂教书薪水低薄的厄境曾写信向巴夫人诉苦。

巴夫人回信中劝诫他:人生在世,必应做事,无论何项事业,但须选择有益于世界者。既为教师,应尽心训迪学生,使学生日后成人,为中国有用之才,即是功德。并说,人生除了衣食之外,就是为了名誉,不必介意薪金多少,将来必能发达,对他予以多方鼓励。这令梁敦彦深受触动,他从此安贫乐命,踏实读书和做人。

往往命运就是在看似山穷水尽之际发生转机,一日梁敦彦在广州偶尔遇见在昔日天津电报学堂的一位姓胡的学生,此时正在两广总督张之洞幕府当差。于是学生便介绍自己的老师到督署任电报翻译。于是梁敦彦以张之洞幕僚的身份第二次进入体制中。

张之洞是晚清中兴四大名臣之一(其他三位是曾国藩、左宗棠、李鸿章),洋务派的后期主将,梁敦彦的老师容闳对他评价颇低,觉得他见识不高。张之洞的著名主张是"中学为体,西学为用",故而对于西方技术和人才还是不排斥的。而梁敦彦成为张之洞的幕僚之后,于机密电文,详慎无误,又品行严谨,故张之洞极器重他。

只是张之洞并不了解,梁敦彦才略远不止于此。

一八八九年张之洞移督湖广,将辜鸿铭、赵凤昌、蔡锡勇、梁敦彦、凌福彭等五个得力幕僚一起带往武汉。他对梁敦彦等人十分器重,虽然自己是封疆大吏,声威煊赫,但主动和五位幕僚套近乎,说咱们到湖广之地为政,希望不愧于"六君子"之称。

与幕僚并称"六君子"自然是开玩笑的说法,不过还是反映了张氏对梁敦彦等人才干的认可。他督鄂期间,广开新学,兴办实业,搞得风生水起,也甚得力于这些幕僚的佐助。

梁敦彦既无科名,官衔又低,刚到武汉时只能与电报学生同列,颇招势利的同僚讥讽,梁敦彦倒也泰然,并不计较,倒是张之洞看不下去了。每月初一、十五,文案委员跟电报学生要分成两班行礼,张之洞看到梁敦彦站在学生队伍里,亲自走上前去,拉着梁敦彦的手,让他排到文案委员队伍,大声说:"你站这边。"从此文案委员们对梁氏刮目相看。

在张之洞幕府中,梁敦彦与辜鸿铭是相交最久,最为莫逆的。两人同一年生,同一年入张之洞幕府,都受过系统的西式教育,而且,两人后来都成了文化保守主义者和政治上的顽固派,复辟事件中的难兄难弟。学贯中西的辜鸿铭,无人不骂,无人不刺,连老板张之洞也没有少受他的讥讽,但他与梁敦彦却极相投契。他的代表作《中国人的精神》又名《原华》在西方世界有不小的影响,而其一九二二年版的书上就是由梁敦彦题写的中文书名。

与辜鸿铭的狂放乖张、恃才傲物不同,梁敦彦温和笃实,不事张扬。自一八八四年成为张之洞幕僚开始,梁敦彦谨言慎行,踏实工作,没有任何政治背景和官场资源,却一路稳打稳扎地一点点往上走。但真正开始仕途腾达,倒还是得益于另一位上司袁世凯的提拔。

别看袁世凯这个人,自己读书时代是个学渣,但非常识才,善于任用学霸。他之所以权力道路飞黄腾达,离不开幕僚的佐助。一八八二年朝鲜发生"壬午兵变",大清与朝鲜当时还是宗藩关系,朝廷派袁世凯前往镇压。袁世凯平乱中表现出色,权力日涨。

一八八五年始,他延聘了唐绍仪、蔡绍基、梁如浩、林沛泉、周长龄等第一批官派留美学生作为他的幕僚,采取各种极厉害的措施控制朝鲜,阻止朝俄结盟,积极维护大清王朝利益。其中就有控制朝鲜海关,不许朝鲜派大臣出使美国等措施(十九世纪的七、八十年代中国和日本几乎同时开始向西方学习,并由国家官方输送人才前往西方国家学习。一直疑惑当时的朝鲜为何没有什么动作,原来跟袁世凯还有关系)。

一九零一年,袁世凯被任命为直隶总督兼北洋大臣,更是积极在辖地推行新政,在警察、法律、自治、立宪这些方面的成功革新全国瞩目,这都得力于一群有西方教育背景的幕僚的佐助。一九零四年,梁敦彦出任天津海关道台,成为袁世凯的得力助手。

天津海关道台是李鸿章在同治九年(一八七零年)奏请新设立的一个职位,正四品,是北洋大臣的代表,具体负责外交通商事宜,自有办事衙门,可直接向皇帝奏事。这个职务事务极繁,直隶的对外交涉都在职责范围,加上新式教育、兴办实业、修筑铁路等项目,非能力出众者难当此任,梁敦彦之前,盛宣怀担过此任。这个时候,梁敦彦才逐渐显示出他能经略大事的才能,一九零五年他主办遵化地案,"从容商办,不动声色,卒将印契收回",袁世凯大为高兴,奏请朝廷赏加二品衔。接着他又顶住压力圆满处理了庚子之乱后最严重的教案——南昌教案。

在天津时,梁敦彦还整顿"北洋大学"(今天津大学的前身),并鼓励该校学生赴美留学。不久,在袁世凯提拔下,梁敦彦兼任京奉铁路总办。这时,西方列强均想在中国扩张自己的势力,英国建议清政府修建从北京到张家口的铁路,俄国及日本也想插手这条干线的修筑。

梁敦彦得知后,向袁世凯及清政府进言,称这条铁路将是京城通往内外蒙古的唯一要道,万不能叫外国插手。并举荐詹天佑来主持修筑这条铁路,以身担保詹天佑一定能成功(当时詹天佑正在广州黄埔海军学堂任教)。

袁世凯与清政府最终采纳了梁敦彦的建议。接下来的故事大家都很熟悉,詹天佑排除万难,建成了中国人自己设计的第一条铁路,为华夏争了光争了气。

晚清第一批官派留美幼童被清政府提前召回,被举国上下视为花了巨资却打了水漂的培养计划,这些留美学生回国后受到同胞的奚落和冷眼。袁世凯却有识得人才的本事,让这第一批官派海归在其幕府大展其才,奠定了日后发迹的强有力的人才基础。这事告诉我们,领导者要有识人的眼光和襟怀。

而官派留美幼童出身的这批海归们主要是以技术人才的角色和幕僚的身份最初进入历史舞台,在等级森严的专制社会里,他们的中产家庭出身和西式教育背景决定了他们几乎没有参与顶层设计的资格和权力,然而他们依然为中国的近代化进程做出了扎扎实实的贡献。

如前所说,后来梁敦彦又得到慈禧太后的青睐,于一九零九年初正式升任外务部尚书会办大臣。一九一零年,因受上司袁世凯被排挤的影响,梁敦彦以特使身份远走异国,出使美国和德国协商与中国联盟之事。

值得一提的是,梁敦彦在位晚清外务部右丞期间,与另外几位昔日留美幼童一起促成了庚子赔款留学生计划的实现,这是近代化进程中很重要的历史事件。

那是一九零零年,也就是光绪二十六年,北京爆发了"庚子之乱"。当时,几十万号称"刀枪不入"的义和团入京围攻各国使馆。不久,八国联军攻占了北京,慈禧太后弃都而逃。一九零一年,李鸿章被迫与各国签订耻辱的

"辛丑条约"，同意向十四国赔偿白银四亿伍千万两，分三十九年付清。这就是历史上有名的"庚子赔款"。

当时的驻美公使梁诚，也是官派留美幼童之一，他发现美国在庚款赔偿上有所松口，便施展外交才能，多方斡旋，要求美国政府核对款项，将不实的部分还给中国。梁诚的举动开启了列强退还庚款的序幕。梁诚一面积极与美国交涉，一面建议国内将这笔退款用于"兴学育才"，向美国派遣留学生。梁诚提出的建议，被美国政府接受。

一九零八年，作为特别使者，唐绍仪前往华盛顿感谢美国的宽免，参加了罗斯福签署这项命令文件的仪式。一九零九年初，梁敦彦作为外交部尚书，与美国签署了正式合约。最后，在一九零九年末，唐国安（留美幼童出身）护送第一批四十七人的庚子赔款留学生前往美国，并将他们安顿在五所新英格兰地区的学校。

后来，当清华学堂在北京一九一一年四月建立，作为庚子赔款留学生的预备学校，负责人唐国安就成了第一任校长。完成这项计划的几位关键人物，都是当年容闳促成的留美幼童计划中的成员，他们接力着共同完成了继晚清留美幼童计划（CEM）之后的又一项国家级的官派留学计划（YMCA）。

而受惠于庚子赔款得以漂洋过海学习的中国留学生成为了民国时期以来中国现代化建设从文化到科技等各个领域的重要力量：

第一批学生中就有后来的清华大学校长梅贻琦；

第二批庚款留美学生中，出了一个大名鼎鼎的胡适，同榜中还有后来的语言学家赵元任、气象学家竺可桢等……

梁敦彦之恩师、"中国留学生之父"容闳在其自传中感慨道："世上之事，殆如蛛网之牵丝"。确实如此，万事彼此关联，彼此借力，而人类由此得以发展，得以前行。

《圣经》中有个巴别塔的故事，上帝见到人类力量之大足以建成巴别塔而直通天堂，于是弄乱人的语言，让他们彼此隔膜、怀疑、仇恨，分散于各地，巴别塔的建设也就这么半途而废。这个故事隐喻着——创造奇迹的力量就存在于人与人之间、民族与民族之间、国家与国家之间、文化与文化之间的互相交流与借力之中。而大概这也是进入到那段近代中国与新英格兰的交流历史中我获得的最深感受，开放与交流对于一个国家和民族来说是多么

（清华学堂原址）

重要。

　　话说回来。尽管受的是欧风美雨的熏陶，但梁敦彦凭借自己的才识最终得到了清王朝的赏识而官运亨通。甚至在宣统三年（一九一一年）四月，当清廷决定仿效西方议政体制设立新内阁、实行责任内阁制度时，这个满清皇族与满人占据了绝大多数重要位置的"皇族内阁"成员表上，有四位汉人大臣的名字赫然在目，其中一位便是外务大臣梁敦彦。能进入满人统治的核心集团成为其中要员，这是得到了慈禧太后政治集团多大的信任和恩待！

　　然而，造化弄人，帝王给了梁敦彦施展才能的机会，最后却又葬送了他的前程。同年十月，推翻清王朝的辛亥革命爆发，帝制终结。改天换地到了民国，但梁敦彦依然身居高位，曾任徐世昌内阁交通总长，总管全国的铁路、轮船、电报及电话，对中国的早期现代化起了不少作用。但身在曹营心在汉，他还惦着紫禁城里的废帝溥仪。

　　一九一七年，驻扎在徐州的"辫帅"张勋率三千辫子军入京，将紫禁城里的宣统皇帝溥仪请了出来，奏请皇帝"复位"，年仅十二岁的溥仪坐上皇帝宝座，经历了第二次登基。这时梁敦彦和辜鸿铭都被拉入了复辟班子。作为复辟大臣的一员，梁敦彦匍匐于地，三跪九叩，三呼万岁，仿佛清朝天下真的又回来了。一干复辟大臣论功行赏,梁敦彦被封为外交部尚书,辜鸿铭佐之,被封为外交部次长。

梁敦彦是真心保皇。他极为卖力从事复辟活动,按溥仪的旨意到各大使馆活动,欲借外国人的势力,来捍卫复辟政权。但不久,复辟力量就被段祺瑞讨伐,段祺瑞动用最新式的武器——飞机,轻松解决了问题。飞机携带炸弹轰炸紫禁城,虽然三枚炸弹只是炸伤了几名太监宫女,炸翻了一个大水缸,可也把辫子军吓得狼狈溃散,以为是触怒了天意。张勋自己也跑到荷兰使馆寻求"政治避难"去了。

于是复辟变成了一出闹剧。作为"帝制余孽"的复辟参与者们则成了民国政府的通缉对象,梁敦彦自然也在其列。一九一八年风潮过去,通缉被取消,梁敦彦平淡地过了几年,一九二四年因病去世。

照理说,梁敦彦作为第一批官派留美幼童,在美接受西方教育十年,回国后又在体制内摸爬滚打了数十年,对历史潮流应该看得更明白,怎么会参加逆历史潮流而动的复辟保皇呢?他的后人,孙子梁世平谈到了一些曾听父辈道出的原因。梁敦彦是这样看待这个问题的,他说道:我在美国十年,何尝不知民主的好,但中国不行,没有基础。要干,只能君主立宪。

这话里自然包含有感念清廷对他的知遇之恩而刻意维护帝制的成份,但也是那个时代不少人的共识,与他同时代的严复、康有为、杨度等主张保皇的人士都认为中国当时还缺少实行民主的基础。据说,袁世凯死前,在床前见梁敦彦,也后悔当初未听梁敦彦的劝告搞君主立宪。

仔细分析一下梁敦彦从海归精英到复辟保皇的人生历程,可以说梁敦彦正是自己的第一任大老板张之洞的主张"中学为体,西学为用"的绝佳写照。

首先,他的不事张扬、内敛含蓄的个性以及处理事务的卓越才能受到了帝后赏识,也得到极充分的发挥,这自然令他心存感激而产生认同感。从私心而言,帝制的终结并不是他希望看到的。皮之不存,毛将焉附。失去了可以依傍的体制大树,纵有才华,也无法借力攀缘而上了。因此他的西学造诣只是工具,思想观念却是传统的,是深受儒教影响、真心拥护帝国秩序的。

不仅如此,从大局着眼,对比自己曾在美十年的教育和生活,让梁敦彦非常明白中国与西方的差距。老大之中国必须改变才会有希望,这一点毋庸置疑。但他不像自己的恩师容闳那样激进,容闳始终是一个游离于中国政治之外的边缘人,而身在其中的梁敦彦却对清朝的官僚体制有强烈的归属感,并成为其巨大的受益者。

更重要的是,他在中国社会里浸淫多年,对于中国的社会现实确实有深入的认识,对于中国国民素质也有深刻了解。他不认为中国有直接从封建专制形态进入民主国家的国民政治素质基础。他和辜鸿铭一样,主张渐进式的政治改良。因此,他颇理想主义地希望恢复帝制,然后实行责任内阁制度,并过渡到实行君主立宪。这里面不是完全没有合理的成分,"帝制余孽"的标签贴得有些简单粗暴了。

可惜梁敦彦生前并未留下些许文章反映其思想主张和政治观点。也许从与之关系极为密切深厚的辜鸿铭的思想观点可以间接揣摩到梁敦彦的想法一二。辜鸿铭曾说:

> 中国最近这场以武昌革命为顶点的骚乱和暴动(指辛亥革命武昌起义),乃是本民族渴求充分和自由发展的民族愿望之强烈而激愤的表达。革命者憎恨满人,因为他们认为满人妨碍了这种发展。然而满人不是真正的障碍。真正的障碍是治体(国家)缺乏活力和当权者的无能。(辜鸿铭《关于时局致〈字林西报〉的信》一九一一年十月发表于《字林西报》))

言下之意,国家体制缺乏活力和当权者的无能是国家发展的真正障碍,而不是帝制。

历史无法假设,但梁敦彦毕竟抓住了一点,"庚子赔款留学计划"建立之初,梁敦彦力主像当年清政府派幼童出洋那样派学生出国留洋学习,他希望中国每个县都能出一个留学生。因为他认为要改变中国,得从孩子的教育抓起。

* * *

1918 年国民政府免除对复辟诸员的通缉后,梁敦彦常往辜鸿铭家做客。两位都曾辉煌一时的遗老相对而坐,各自追忆自己的坎坷一生,尤其是当年在张之洞手下曾共同度过的幕府岁月。旧梦如昨，却又已岁暮苍茫，实在令人感到惆怅寂寥。接下来的世界将更加热闹纷纭，无论是幸与不幸，热闹反正都已经与他们无关了。

有一天，辜鸿铭得意地对梁敦彦说："我能一字不落地背出《失乐园》来。"

英国大诗人弥尔顿的英文加拉丁文长诗《失乐园》？

梁敦彦不敢置信："你这把年纪，还能背？"

辜鸿铭于是捻着胡须滔滔不绝地背起来。

天色在这个中国老人流利的西语背诵里渐晚，暝色夺昏鸦，失明、衰老、落魄的诗人弥尔顿热情不屈的歌咏，何尝不是这两个曾有补天之志的中国老人的心声写照？

辜鸿铭曾说："单纯朴质之人的确切标志是彬彬有礼、高雅脱俗"（《尊王篇》）。此话形容梁敦彦颇为恰切。他有端方温厚的品质，不是政治的投机者，对于国家的现状与将来，他有自己的认识，无论对错，他做了自己的选择。何况，对历史的盖棺定论总是要滞后的，隔着仅仅一百年的时间回头看，还不足以让我们对这段历史做出确切的评价。

因为我们依然身处其中。

二零一八年四月十四日定稿于辉书房

人文景点提示：晚清留美幼童在新英格兰读过的著名中学

哈特福德中学（Hartford Public High School）地址：55 Forest Street, Hartford, Connecticut 06105

菲利普斯学校（Phillips Academy Andover）地址：180 Main Street, An dover, MA 01810

太平洋上的摆渡人奥立芬

二零一三年的秋天,习近平主席提出共建丝绸之路经济带和二十一世纪海上丝绸之路的倡议,所谓"中国的发展离不开世界,世界的发展也需要中国",崛起的中国迫切需要扩大世界影响,开始将目光投向海外贸易。这让我想起十九世纪初期,美国早期崛起时,其海外贸易和宗教、文化传播里面曾有一位特别的商人。

这位商人为西方文明在东方的传播默默做出了巨大贡献,可以说他是来往于太平洋东西两岸的摆渡人。今天的"一带一路"里,假如我们也有这样的海外商人,那大中国被世界人民和历史所铭记的方式里一定自带辉煌神圣的光圈……

1. 慷慨的船老板

"中国留学生之父"容闳在他的传记《西学东渐记》中回忆起一八四七年那年,作为一个广东南屏镇出生的贫苦农村少年,他得以跟着马礼逊学校的恩师勃朗牧师远渡重洋赴美,在美学习八年并且从耶鲁大学毕业,种种意想不到的人生际遇令他感慨万端。在传记中,他特别感谢了一个慷慨的美国在华贸易商行,免费让他乘船从中国去往美国。他写到:

> 又有阿立芬特公司(The Olyphant Brothers)者,为美国纽约巨商兄弟三人所设,有帆船一艘名叫"亨特利思"(Huntress),专来中国运载茶叶,予等即乘是船赴美。承公司主人美意,自香港至纽约不取船资,亦

盛德也。

不仅如此,当时对于容闳等三个被带到美国学习的孩子的资助,校方董事的安排颇为妥当,连他们的父母也有至少两年的赡养费。所以容闳说"故予等留美期间,不特经费有着,即父母等亦至少得二年之养赡。既惠我身,又及家族,仁人君子之用心,可谓至矣"。而这个马礼逊学校的校董们中仍然有这家美国商行的老板在其列。

在关注近代中美交流历史的时候,我注意到这家商行的创始人和近代中国的不为人知的深远关系。这个慷慨地让中国少年免费乘坐商船前往太平洋彼岸的商行,并不仅仅是偶发善心,他们的商船曾载着许多为中西文化交流做出了不起的贡献的乘客免费来往于太平洋之上。

这个美国在华商人的名字叫奥立芬(David W· C·Olyphant)。

(奥立芬(David W· C·Olyphant)

不仅是容闳,容闳的老师勃朗牧师,第一位美国来华的新教传教士裨治文,以及雅裨理和卫三畏等几个重要的美国早期来华的新教传教士,都曾心怀感激地提到这个慷慨地免费让他们搭乘轮船来往东西方的商人——奥立芬先生。甚至在裨治文的传记里充满敬意地称这个商人为"美国新教在华传教之父"。

这使我对这个奇特的商人很有兴趣。所谓在商言商,居然有商人不仅仅唯利是图,在东来西往的信仰传播和文化交流中慷慨奉献,无私付出,居然能将商业与信仰追求同时融合在东西方贸易之中,这位奥立芬先生为何如此与众不同呢?又是如何做到的呢?或者揣以阴谋论想象,这后面难道有着不为人知的更大的野心?

2. 同孚洋行

根据资料,奥立芬曾经是纽约最大茶叶商人托马斯·H·史密斯的雇员,一八二零年他被派往中国,成为史密斯商行驻华的代表。当时史密斯雄心勃勃,打算用中国的茶叶占有整个美国的茶叶市场,那个时候美国对茶叶的消费是非常惊人的。但后来因为拖欠美联邦政府的税款,史密斯的商行轰轰烈烈地破产了,这给奥立芬带来了意料之外的机会。奥立芬于是利用他与史密斯商行签订的合约内允许他用自己的资本进行投资的条款而逐步在贸易中获利。

他和一位好朋友,也是史密斯商行在广州的店员塔博特一起合作,成立合伙商号,两人约定:奥立芬的钱投在广州,而塔博特在纽约支持冒险的海外贸易经营。一八二九年奥立芬在纽约组织了"塔博特·奥立芬商行"(Talbot, Olyphant & Co),在对华贸易中,它主要以茶叶贸易为主。而在广州的商号作为分号的名字就叫做"同孚洋行",负责人是查尔斯·W·金。这就是旧中国贸易中广州著名的同孚洋行(Olyphant & Co)的最初形成。

奥立芬购买了著名的商船——四百九十二吨的"罗马人号"(Roman),并在一八二九年把它派往中国,船上装载的除了货物,还有美国最早来华的两位新教传教士——裨治文牧师(Rev·Elijah C·Bridgman)和雅裨理牧师(Rev·David Abeel)。注意,这两位传教士是不出船票钱白坐的。

这个时候的船老板奥立芬已经是美国海外传教机构——美部会(全称美国海外传教部总会,America Board of Commissioners for Foreign Missions)的成员,他百分之百支持新教的海外传播福音的事业。当时美部会之所以将中国作为海外传教阵地进行开拓,就是因为奥立芬在一八二七年和其他几个在华商人在广州马礼逊博士的住处集会并拟定了一份请愿书,请求美国教会立即派遣两名传教士到中国来。一名协助马礼逊工作,为在中国人中传教做准备;另一名为在广州的英国海员与商人布道。这请求得到美部会的重视和认可。因此有了第一批美国新教传教士往中国的派遣。

从某个角度可以说,是这位在中国开展海外茶叶贸易的美国商人开启了美国与中国的文化交流的历史。因为他是那个将传教者从此岸渡向彼岸的摆渡人。没有他的船,传播与交流都不可能发生。

奥立芬是虔诚的新教教徒,同时又是一个成功的海外商人。他之获取财富,大约也是被他自己视为为上帝的天职,而不是为了享乐和身体。事实上,一八二零年奥立芬第一次作为纽约最大茶叶商托马斯·史密斯的商行代理被派驻中国时,就和作为最早来华传教的基督教传教士——英国伦敦会传教士马礼逊建立了永久的友谊并终生保持通信。这是影响他一生的友谊,马礼逊以其虔诚坚毅而又谦逊的品格令这位美国商人折服,并坚定了奥立芬对上帝的信仰。

以下是奥立芬最初到广州后,给尚在澳门的马礼逊博士写的第一封信的内容:

广州,一八二零年十月十五日
尊敬的先生:

我从纽约来到广州已有三个礼拜了,我带给您的一个包裹,连同这封信一起交给您。我本想亲自给您送去,可是我得知您目前不住广州,所以只好请人转交。我来广州纯属商业目的,接替斯考特先生(Mr. Scott)此处的位置;但是我懂得在主里对神的爱,也知道基督徒肩负着传扬神的圣名的责任。假如您来广州,我希望能够有幸见到您。**如果不来广州,我希望您能利用我所能,帮助您在中国的传教事业。但愿您能很快看到您为这个愚昧民族劳作结出的果实!但愿救世主的王国尽快到来!**……

衷心期盼的、您谦卑的仆人
奥立芬

在这封信中,奥立芬已表明了自己希望以作为商人的所能,竭尽全力帮助新教在中国的传道事业。

3. 在商业与精神之间建立联系

奥立芬自一八二零年最初来到中国,到一八五一年在返回美国的途中病逝,始终遵守自己的信诺,慷慨热情地支持传教事业。他成了美国早期在华传教事业中最有影响的人物,也是该项事业的最大资助人。"作为虔诚信教的基督徒,他似乎最有效地在商业与精神世界之间架起了联系的桥梁"。①

毫无疑问,这是个被信仰之光照耀着的虔诚教徒,因为据可靠的历史文献记载,他的慷慨和虔诚几乎给每一个接受过他帮助的人都留下了深刻而又美好的印象。

在裨治文离开纽约,登上去往中国的商船"罗马人号"前,他与奥立芬一起度过了一晚,在日记中这样回忆了这位美部会成员的商人先生:"我从来没有遇到过像奥立芬先生这样好的人。如果所有的商人都像奥立芬先生的话,那么宗教、虔诚和传教事业都将得到极大的提高。"

而雅裨理一八二九年与裨治文一起乘坐"罗马人号"前往广州,后来又免费乘坐奥利芬商行的另一只船"亨特利城堡号"(H. C. S. Castale Huntley)轮船去安吉尔。当一八三八年十月十七日他乘坐"马礼逊号"再次从美国启航时,同行者还有后来作为马礼逊学校校长的勃朗牧师(Rev·S·R·Brown),所有航行都是船主奥立芬先生慷慨为他们免费提供的。

当传教士卫三畏——后来耶鲁大学的第一位汉学家,一八三三年从纽约出发去往中国时,又是"那位胸怀宽广的商人"——奥立芬先生为他和同行的传教士特雷西牧师提供旅费,乘坐"马礼逊号"去往中国。卫三畏在书信中提到:"美国最杰出的商人奥立芬先生于一八三四年回到广州,并准备在此后的三年亲自照管他的商行,他的慷慨和鼓励也是传教士们非常需要的。"

---

① (美)雅克·当斯《黄金圈住地——广州的美国商人群体与美国对华政策的形成,1784—
  1844》,广东人民出版社

卫三畏充满尊敬和感激地写道："他一直是我们最亲爱的朋友,他的建议和资助都给予了我们很大的帮助,去澳门时我们住在他家,在广州时他常请我们一起吃饭,他替我们换钱并且总是做得比我们好,在许多方面支持我们。愿上帝赐福给他的家庭、他本人和他的商店。"许多年后,当卫三畏最后一次离开中国的时候,他详细谈到了美国新教在华的传教团从这位慷慨大度的人那里得到的巨大帮助,尤其是作为西方人了解中国的窗口《中国丛报》的创立:

> 美国的对华传教工作是根据奥立芬先生的建议于1829年开始的。他支持鼓励这项事业,尽管当时它的费用惊人,前景暗淡。他和他的合伙人为传教团在广州提供了一间房子,13年没收一分钱房租。他所属的一家纽约的教会,在他的建议下于1832年送来了一整套印刷设备。当《中国丛报》创办的时候,他主动要求承担失败的风险,以避免美部会的资金遭受损失。为此他在广州建了一间办公室,这间办公室一直用了24年。他的公司的船只为往返中国的传教士及其家属提供了51人次的免费航程。所有这一切以及其他善事都是他乐意做的,只要它们有益于传教事业的发展。回忆他这样的人以及他们的德行是让人幸福的。

创办《中国丛报》的经济来源基本上都是奥利芬提供的,当时创办人裨治文办刊物的想法得到了广州的海外商人们的支持,特别是奥立芬。

《中国丛报》后来的停刊,最重要的就是经济原因。一八五一年,奥立芬在回美国途中去世,裨治文和卫三畏失去了坚强的经济后盾,成为《中国丛报》停刊的直接原因。这年年底,卫三畏决定停刊,给这份重要的刊物划上句号。这样的为东西方了解彼此默默提供经济后盾的商人绝无仅有,成为这个世界关于虔敬和信仰的一曲绝响。从此,世上再无奥立芬。

4. 黑乌鸦里的白乌鸦

奥立芬的名字是和他在广州的同孚洋行紧紧联系在一起的。同孚洋行确实有一些其他洋行所没有的独特之处,它是按照基督教原则运行的公司。

它就是黑乌鸦中的白乌鸦，是鸦片战争前和大清帝国做贸易的过程中唯一不贩卖鸦片的两家洋行之一。这也反映了作为新兴西方国家的美国在鸦片战争之前与其他西方国家有所不同，它的公民在对外贸易经商里体现出在利益考量之外的一定的道德理念和原则。而这其中对于道德理念的坚持也可以说是美国自十九世纪始逐渐被世界所接受与认同的某种价值基础，因此值得我们了解和参考。

同孚洋行非常公开地反对对华的鸦片贸易。一八三九年五月二十五日，以奥立芬为首的部分美国在华商人集体向美国国会呈递一份备忘录。备忘录宣称，他们坚决反对美国人从事对华鸦片贸易，并表示："无论是从道德的和仁爱的角度考虑，还是仅仅作为一个商业主张，……我们都希望看到中国的鸦片进口和消费彻底终结"。在华商人和美国在华传教士的这种反对鸦片贸易的态度对于美国国内对华政策的制定具有一定的影响。

洋行老板金和奥立芬还写了不少发表在《中国丛报》上的文章反对鸦片贸易，并且显然是利用每个可能的机会去让他们那些犯了罪的商业同胞们改过自新。一八三七年奥立芬甚至设立 100 美元的有奖征文，征集反对鸦片贸易的最佳作文。这种创意我们倒还可以试试，恐怕鸦片贩子不会那么欣赏吧。事实上即便是他的同胞也不理解，甚至非常厌憎和嫉恨他们。

一八二八年，一个在广州的美国商人在谈到奥立芬的老板史密斯的衰落时，就恶语道："我怀疑圣乔（奥立芬）的时代真的来临了，他接下来可以做的最好的事，就是接手老马礼逊的买卖，一个是宗教上的流氓，而另外一个则是商业上的恶棍。"更甚者，这家商行人尽皆知的宗教情结，使它成为了广州其他洋行一些尖酸刻薄的人取笑的对象。它的商馆被叫做"锡安角"（《圣经》中神的城），商行被称为"圣乔的商号"（Holy Joe's Concern）、"神圣家庭"（Holy Family）、"骗子商行"等等。甚至它们的店员也被取笑，仅仅因为名字里面有《圣经》情调，就被戏称为"年轻的以色列国王"。即使在奥立芬的同胞中，他的信仰也受到嘲讽和取笑。

然而也许真的有上帝眷顾，尽管同孚洋行并没有参与到安全且有巨额利润可图的鸦片贸易中去，而是主要从事茶叶贸易，但它取得的成功足以让合伙人们致富，并且还长年累月包揽支持美国新教传教士在华的事业。这反过来又更坚定了洋行成员们爱上帝的信心。他们无视同行的嘲讽讥刺和嫉恨,坚持自己将信仰与贸易结合的原则。

到了后期,老奥立芬来到东方,已经不是为了买卖,而纯粹是为了宗教。

一八五零年,在最后一次前往中国的航行中,健康状态已经不佳的他在轮船"太平洋号"(Pacific)上给他的儿子写了一封言辞恳切的信,给了儿子关于人生的信仰建议,这封信透露出奥立芬与他的合伙人在商业贸易中一贯所坚持的精神和理念:

> 我没有必要再次劝告你,叫你努力培养个性,好在商场上获得可靠的名声。账房内容不得浮夸,在事务中要抑止所有的狂热。心怀对上帝的敬畏,在祂许可的范围来做你要做的事情,其他的,就交给祂来照看。没有比为了早日退休而渴求快钱更危险的了。你宁可满足于你已拥有的,并且把生命当作事奉(Service)。我希望你能够继续与中国贸易。我这趟去那里,还不太知道我该在那里干什么,但我觉得这是我们的天父为我指引的,因此我愿意去并且看看祂要我做些什么,我希望保持这样一种心境,去倾听一个声音说"这是你要走的路",无论是要留在那里,还是回家。总而言之,我这样请求处置你的俗务,是因为在你的考量里,天国不应该处在第二位,而是万事之首。(《黄金圈住地》)

从这封写给儿子的信里可以看到,对于奥立芬来说,逐利始终不是他的根本目的,对于上帝和天国的信仰犹如海上之灯塔,照耀着他在事业和人生之中前行。

特立独行的同孚商号前后存在了二十五年,并且始终保留着它的个性与特点,虔诚信教、不贩卖鸦片。它后来加入的成员虽然不像奥立芬和金那样虔敬到勇往直前,但也仍然是虔诚的基督徒。他们遵循着创立者的原则,继续着他的商业实践。

其实同孚商号遵行的正是早期美国清教主义的原则精神,这种清教精神随着世俗化社会的来临以及商业经济的冲击而逐渐式微,而奥立芬正是那个最后的富有理想主义的商人,凭借这种理想主义,他成为太平洋上为信仰而航行的那个摆渡人。他的船在海上来去,不只为了贸易,更凭借着一种精神性的力量在西方与东方之间来回穿梭,竟然逐渐织出了一张文化交流之网。

试想，如果当年穷小子容闳没有那张免费的船票登上奥立芬的船，就不会有后面一点点衍生出来的中国近代化历史，至少不是我们现在能见到的模样……有时候人类的力量实在让人惊叹！

只是白乌鸦毕竟还是一只乌鸦，中美往来贸易中虽然同孚洋行没有与鸦片贸易的直接瓜葛，但间接地却仍然会在商业活动中与那些从事鸦片贸易的洋行发生各种关联，这也是在广州的商人同行们对同孚洋行反对鸦片贸易不以为然的最大理由。

尽管如此，奥立芬仍然是一位非常独特的商人，同孚商号的宗教信念比其他商号也要强得多。

5. 奥立芬的启示

奥立芬作为一名基督徒商人，是强烈的加尔文主义加上一点带有自由派倾向的十九世纪的福音派。他向那些以"做买卖得利"为人生唯一目标的人展示了《圣经》中耶稣所说的"重价的珠子"。所谓"重价的珠子"，是指《圣经》里主耶稣说：天国就好像买卖人寻找好珠子，遇见一颗重价的珠子，就去变卖他一切所有的，买了这颗珠子。当然，这是奥立芬的信仰，他用行动践行了自己的信仰。

也许，奥立芬带给我们今天的启示就在于：信念——精神性的东西对于一个国家的海外文化传播事业是非常重要的。我们关注世界的时候，就是在关注自身；而关注自身，不能仅仅注目于利益、享乐，还要关注对自身精神的滋养，而这种关注只有在对世界的关注中才能实现。正是信念和信仰，将我们与世界联结起来。

这让我想起维特根斯坦的一句话："去信仰吧！这没有害处。"

二零一八年五月二日定稿于辉书房

"让他们光耀世界"

咪咪，你还记得我们跑到安默斯特小镇南边的安城学院（Amherst College）校园里滑雪吗？

夕阳之光将校园教堂的钟楼染成了庄肃的金色，我站在同样被染成金色的树下，远看着你和小伙伴们从积雪深厚的高坡上呼啸而下的快乐。这时传来钟楼上整点报时的悠扬钟声，天地间满是金色的和平与喜乐，这景象

（安城学院钟楼）

一直铭记在我的脑海里。

今天妈妈就来讲讲安城学院,这所全美顶尖的文理学院,你只知道现实中的它校园是如何优雅,学校博物馆里的艺术藏品是如何精美,却不知道它还有着不少与东方、与中国的历史往事呢。

1. "Let them enlighten the lands"("让他们光耀世界")

安默斯特小镇的主街缅恩街上,十九世纪的美国女诗人艾米莉·狄金森的家宅如今已经成为供世人瞻仰的故居博物馆。来参观的人们想象完当年女诗人多年幽闭家中、足不出户,于小楼之上挥毫作诗的情景后,照例都会去马路对面的安城学院校园里面转一转。

这个学校是值得去走一走的。

一八二一年,安城学院(Amherst College)在原有的安城学校(Amherst Academy)的基础上建立。艾米莉·狄金森的祖父老狄金森就是创建者之一。这所有近两百年历史的全美顶尖级文理学院屹立于岁月之中,至今依然保持着它沧桑中的优雅和精致。

什么是文理学院呢?人们一般知道的,都是哈佛、耶鲁这样的世界级名校,对于文理学院比较陌生。这主要是因为近年来从中国赴美的留学生一般都是去接受研究生教育,故而国人不太了解这种专以本科教学为主的美国高校形式。

其实文理学院(Liberal Arts College),是美国高校的不可或缺的重要种类之一,又称博雅学院。一般指奉行博雅教育,以本科教育为主,规模小而精的大学,它的目标是以实现真正意义上的"全人"发展为宗旨,课程设置以基础学科为主,涵盖艺术、人文、自然科学、社会科学等门类。

在大部分美国人看来,文理学院往往代表着经典、小规模、高质量的本科教育。许多文理学院的学术声誉不亚于哈佛、耶鲁等综合性大学,因而成为美国上层阶级家庭的首选。

新英格兰地区就有不少顶尖级的文理学院。如威廉姆斯学院(Williams College)、安默斯特学院(Amherst College)以及宋美龄曾就读过的威尔斯利女子学院(Wellesley College),它们都有悠久的历史,在今天依然声誉卓著。

很巧，这三所学院我都到过。校园格局最精致优雅的还是安城学院。这也许和设计者的匠心有关系。它的设计者是费雷德里克·劳·奥姆斯特德，他被誉为美国景观之父，著名作品就有纽约中央公园、斯坦福大学校园等。

校园的主要建筑体现的是十九世纪流行的朴素而又庄重的学院派风格，红砖是主要元素，蜿蜒的林荫小道安静地盘旋在各种建筑物之间——约翰逊教堂，佛罗斯特图书馆，KIRBY MEMORIAL 剧院以及 The Meat Art 艺术博物馆等等，这些或传统或现代的校园建筑静静矗立在时光中，散发着书卷气息浓厚的庄肃与矜持。

秋天一到，一树树红叶便灿烂了校园，加上湛蓝的天空和十九世纪风格的校园建筑作为背景，吸引了无数的观光客前来。但其实，其他的季节，校园同样动人。我曾经在春天绿意盎然的时候，看到教授和学生们在郁郁苍苍的大树下围坐在绿茵茵的草地上讨论着问题，幕天席地，不远处有调皮的小松鼠在树枝草丛间窜来窜去。

感觉人生的大道与真理就应该是这样子讨论出来的，自然与天地会将灵性赋予追求智慧的人们。无端地联想起我们中国古代圣哲孔子和学生们于泗水游春的故事来。教与学，无论在东方还是西方，最朴素的样子大概就是这样从容随意、与自然相得，并不是像今天一样，学生都要正襟危坐于教室里，看老师在台上从第一张 PPT 翻到最后一张。

别小看这个只有本科教育的小小学院，它却培养出了四位诺贝尔奖获得者，十二位普利策奖获得者，一位美国总统，还有三位美国宇航员等等，这还不包括来自世界各地的毕业精英。

它低调而奢华地告诉世人：大学之大，岂在建筑？亦不在大师——而是要看培养出了怎样的学生。

这里的学生有什么特点呢？举个真实的例子：一个安城学院的毕业生毕业后，先去非洲志愿教学两年半，然后回美国读博士。博士毕业后又去阿富汗两年，再进美国国务院担任首席科学家。用我们老祖宗的话说，有胸怀天下的气魄。只是，它何以能培养出这样的学生？有人说，要了解一个学校的精神和追求，首先看这个学校的校训。安城学院以培养具有世界胸怀的人才为办学理念，这从它的校训和校徽上都可见一斑。

很有意思,美国的大学都有自己的校色(school color),比如耶鲁大学是蓝色,而哈佛大学是绛红色,这颇给大学庄肃的面貌赋予了一份生动和活泼。而如果你进入安城学院的官方网站,会看到所有背景全是一片明丽的紫,字体则是白色的,如同进到了一个开满紫色勿忘我的大花园,那么和谐、优雅而又充满活力。

安城学院的色彩是紫色和白色,所以它的校徽图案也是紫底白字,上面有着用拉丁文写的校训:Terras Irradient(翻译成英文是"Let them enlighten the lands"),译成中文,意思大约是让他们光耀(或者点亮)世界。

这校训反映着建于一七七四年建国前后的美国大学普遍所具有的浓厚的清教主义神学色彩。十九世纪早期,新教福音派在新英格兰的兴起推动了许多学校和教育团体的建立。例如安城学院建立之初,根据学校章程,学校所筹集的慈善基金必须用于对有潜质并且虔诚的贫困年轻人进行古典神学教育,条件是他们愿意致力于宗教传道事业,矢志不移。这确实让当时新英格兰地区农村里的贫穷而又虔诚,并且有学习天分的少年有了接受高等教育的机会。

当然随着时间推移,随着宗教色彩的淡化,如今这校训体现的更是一种世界眼光,一种通过对知识和智慧的习得和掌握再去引导人类进步向上的旨意和蓬勃朝气。

走在校园里,每隔一个小时,可以听到校园里的标志性建筑——约翰逊教堂的钟楼传来悠扬清和的钟声,这钟声模糊了过去与现在的时间界限,如同一首动人的诗歌在人的心灵里徜徉。

安城学院的图书馆,直接以曾在安城学院任教多年的美国著名诗人罗伯特·佛罗斯特的名字命名。这位当代诗人被称为"美国文学的桂冠诗人",是安城学院的骄傲,他深受美国人欢迎,今天在缅恩街旁还有他与女诗人狄金森的侧影像,相对而坐,如在絮语。当地人似乎超级希望这两位本土的大诗人能够超越时空的限制,在一起晤谈诗歌。

佛罗斯特是位特别的诗人,他的诗歌在现代诗歌潮流里坚持着田园般的朴素与安静。他说诗始于感觉而终于智慧。他的那首诗《未选择的路》我们大约都熟悉,很能印证他对诗歌本质的独到理解:

黄色的树林里分出两条路

可惜我不能同时去涉足

我在那路口久久伫立

我向着一条路极目望去

直到它消失在丛林深处

但我却选择了另外一条路

它荒草萋萋，十分幽寂

显得更诱人，更美丽

……

——罗伯特·佛罗斯特《未选择的路》

接下来那些熟悉安城学院历史的当地人也许会告诉你：在一九六三年十月二十六日那天，约翰·肯尼迪总统为了该图书馆的落成，特在此发表演讲，而这距离总统在达拉斯被刺杀身亡仅有一个月不到。谁会知道自己的命运是什么样子呢，即使位高权重如总统。生死无常固然可叹，矗立在绿树环绕中的佛罗斯特图书馆却似乎在告诉我们：唯知识的承传坚定而恒久。

我最喜欢安城学院的艺术博物馆——The Meat Art Museum，外形优雅如教堂，里面收藏有许多珍贵的艺术品，多为校友或者社会人士的捐献。美国但凡有些历史的大学都有自己的博物馆，文理学院虽然小，博物馆可相当有规模，有的是门类全面的艺术博物馆，也有自然博物馆和以某一特色而收集专门艺术品的博物馆。这些收藏都不是一蹴而就便能具有如此规模的，需要时间的积累和教育者的用心。

博物馆不需要门票，如果有几个人一起来参观，还可以在博物馆的网站上预约讲解员免费讲解艺术品的历史。馆里非常安静，有很舒服的沙发，你可以随意坐在里面，与古今的艺术品对晤、看书、自习，甚至什么也不做地冥想，你不打扰别人，就没有人打扰你。

毫无疑问，这里是求学者梦想的天堂。而如果透过一切表象看到这所顶尖级大学的精神本质，那就是从建立之初，它就以上帝之名将关注全人类的福祉作为实行教化的目的。

为此，它的历史里有了几位以此为初心，客观上则为东西文化交流付出一生心血的毕业生,他们的故事值得读一读。

2. 他搭建了一座中西文化交流的桥

让我们回到十九世纪的新英格兰。当时美国大学以神学教育为主,这种浓厚的神学教育氛围与早期美国在工业革命中崛起后开始对外进行的宗教与文化扩张意图是正好契合的,基督教文化成为十九世纪欧美国家向东方世界扩张和殖民中的重要部分。故而年轻人去往东方传播福音的宗教行为受到社会的极大鼓励。那时,清教主义氛围最为浓厚的新英格兰地区不断有为了上帝的荣耀而远渡重洋去往东方的新教教士出现。

无论怎么说,这些传教士的精神和毅力是让人佩服的,他们只是渺小卑微的个体,却愿意舍弃对自身命运的关怀,去往异国他乡以锲而不舍的精神传播福音,在客观上搭建起了东西文化和教育交流的桥梁。

建立之初的安城学院就有一位这样的学生,他将自己的命运与东方古国——中国紧紧联系在了一起。他被美国人尊称为"美国传教之父"。

(Elijah Coleman Bridgman,中文名:裨治文)

这个美国人在新英格兰小镇贝尔切城长大,是第一位美国来华新教传教士,名字叫做 Elijah Coleman Bridgman。后来他给自己取了一个中文名——裨治文,这是 Bridgeman 的音译,而名字意译过来,即"桥人",似乎早已暗藏着他命运的方向——终生做一个东西方文化的造桥人。

来自农村的穷孩子裨治文一八二二年被安默斯特学院录取。这是安默斯特学院建校的第二年。他学习非常努力,并对自己的信仰极为虔敬。

正是以安城这个宁静美丽的小镇为人生理想的起点,裨治文带着强烈的使命感去往了万里之外的中国,并深深热爱着中国文化和中国人。他是美国第一位汉学家,参与了翻译《圣经》的工作,创办了第一份中国的英文期刊《中国丛报》,这份报纸成为世界了解中国以及中国了解世界的窗口,他还将中国的《孝经》翻译成了英文。

他和妻子到中国后,还在上海创办了女校——裨文女塾,这被认为是上海出现的第一所女子书院。著名的宋氏三姐妹的母亲倪桂珍就是从这里毕业的。后来这所学校由圣公会接管,部分师生与另一所女校一起并成一所新的女校——圣玛利亚女校。我们熟知的现代女作家张爱玲就曾是在圣玛丽亚女校读书的一个女中学生。

裨治文发表在《中国丛报》和《教士先驱报》上的系列文章《走遍广州》,给许多新英格兰人留下了关于中国新奇生活的基本印象。他具有出色的文字技巧,生动描述身边的人和事,将西方读者知之甚少的国度和文明展现成一幅纷繁多彩,犹如清明上河图的画卷,而那流畅风趣的笔调下无不流露他对中国平常百姓的热爱和深厚的情感:

> 广场的一头摆满了一长溜食品摊子,卖水果的、卖糕饼的、卖蜜饯的、卖汤水的,琳琅满目,摊主们大声吆喝着,招揽客人光顾。在广场的另一头,摆着一排红色的看西洋景的盒子,里面有些花里胡哨的图片,引来很多孩童和傻乎乎的成人,让他们掏出口袋里的钱,买一点乐子。广场的一角,被二十来个剃头匠占满了;一群夹着缝纫袋子的老女人占了另一片地方,袋子里面装的是针头线脑。补鞋匠、补锅匠,挎着篮子卖猫、卖狗、卖家禽的人……纷纷来到这个地方。

一个东方帝国的古朴宏大而又沧桑的气象在他笔下得到生动再现:

> 我们驶离黄埔时,最后一抹夕阳正洒在河岸高耸的宝塔上,洒在广州那边的山顶上。在我们到达广州之前,西边的日光已经完全消失,夜

色从四面将我们包围起来,河上渔家的灯火因此更加明亮。巨大的船只一派古朴气象,大船小船不计其数,往来各方,或成群停泊,或排成一列,像条街道,整个景象独特,不可言喻。

他非常了解中国当时的教育状况,为了教中国人掌握英文,并能借助英文了解西方的各门知识,裨治文积极促成了马礼逊教育会的成立。一八三六年,马礼逊教育会在裨治文的住处正式宣告成立,他积极担任总会长等各种职责。教育会的理事们建议从美国请一位"年轻、有事业心、熟悉教育领域,并有志于将此作为终生奋斗目标"的教师。

一八三九年十一月,马礼逊教育会的学校终于在澳门成立,并由一位来自另外一个新英格兰小镇孟松(离安默斯特镇约一个小时的车程)的传教士勃朗牧师担任校长。这位勃朗牧师正是容闳的恩师。

裨治文在华工作了三十二年,一八六一年九月他不幸染上痢疾,不久在上海沐浴着信仰的光辉安详去世。当时勃朗牧师正好在上海,受命前往日本,他可算是第一位在中国与日本从事西方教育的职业教育家,后来被日本人尊崇为"新东方缔造者"。

十一月四日,裨治文的葬礼在上海的墓地礼拜堂朴素地举行。依照裨治文的遗愿,葬礼由勃朗牧师主持。这让人觉得很合适,马礼逊教育会招募来华的第一位职业教育家,送在华最重要的西学传播者走完最后一程。而在很多年前,当他们还是少年时,都曾在安城学院校园里的钟楼边走过,只不过裨治文成为了其中的学生,而勃朗最终去了耶鲁大学。

怀有共同理想和志趣的人,最终都会殊途同归。

诗人艾米莉·狄金森与晚她多年出生的罗伯特·佛罗斯特是如此,裨治文与勃朗牧师也是一样。

看似不相关的历史事件和没有交集的、处于不同命运中的人,深层里却往往因为某种执着的精神信念或者共同志趣而发生因果,发生千丝万缕的联系。找到了那根线,将历史穿起来再看,是件有趣的事情。

因为要写裨治文,我翻阅了许多传教士的文献。为了表示对这一群远离故国去往异国的传教士执着坚毅精神的钦佩,我想写下一位不幸的传教士的经历。

他的名字叫做塞缪尔·芒森（Sammuel Munson），这位和裨治文一样在新英格兰安道弗神学院毕业的传教士大约是来华传教士里遭遇最不幸的一位了。

他在一八三三年从波士顿乘船向东航行，对马来群岛做一次考察旅行。他对于当地显然没有足够的了解。到达苏门答腊岛时，轻率地进入当地村子，朋友极力劝阻他们，当心有被野蛮人抓走的危险。但他和另一个朋友仍然坚持原计划。

一天下午赶路时，他们突然遭到当地巴塔克食人部落许多人的包围，芒森先生无论如何想不到自己会被一把矛穿透身体。不仅如此，第二天，还被野蛮人做成午餐吃掉了。

上帝没有救他，而是眼睁睁看他被做成了午餐，对于一个踌躇满志的传教士，这是何等荒谬的人生呢？相比起马礼逊、裨治文、勃朗牧师这些在历史上留下功绩的传教士而言，他的生命可谓轻如鸿毛，还没开始就结束了，实在也令人唏嘘。但不知为什么，这轻如鸿毛的生命也让我感到了一种肃然的敬意。

二零一七年十二月二十八日定稿于辉书房

一个偷渡客的理想和一百二十分之一

本篇里我要讲的，是安默斯特学院（Amherst College）最早注册的两个东方学生的故事。这所全美顶尖的文理学院在十九世纪有着不少与中国和日本的历史渊源呢。

这两位东方学生，一位来自日本，一位来自中国。虽然都曾在同一所美国大学中接受西方教育，但他们的人生选择以及命运结局都深刻地打上了母国和时代的烙印。

他们，一个成了近代知名的教育家，并创办了一所著名的私立大学；一个回国后参加过战争，当过军医，最后在自己的家乡默默无闻地死去。

在他们的故事里你可以看到，信念和梦想的有无，对于人生而言有多么重要。

进入美国顶尖文理学院——安默斯特学院的官方网站，在校史"第一"的一栏里，可以看到上面有两张毕业生照片。

深具人文情怀的学校引以为傲的两位史上"第一"毕业生，既不是曾经的美国总统，也不是得过诺贝尔奖的科学家。学校最初的办校宗旨是关注和资助那些难以受到高等教育的学子，给他们读大学的机会。因此早在一八二六年学校能消除种族歧视和偏见，有了第一位美国非裔大学生——爱德华·琼斯，这比起培养出总统和诺贝尔奖获得者更令学校为之感到骄傲。

而另一位榜上有名的则是一八七零级来自日本的留学生，他是日本第一位留美毕业获得硕士学位的留学生——新岛襄（1843—1890），英文名为Joseph Hardy Neesima。

出身于日本江户安中藩的新岛襄是安默斯特学院最早注册的东方学生，一个十分具有传奇色彩的人。

（新岛襄）

据说，新岛襄不苟言笑，不管哪张肖像画，都是一张武士的严肃的脸。尤其是他的母校安默斯特学院约翰逊教堂的正面右侧所悬挂的他的肖像，更给人忧郁、沉静的印象。这个面容庄静严肃的亚洲人究竟有怎样的故事，竟有资格被美国的顶尖级大学视为自己校史中的骄傲呢？让我们先将目光投向一八六四年的东方。

这一年里的中国，太平天国运动失败，深感危机的部分清朝开明官员开始促成以"自强"、"求富"为目的的洋务运动。而日本，虽也已被西方战舰叩开国门，却尚在幕府的独裁统治之下，然而平静之下暗潮涌动。

七月的一天，入夏的北海道箱馆湾（今天的函馆市）停泊着一艘美籍商船——"柏林号"（The Berlin），这艘船第二天将要出境去往上海。

这天深夜，当人们都还在酣睡之中时，一个偷渡者摸黑悄悄上了船，藏身在船上不为人知的角落里。

需要知道的是，明治维新之前的日本，比中国还要闭关锁国。其海禁政策虽然早在一八五三年就被终止，然而要到一八六六年，留学生和商人才适用于此解禁令。因此平民百姓想要出国留洋，必须违抗幕府禁令"脱出"（即偷渡）。一旦被抓到，是要判处死刑的。

这个偷渡客冒着生命危险偷渡出洋，究竟是为了什么呢？

他正是二十一岁的新岛襄，如此不要命的冒险，他并不为去异国发财，而是为了他的梦想。

出发前他写了一首汉诗：

> 一袭弊袍三尺轫，回头世事思悠悠。
> 男儿自有蓬桑志，不涉五洲都不休。

为了诗与远方，连小命都敢豁出去的娃毕竟还是罕见，所以先讲讲新岛襄的"蓬桑之志"是如何得来的。

一八四三年，新岛襄出身于武士之家。按照成为一名武士的要求，他自幼修习剑术，以及汉籍古代典籍。一八五三年美国东印度舰队黑船叩关事件导致日本国门被迫打开，一八五五年又有江户大地震。少年新岛襄有感内外交困下的国家将有大乱，为国家命运深感焦虑和担忧，敏慧好学的他于是有志于了解西学。二十岁时他读到日译的《鲁滨逊漂流记》，惊讶于世界上居然还有与封建割据的幕藩体制截然不同的国家体制，十分向往。

十九世纪前半期，中国沿海地区已有一些在华传教士进行基督教的传教事业，故而也有许多基督教出版物和传教士的作品从中国流入了日本。新岛襄通过这些中文出版物，开始了解《圣经》和基督教文化，他逐渐认识到基督教与西方文明的深刻关联。

一本叫做《联邦志略》的书令他印象深刻，书的作者是第一位在华的美国新教传教士裨治文，他是安默斯特学院一八二二级学生。当时的新岛襄绝想不到日后自己居然和作者裨治文成了校友。这本书则让新岛襄对美国的史地、政治、经济、文化各方面均有所了解。

正是这些介绍西方文明的书让新岛襄脑洞大开，遂产生了不顾一切要冲决网罗，摆脱封建羁绊，前往美国求学的理想，所以才有了只身离家万里、冒死偷渡出国的决心并真的付诸了行动。

在一般人看来，他大概是疯了，孤注一掷只是为了去求学。然而世事常常如此,非常之人怀非常之志,敢行非常之事。

为此他央求"柏林号"的船长 Captain Savory 将他带到美国了解西方科学和基督教。这位来自新英格兰塞勒姆镇的船长居然被他的恳求打动,将他藏在自己房间里躲过日本海关的检查,到了上海后又安排他换乘去往美国的"荒野号"(The Wild Rover)轮船。

新岛襄登上去往美国的"荒野漫游号"(The Wild Rover)。作为船长允许他免费乘船的报答,他在船上无偿打零工。途中,他自行剃去了代表武士身份和荣誉的发型,改蓄西式发型,以示与过去告别的决心。

从那一刻起,他成为了一个叛徒,背弃了母国的文化和武士的身份。然而他冒着处以极刑的风险偷渡留洋却又完全出自于真诚的爱国心,这种矛盾注定了他后来边缘化而又充满曲折的事业和人生。

当途经上海和香港时,新岛襄对于自己所眼见的满清统治下的中国人现状还发出了批判之言论:

> 他们只重视修饰外表,辩论高尚而内心野鄙,胸无大志,无所事事,以致被洋人轻侮……

当时的大清帝国尴尬地成为了反面教材。亲眼见到的鸦片战争后中国之衰败景象,与自己从幼年开始从中国典籍中所想象的那个中华帝国完全不同,这让新岛襄更坚定了要前往美国学习的决心。

新岛襄随船先是在东南亚进行贸易,他在船上边打零工,边学习语言。整整一年后,于一八六五年七月二十日才到达美国波士顿港。

这一年,是中国第一位留美于耶鲁大学毕业的留学生——容闳心怀报国之志归国后的第十年,此时正为洋务派创办的江南制造局从美国顺利采购机器一百多种回国,清政府为此授予容闳五品候补同知官衔,出任江苏布政司衙门翻译。

看起来,近代化进程中,中国是先走在日本前面的。

与容闳先前到美国求学一样,来到美国后的新岛襄遇到了许多对他之后的人生和事业都有重大影响的恩人以及朋友。在美国期间,"荒野漫游号"(The Wild Rover)的船主哈迪夫妇,提供他衣食住并资助他在美国学习。

新岛襄先入读马萨诸塞州的菲利普高中（Phillips Academy）（这所历史悠久的学校也是后来晚清留美幼童中部分学生入读的著名高中），一八七零年进入安默斯特学院读大学，之后又进入专门的神学校安多佛神学院读书。正是在这段时间，早就对基督教发生兴趣的新岛襄受洗成为了一名基督徒，并有志于传道。

就在新岛襄于美国学习期间，他的母国日本正发生着翻天覆地的剧变。一八六八年幕府被推翻，明治天皇建立新政府，明治维新拉开了向西方学习、奋起直追的序幕。一八七一年明治政府派出了岩仓使节团出访欧美，大久保利通、木户孝允、伊藤博文等政府实力派人物均在其中，这可是建设近代日本的关键事件。

因为岩仓使节团归国后，日本政府认识到从经济到体制向西方学习的重要性，政府迅速进行改组，大批具有改革思想和业务专长的人才被选拔到政府中担任要职。经过殖产兴业和产业革命，日本资本主义最终形成并迅速发展。这之后，日本官费和自费的留洋学生也越来越多。

一八七二年二月末到达美国华盛顿的大使团急需翻译人才，听说新岛襄在美国学习了将近七年，也不计较他偷渡出洋的不合法身份，立时召见了他。于是新岛襄作为使团的随行翻译出访了欧美，而他的"厚志笃实"给使团大臣们留下了深刻印象，也为他日后回国创办大学打下了人脉基础。

而这一年的中国，清廷在曾国藩、李鸿章的联合建议下，接受了向美国官方派遣留美幼童一百二十名的计划，容闳则是该计划的倡议者和主要执行者。一八七二年八月十一日，第一批中国官派留美幼童三十人在上海登上去往美国的轮船。"中华创始之举，古今未有之事"——这是曾国藩和李鸿章在给朝廷的奏章里建议此计划时所说。可以说，这个时候，中国与日本还是在同一起跑线上的。

却说新岛襄经过在美国将近十年的留学生活，一八七四年终于从神学院毕业。在毕业仪式上，他热情发表了想回到日本建立基督教大学传播基督教思想的愿望。演讲中一度哽咽。演讲结束后，他的热情和真诚竟然令他收到五千美元的捐赠作为其在日本建校的基金。

三十一岁的新岛襄带着"传道"、"办学"的使命立刻启程回到了日本。当年的偷渡者而今成为了倍受政府重视的人才，执着的努力没有白费。他搭乘维新后才出现在街头的人力车回家探视双亲,并在家乡小学和寺庙巡回传教。结果家乡人回响热烈,他的父母也信了基督。接着新岛襄马不停蹄地为创设基督教学校一事而奔走。

其实严格地说,新岛襄的初心并非要在日本建立纯粹培养传教士的基督教学校,而是想建立基督教主义的学校。他的想法基于同时对日本文化和基督精神的认识,所谓"双 J"(Japanese 和 Jesus)文化。这令他两头都不讨好,他与资助他建校培养传教士的美国教会产生了矛盾,也被日本国内的一些人所指责,认为他没有贯彻和践行自己的理想和使命,有挂羊头卖狗肉之嫌。

而在他看来,基督教是一种回馈社会的宗教信仰,基督博大而有美德的福音会给日本社会带来最大的收益,他的目的是想用基督教精神来为日本注入新的文化基因。在这一点上,他的爱国情怀和武士精神似乎超越了宗教情怀。

幸运的是,此时的日本,基督教得益于明治维新,已经解禁。教授西学的大学林立,留欧留美学生一批批出现。故而新岛襄办基督教学校遇到的阻力并不大。而且新岛襄以自己的精神和品格感召了一批有权势的、开明的政府掌权者,因为一方面他们看到了设立学校对当时日本的发展和近代化将具有的推动作用,另一方面也被新岛襄个人的奉献热情所感染打动。之前有森有礼、木户孝允,回国后有外务大臣陆奥宗光、本对基督教持反对态度的井上馨等都给予新岛襄的大学设立运动很大的支持和帮助。

一八七五年十一月,新岛襄排除万难,终于在佛教势力最强大的京都,创办了第一所传播基督教思想的学校——同志社英学校,校址在旧皇宫御所的对面。新岛襄的办学宗旨——通过"科学、文学知识的学习","养成优良的品行及纯正的精神"得到落实。

建校之初,学校仅仅只有八个学生注册。新岛襄却毫不气馁,为筹措办学资金四处奔走,积极谋求社会和政府的援助和协作。

一八八零年,新岛襄为平息学潮在学校朝会上用皮鞭抽打自己的身体以感化学生,这次的自责鞭事件影响极大,成为了教育学界的典范。

一八八五年,学校已经有了近一万学生,前后仅仅用了十年的时间。

一八九零年,新岛襄辞世。他的夫人山本八重子继承他的遗志,接手并完成了一连串的教育事业，并在同志社英学校的基础上创设同志社大学。

这位夫人也是个奇女子。她护乡爱国，行为侠义，二十四岁在鹤之城攻防战（1868年）中，脱下刚捐躯的弟弟的战袍，持枪指挥炮兵。婚后她与新岛襄志同道合，并肩传播福音。在女性地位尚低的年代，创办了"同志社分校女红场"，后来升格为"同志社女学校"。

是不是颇有些类似于我国近代的鉴湖女侠秋瑾？只不过秋瑾以"革命"为追求，八重子是以"教育"为志业。正如将作为"中国留学生之父"的容闳与作为"日本开化史之先觉者"的新岛襄作比较的话，两人同为西学之子，同有爱国的赤子之心，都认为国家富强要从教育入手、学习西方，但他们基于本民族的民族特性，对学习西方到底学什么的判断有所不同。容闳觉得西方文明最重要的是其学术，他希望"以西方之学术，灌输于中国，使中国日趋于文明富强之境"（《西学东渐记》）。

而同志社大学则遵循新岛襄的教育理念，主张大学的基础在于人文教养（Liberal Education），一如新岛襄的母校——文理学院安默斯特学院，不以培养政府官员、专业学术研究者为主要目的，而重视全人教育，培养学生成为"一国之良心"，在日本具有极高声誉。

所谓"同志社"，是指那些有着相同抱负的人们一起结社——这种抱负深深植根于新岛襄的梦想之中。

而新岛襄的这段从东到西，又从西到东的求索人生则成为了同志社大学的精神和灵魂所在，激励了一代一代的毕业生去为社会奉献和服务。

如果说，十九世纪中期，日本还在中国觉醒之后，到了十九世纪末期，却发生了令人惊异的巨变。

一九零零年前后，在极短时间内成功脱亚入欧、成为亚洲强国的日本，反转了唐朝时向中华帝国派遣留学生学习的历史，开始吸引大量中国留学生留学日本。

一八九九年，蔡锷就读东京大同高等学校（此学校由一八九八年戊戌政变后流亡于日本的梁启超在东京创办，得到华商曾卓轩、郑席儒的资助。当时国内许多新式学校因时局被迫停课，许多抱有志向、求学无门的青年便自费游学海外）。

一九零二年春，湖广总督张之洞从两湖、经心、江汉三书院选派学生三十多人，赴日本东京宏文学院速成师范科留学，其中就有黄兴。这一年来日本留学的，还有鲁迅。

两年后，秋瑾也来到了日本。

而早在一八七二年时开始陆续留美的那批一百二十名官派留美幼童，因担心离经叛道、被西化和弃儒奉耶，有"以夷变夏"之忧，结果被留美事务局正监督、后来出任驻美公使的正统儒士陈兰彬一纸奏章，奏请朝廷于一八八一年将之全数遣返回国。官派留美幼童计划遭遇了夭折的命运，除了第一批有少数完成学业，如詹天佑、欧阳谦等，大部分都遗憾地中途归国。真令人有行百里者半九十的遗恨。

因为背负着沉重的业已僵化了的文化传统而趋于保守的思维和观念，令当时的中国不仅仅是这一件事半途而废。

值得庆幸的是，虽然幼童计划被腰斩，但依然对中国的现代化产生了深重的影响。饱受欧风美雨熏陶的学子们，回国后依然有不少成为近代矿业、铁路业、电报业的先驱。并出现了一批最早的外交官、清华大学及天津大学的首任校长等等。

然而在近代历史的舞台上，他们本来可以更加精彩。其中也有一批留美幼童回国后令人惋惜地死于一八八四至一八八六年中法海战，或者后来默默无闻于乡里。

被遣返的所有留美幼童中，有一个叫做何廷梁的青年，是安默斯特学院的一八七九级学生。

何廷梁与新岛襄在美的学习履历颇为相似，都曾在菲利普中学读高中，然后在安默斯特学院读大学。只是何廷梁刚读到第二年就被清政府召回了。回国后，他进入医学校继续学习医学，紧接着在中法海战中服役，担任海军军医。战争结束后，被遣散回广东老家。这以后他的身体健康开始恶化，出现了精神问题，以致于无法胜任广东海关给他的职位。这以后估计他一直处于贫病状态。

他死于一九零八年，终年四十八岁。

　　　　　　　　二零一八年一月二十八日定稿于辉书房，时值大雪。

后记

　　新岛襄之所以被我特别关注，是他的要培养学生成为"一国之良心"的"良心"教育思想。因为在民国军阀割据时期，湘西王陈渠珍也创立了自己的"良心论"。虽然两者的"良心论"在理路上有根本不同，但强调内心真实和诚善是共通的。陈渠珍独在湘西一隅以军队力量推动近代教育、工业发展，为促进湘西的近代化作出了贡献。可惜人算算不过时势。如今新岛襄作为教育家在日本虽然没有福泽吉谕那样为世人熟知，但他创设的同志社大学却将其教育理念代代承传发展了下去。而陈渠珍的"良心论"却如渠沟中的珍宝，被我辈所遗忘，被岁月的尘埃所湮没。惜乎！

荷莲曼曼人如玉

在美国新英格兰地区马萨诸塞州的南哈德利,有一所历史悠久的著名女子大学——Mount Holyoke College,直到今天它也只招收女性。这所全美最古老的女子大学,是世界现代女子教育中的先行者,今天也仍然是美国文理学院中的佼佼者,是美国女子大学常青藤联盟"七姐妹"之首,在离我访学所在的安城不远的 Mount Holyoke 市。

(曼荷莲学院,Mount Holyoke College)

学校的中文译名非常优美动人,叫曼荷莲学院。之所以对曼荷莲学院有格外的关注,不仅因为它是一所美国著名的女子大学,更因为这座为提升女性社会地位和自我价值而努力的女子大学与"中国留学生之父"容闳,与近代中国女子高等教育都有着不太为人所知的历史渊源。

1. 一场高中生毕业典礼

二零一五年一个六月周末,我带咪咪来到慕名已久的曼荷莲学院参观。

曼荷莲学院的校园很美,到处是绿树、繁花、漂亮的草坪,以及古老而庄重的校园建筑,学院也有自己的博物馆,而且馆藏很丰富。也真的有一条小河,沿着校园主干道边潺湲顺流而下。在两岸郁郁葱葱的树丛掩映下,春夏季节,河上确有宛妙娴雅的睡莲静静浮在水面,意趣悠然,风韵天成,仿佛画家莫奈的灵感就是得自于此。又或者,《诗经》中的句子——"彼泽之陂,有蒲与荷",吟唱的就是这种景致吧。

时常可以看到青春少女在河边三两流连的倩影,而水中荷莲,正曼妙清雅,与岸边明慧的女子相映成趣。

适逢本市 Mount Holyoke 高中的学生毕业典礼借这块宝地举行。我第一次看到美国高中生的毕业典礼。

美国家庭将孩子的高中毕业典礼视为一个隆重的日子,有点成年礼的意思,往往亲朋好友都会来捧场祝福。有位女士专程从另外一个州赶过来参加侄子的毕业典礼。

毕业典礼服装很有意思,女孩穿白(有点让我们不好联想),男孩着黑。给予中学毕业以庄严的仪式感,为他们将开始独立思考世界与自我的美好人生赋予更多的责任和担当意识,这仪式实在值得我们的教育界借鉴。事实上这些中学毕业生看上去也远远比国内被高考指挥棒玩懵了的高中生们显得成熟、独立、自信。

一种教育理念,在真正得到落实了之后,就会成为一种校园文化氛围,具有一种无形的感染力,就像这场高中毕业典礼带给我们的对美好人生的向往一样,也正是行走在曼荷莲学院校园中的我从这个美丽的校园得到的第一感悟。

2. 曼曼荷莲

如果说每一所大学都有着自身独特的历史文化印记,那么曼荷莲学院便是一所独具文化魅力的女子大学,它用自己近两百年充满激情与活力的存在告诉世界：女性的内在潜力一旦被发掘，会爆发出多么巨大的能量，被知识和信念武装起来的女性在这个世界可以走得多远。

这所全美最古老的女子大学是由化学家、教育学家玛丽·里昂（Mary Lyon）女士于一八三七年创建，她是这所大学的灵魂人物。创建的时候校名叫做曼荷莲女子神学院（那个时代美国还没有一所让女性上的大学，玛丽女士很聪明，她为了不吓走赞助者，很策略地决定不鹤立鸡群，而将这所实际上的女子大学仍然叫做女子神学院）。一八九三年才改为今天的名字——曼荷莲学院。

（玛丽·里昂）

学院校园里有创始人玛丽·里昂女士的墓地以供瞻仰，也有以她的名字命名的古老大楼。整个校园处处都有着这位传奇女性留下的痕迹，而那些精美的校园建筑作为无声的语言承载的则是这所大学无形的财富——玛丽·里昂女士所代表的那种坚毅而又柔韧、决不放弃的精神和自觉提升女性自我价值的现代女子教育理念。

这位有胆有识的新英格兰女子堪称世界知识女性的楷模，她一手打造的这所女子大学开创了世界现代女子高等教育的新模式。

非常之人才能为非常之事。

她自己的一生就是货真价实的为理想而奋斗的一生。

3. 新英格兰女孩玛丽·里昂

一七九七年二月二十八日,玛丽·里昂出生在新英格兰的一个偏僻农场。五岁时父亲去世了,她的母亲需要把七个孩子抚养成人。于是玛丽学会了一个十九世纪初期新英格兰农场女孩需要学会的所有农活技能:烘烤面包、纺织染色羊毛、缝制衣服,制作奶酪、果酱、肥皂、蜡烛等等。穷人的孩子只能早当家啊。

十三岁时她母亲改嫁,将她留在了哥哥继承的农场。她自力更生,替哥哥管理农场,获得一周一美元的薪水。

这是个非常自强自立、又热爱和善于学习的女孩子。玛丽四岁开始就在乡村学校读书,她一直是个勤奋努力的优秀学生,并且家里困窘,她就靠为别人做家务活换得上学的食宿费用。当时人们普遍认为将来要扮演妻子、母亲和家庭照顾者角色的女孩没有必要接受高等教育,所以到十三岁时,玛丽通过自己的勤奋已经比同龄女孩受到了更多的教育。

想象一下玛丽那个时代的美国东部农村,到了晚上一片漆黑,一八六一年以前还没有纸币。那个时候,人们家里除了一本圣经,再没有别的书籍。女性地位如此之低,许多女性除了知道拼写自己的名字,不会阅读书籍和报纸。那个时候人们奚落轻蔑一个表达自己的思想和观点的女人。女性没有机会读大学,无法成为医生和律师。因为那时还没有一所招收女生的大学。

"五月花号"船在普利茅斯岩石边靠岸的十六年后,哈佛学院就建立起来了(一六三六年建立)。但女子大学却需要等到两百年后的十九世纪初期,等到这个勤奋努力的新英格兰小姑娘长大之后才会成为现实。

这个十三岁的穷苦女孩,很懂得用知识武装自己的头脑。为了读书,她坐着笨重的驿路马车,在肮脏泥泞的道路上晃悠悠地晃上几百英里去另一个镇上的学校。那是那个时代的人们无法理解的出格行为。但玛丽不在乎人们的流言。她没有爹可以拼,连妈都没有收留她。她习惯了由自己掌握命运。

一八一四年那年,十七岁的她幸运地获得了一份邻镇学校的教师工作,每周七十五美分的报酬。她教的学生往往刚从田地上忙完农活回来,就踩着满鞋底的泥进了玛丽女士的教室。

教学工作更点燃玛丽渴望继续学业的热情,她不顾家人反对,将属于她继承的父亲的那份小小遗产以及自己所有的薪水都用来交学费。

有时候她需要坐三天的马车去一所学校读书。她非常节俭而足智多谋,用编织床单和毛毯来支付部分的学费。

总之,她用超乎常人的勤奋和决心获取着她所说的"掌握在一小撮人手上的知识"。

玛丽作为教师的声誉日隆,很快不仅仅局限于任教的巴克兰学校。接下来的二十年里,她在马萨诸塞州各个地方教书,成为新英格兰地区女性教育方面的权威。她鼓励年轻女性去获得教职,因为这是当时社会能给予的不多的女性职业之一。

一八三四年是玛丽人生的转折点。她决定了要将所有的精力和时间用来创建一所女性高等教育机构。

这是一位充满激情的女性高等教育的先锋,她的革命性愿景将改变世界。

接下来她开始为自己的梦想开始充满激情的战斗。

4. "Go Where No One Else Will"("行人所不行之路")

十九世纪三十年代,美国适逢经济大萧条,没有人愿意为玛丽的梦想捐钱,可她毫不气馁,背着绿色丝绒的袋子,四处奔走筹集善款,不知疲倦地奔波在路上。

人们的捐款从六分钱到上千元不等,有的时候捐的就是一小块给学生做被子的布,或是填枕头的羽毛,甚至还有人直接送来托管学生用的炉灶。

玛丽费尽口舌说服社会知名人士支持她的计划,与远在底特律的教育工作者交流,选择学校位置,监督设计第一栋教学楼,雇用教师,招收学生。在波士顿到康涅狄格州的道路上来回奔波的她,到了在路上几乎没有人不认识她的地步。

虽然艰难,她从未放弃,因为她从自己的切身体会中坚信女性应该和她的兄弟们享有同等的受教育机会。集腋成裘,滴水穿石,学院在她的不懈努力下终于建成了。

一八三七年十一月八日,曼荷莲学院的大门终于向世界敞开了。那时,全美国已有一百二十所男子大学,却还没有一所正式的女子大学。然而随着这所女子大学的建立,女性教育的新时代开始了。新英格兰地区紧随其后而建立的女校,有宋美龄曾就读的威尔斯利女子学院,以及离曼荷莲学院不远的史密斯学院。而创建者也都曾是曼荷莲学院的资助人。

玛丽·里昂女士(Mary Lyon)常说的一句极具勇气和开拓精神的话成为这所学院的校训:

行人所不行之路,为人所不为之事。
("Go Where No One Else Will")

身为女性而表达出如此的勇气和信念,实在是打算要人生开挂的超级咒语。一届届毕业女生却正是秉承着这样的信念开始自己的方向,并成为社会的精英。可以数出一大串名字:

美国第一位华裔劳工部长赵小兰(Elaine Chan);
第一位获得哈佛大学(Harvard University)医学院终身教授职位的非裔女性 Gloria Johnson·Powell;
顶尖文理学院(liberal arts college)布林茅尔学院(Bryn Mawr College)的校长 Nancy J·Vickers;
……

学院最引以为傲的毕业生是美国特立独行的著名女诗人艾米莉·狄金森,她曾是这所学院一八四七年入学的学生,在此度过了一段难忘的学生时光。一生未婚的女诗人确实是"行人所不行之路",她坚持自己孤绝的人生方式和诗歌写作的道路,以及关于个人信仰的认识,在尘世中留下彗星般耀眼而又美丽的光芒,写下了许多有着新英格兰气息而又深入灵魂的诗歌。

那么玛丽·里昂女士的曼荷莲女校与其他女校相比到底有什么不同呢?

5. 带给世界全新的现代女子教育理念

最重要的一点，是曼荷莲女校的学校理念有很大革新。它的课程都是相当于男子大学的课程，而其他的女校都以培养女性家政技能的课程为主。在玛丽·里昂看来，女性受教育的目的不再是仅仅为了走回家庭，而是为了真正获得现实与精神的双重独立，并有能力走向世界，参与社会事务。

玛丽本人就是这种理念的践行者，是走在她所在的时代前面的教育者。尤其值得一提的是玛丽·里昂女士非常重视女性的科学教育。

化学是她自己的专业领域，那个时候现代化学于世界还刚刚起步，达尔文的进化论还没有发表，这是她学到的"那一小撮人手中掌握的知识"。她通过自己的经历睿智地看到掌握未知领域对于提升人的自我价值的重要性，因此她鼓励女性在"对未知世界探索"这个一直专属于男性的领域里开疆辟土。这一教育理念极大地提升了女性价值的社会认同和自我认同，鼓舞了许多女性科研工作者和科学家的涌现。

这种科学教育理念如何体现在教学中呢？

玛丽·里昂女士要求学生学完七门科学课和数学课才能毕业，这在其它女子学校是闻所未闻的。她组织学生们搞田野调查，收集各种地理、昆虫、植物标本，邀请知名科学家来学校开设讲座。她鼓励女学生们寻求成为大学教师和研究者的职业。这个重视女性科学教育的理念传统一直延续传承到了今天，在它的一代代毕业生身上打下了深深的烙印。有许许多多优秀杰出的科学界女性从这所女子大学走向了世界。

她甚至作为祖师奶奶，深刻影响了后来远在东方的中国出现的一所著名女子中学——民国时期的振华女校（后文中将写到）。

而另一方面，作为虔诚的基督徒，她让祈祷和圣经学习成为了曼荷莲女子学院日常生活中的重要元素，用信仰和知识这两样武器同时来武装她的学生们。

玛丽·里昂成功了。新英格兰地区无数女儿的父亲都希望把自己的女儿送到她的学校来学习。她证明了，女性拥有和男性一样的才能，女性和男性一样可以成为社会的中流砥柱。

落地的麦子不死，一百多年里曼荷莲学院的毕业生把玛丽·里昂女士的理想和教学理念带向了世界各地，土耳其、夏威夷、日本神户、南非⋯⋯还有中国。

之所以对曼荷莲女子学院有格外的关注，当然不仅因为它是一所美国著名的女子大学，更因为这座为提升女性社会地位和自我价值而努力的女子学院与近代中国有着不太为人所知的渊源。

6. 容闳的女老师勃朗女士

曼荷莲女校在"中国留学生之父"容闳的自传《西学东渐记》中曾被提到。容闳所尊敬的一位女老师便是来自于该校的优秀毕业生。容闳回忆说：

> 在孟松学校之一年，予等列英文班中，所习者为算术，文法，生理，心理及哲学等课。其生理，心理两科，则为勃朗女师（Miss Rebekah Brown）所授⋯⋯勃朗女师之为人，操行既端正，心术仁慈，尤勇于为善，热心于教育。

这位叫做勃朗的女老师，正是毕业于 Mount Holyoke College（容闳书中译为霍来克玉山女校）的。这是位非常优秀的女性，她毕业于曼荷莲女校时，是毕业生中成绩最优者，是该女校那年代表全体学生向教师和来宾致答谢词的毕业生中的第一位。她和丈夫待这位东方少年十分诚挚热情，每到放假，都会邀请容闳到家里做客。

容闳自耶鲁大学毕业后，光人一个，处境甚窘迫，也多赖夫妇俩资助。容闳回国后，与勃朗夫妇音讯不断。也因此渊源，当一八七二年容闳携第一批留美幼童到美时，即先租房在夫妇俩住处的附近，闲暇时经常一起消磨时光。这位曼荷莲女校毕业的女老师，为中美留学史添上了一笔非常温暖的女性色彩。

曼荷莲学院与中国的渊源不止于此，创始人玛丽·里昂女士所建立的世界高等女子教育模式，以及在科学教育方面的优长经验，被曼荷莲女校的第一位中国女学生带到了东方，在中国近代女子高等教育中留下了不可磨灭的痕迹。

那是一九一二年,那一年,曼荷莲学院迎来了一位来自中国江南的女子,她的名字叫王季玉。

二零一八年三月十三日定稿于辉书房

曼荷莲学院(Mount Holyoke College)地址:
50 College Street South Hadley,Massachusetts 01075

曼荷莲学院里的江南女子

江南女子，在我们印象中，是悠长雨巷之中油纸伞下袅娜的倩影，疏梅暗香下低头回眸的娇羞，以及旗袍裹身、风情万种的明媚和曼妙……

然而我们不知道的是，一百年前，一群识见卓然的江南女子开启了中国近代女子教育的先声。秋瑾、王谢长达、王季玉、杨荫榆、杨绛、何泽慧……这些名字值得你慢慢了解它后面所代表的让人钦佩的人生。如果如容闳所作的比喻，把历史比喻成一张彼此关联、互为效力的蛛网，这些女子织就的又是历史之网的哪一个部分呢？

本篇我要讲到的就是一位对于中国近代女子高等教育作出莫大贡献的苏州女子——王季玉，正是她将母校美国最古老的女子大学之一——曼荷莲学院的现代女子高等教育理念带到了中国，并在一所叫做"振华女校"的中学里生根发芽，结出硕果。

1. "休言女子非英物"

一九零七年七月十五日的凌晨，"鉴湖女侠"秋瑾被斩首于绍兴轩亭口，年仅三十一岁。

这个爱着男装、爱把玩刀剑的女人颠覆了裹着小脚、幽居闺阁之中专心女红、遵三从四德、唯丈夫与父亲是从的中国传统女性角色。

"休言女子非英物，夜夜龙泉壁上鸣"，她写下这样铿锵有力的诗句。

革命行动虽然失败了，但这个言行极为出格的会写诗的女人所代表的一种时代新气象却在中国的苍穹之上刺出了一道闪电。

两千多年来,中国女性第一次开始向社会索求属于女性的权利。

秋瑾还认识到女子教育的重要性,称要振女权,必兴女学。她又说"女学不兴,种族不强;女权不振,国势必弱",于是在民族危机的背景下,女子教育的重要性自然而然与种族国运紧密关联在一起。

二十世纪之初,中国现代女子教育便是以这样的方式和理念徐徐拉开了帷幕。清末创办新学风气大盛,而东南三吴的富庶之地——苏州走在各省前列,中国人自办的女子学校在这里纷纷涌现出来。

其中苏州最早创办的女校就是本文的主角——振华女校,今天的苏州十中。

教育家陶行知一九四五年在振华女校演讲时称赞过:女子教育一项,振华是数一数二的学校,是苏州第一,也是振兴女子教育最早的先锋。

2. 东山莫厘王氏

不知道东山莫厘王氏之前,只知道晚清曾国藩曾氏一族文运昌隆,人才济济。了解了莫厘王氏,才知道天外有天。

曾家还只是从曾国藩这里开始家学渊源,而东山莫厘王氏自明代以来就是苏州著名的世家望族,科举大户。

莫厘王氏第十世王鏊高中探花,正德年间入阁为相,是明中期著名政治家、文学家。王守仁赞其为"完人",门人唐寅(伯虎)对他有"海内文章第一,山中宰相无双"的赞誉。王鏊之后,王氏一族亦人才辈出。

到了清朝末年,随着西学东渐和门户开放,王氏后人的眼界见识也在时人前列,在继承传统文化的同时,开始学习西方学术文化,并在科学技术方面多有建树。

而王鏊的第十三代孙、官至内阁侍读学士的王颂蔚这一支特别引人瞩目。百年以来,一门有七位院士。儿女个个成才,有王季烈、王季同、王季点、王季绪、王季玉等科技专家、教育家,二女儿王季茝一九一八年获得芝加哥大学博士学位,是已知中国最早的留美女博士。孙辈更涌现出王守竞、王守武、王守觉、王淑贞、何泽慧等一批我国科技界的顶尖人物。

就王氏一族,简直就可以写出半部中国现代科技发展史。

家学渊源、承传有自,大约因为有一种无形的高贵与清正之气代代相传，这才有这一门一族的卓越吧。

在中国这叫做"家风"。

3. "振华女校"创始人王谢长达

本文的主人公王季玉是王颂蔚的三女儿，世人称其"三先生"。不过一开始得先介绍她那了不起的母亲，王颂蔚的妻子——王谢长达。王谢长达知书达礼，思想开明，人称"王三太太"。

作为一个官宦世家的旧式女性，王谢长达却有着很卓越的识见。

一八九四年九月十七日，甲午海战爆发。号称亚洲第一，世界第九，清政府花费数百万两白银打造的北洋水师在与日本联合舰队的一系列激烈交战后，损失惨重，大清帝国被迫签订屈辱的《马关条约》。

不过，屈辱并不等于屈服，反而成为了激发中国人民自强意识的外驱力。

只不过与一般民众盲目排外仇恨列强的方式不同（一九零零年的义和团运动其来有自），作为中国当时的精英阶层则非常清醒地认识到，自强的首要是——学习和教育。

王家就是一个很好的例子。

一八九五年，在京为官的王颂蔚因为甲午海战中中国的惨败而幽愤不已，郁郁重病而亡，死时年仅四十八岁。妻子谢长达只得带着遗孤九人，回到苏州丈夫的老家，以柔弱之躯承担支撑全家的重任。

江浙之地素称文物之邦，一般老百姓对于学问高的人向来都十分尊敬，富庶人家多致力于培养孩子读书，官宦家庭更是如此。这位有朝廷封诰的命妇不仅重视男孩的培养，还很有识见地将三个女儿先后都送到美国去留学。

不仅如此，失去丈夫的贵妇人并没有将自己仅仅囿于家庭事务。专心抚养子女之外，谢长达非常热心社会事务，堪称中国妇女解放运动的先驱者。

她组织放足会，挨家走户发放宣传小册子号召女子放足。又组织公益团，救济贫困女子，最了不起的，就是为了改变女子受教育的不平等而创办女学。

谢长达有着极为难得的相对于当时女性而言更高远的精神世界与识见，丈夫为国含恨而死的悲痛必然也影响到她对于国家民族危亡的认识。她曾谈到自己办学的初衷："长达窃不自量，愤国势之凌夷，怜女界之沉沦。"这和秋瑾对女学和国族关系的认识是一致的。

在近代中国，现代女子教育的出现并不仅仅只是关乎女子的权利和自身价值的实现，而是一开始就与民族危亡的危机意识紧密捆绑到了一起。这是值得注意的一个特点。

一九零六年（光绪三十一年），一所女子小学在苏州幽深的小巷中悄然起步。王谢长达与陈星昭、蒋振儒、周修辉等筹得基金千余元，在苏州葑门东小桥创办了一所女子二等小学堂，取名"振华"，意在振兴中华。

学校虽小，但办校宗旨却甚宏大："目的是要贯通中西文化，因为觉得教育之重要，所以有小学设立之必要。"

且因蔡元培是王颂蔚的门生，学校创办伊始，就得到蔡元培、章炳麟等社会名人的鼎力支持，并亲任校董。

这座诞生于江南小巷中的小学如同一颗微不足道的麦粒，可一旦落入历史的土壤后，便开始生根发芽，顽强生长。

它在风雨飘摇的忧患时世里静静等待着，等着那个与它的命运紧紧联系在一起的忠诚的守护者的到来。当她来到时，这座学校才真正成长为人文教育与现实世界的邂逅之所。

4. 曼荷莲学院里的中国女子

而在遥远的太平洋彼岸，一九一二年九月，美国最古老的女子大学之一——曼荷莲学院第一次迎来了两位来自中国的姑娘，一位名叫罗有节，来自广东；另一位就是来自江南水乡苏州的王季玉。当然她们并非来到美国最早的女留学生。

王季玉来到美国之前，一九零七年她的二姐王季茝已经作为第一批中国官派留美女学生到美国读书，那一批的留美女学生中还有宋庆龄。

王季玉一八八五年生，她赴美之前，先是在由美国女传教士海淑德女士创办的苏州景海中学学习，然后去日本补习英语及数理，准备赴美。

值得一提的是，她在日本学习的这个学校正是由著名日本教育家——

（罗有节与王季玉）

毕业于安城学院的新岛襄创办的同志社英学校的女生分校。

在这段近代中国与新英格兰东来西往的历史中寻根究底的过程中，我深深体会到《圣经》中所说"万事互相效力"的训示，亦觉得容闳所说的"世如蛛网"很是贴切。有理想有信仰的人们虽然各自处于不同的时空、不同的种族国家之中，亦有着不同目标，却默默耕耘而又互相借力，结果是一起推动着人类的平衡发展和互相交流，这不也正是"人类命运共同体"的绝佳体现吗？

却说王季玉在曼荷莲的美好校园中度过了愉快的四年本科学习时光，与自己的美国同窗女生们也结下了深厚的友谊，日后她为振华女校在美筹款，关心远在中国的女子教育事业的同窗女友们作为幕后英雌亦为此出力出钱不少。

身着中式祆裙的两位中国姑娘常结伴而行,打着油纸伞行走在曼荷莲的校园中或是校园外的小镇上,想来必然是西方人眼中一道东方情调十足的风景。

她们亦是学校社团的积极分子,并和陆续来校的几个华人女生组成了第一个在美的中国女留学生社团,组建这个社团主要以商业和社会问题探讨为目的,每两个星期聚会一次,罗有节是社团主席,王季玉则是社团秘书。

毫无疑问,在曼荷莲学院所受到的教育对于王季玉的人生有着深刻的塑形作用,创始人玛丽·里昂女士所代表的那种舍我其谁的勇气和敢于披荆斩棘开创未来的精神追求都深深扎根在这位中国姑娘的心灵之中。

一九一六年王季玉以文学学士毕业于曼荷莲学院,旋又考入伊利诺大学攻读植物学,获硕士学位。

一九一八年王季玉学成回国,这时的她已过而立之年。

5. 真正的大师是为苍生做学问的

一九一八年的时代已然不同于容闳所在的时代,也不同于容闳的学生——留美幼童们面对的时代,此时的中国正处于"五四"前夕,社会充满活力,新与旧的冲突尖锐而又热烈。相对于一八五四年回国时饱受冷眼的耶鲁大学学生容闳而言,一九一八年归国时的王季玉已经是被各大学争抢的海归精英。

这时的她既有文学学士学位,又有植物学硕士学位,是兼学文理的跨界人才,即便放到今天也是高校争抢的精英人才。当时各大学相继向她伸出橄榄枝,发来聘书。

王季玉完全可以选择在某个高校搞教学研究,过安静优渥、受人尊敬的教授生活。然而她却一概谢绝了聘请,决定继承母志,致力于办好振华女校。

有句话说得好,真正的大师是为苍生做学问的。若比照电影《一代宗师》中宫二先生所说的习武之人的三种境界(见自己、见天地、见众生),则对于读书人而言,做学问研究、探索未知领域可算是达至"见天地"的境界,但王季玉致力于办女子学校,为的却是实现更高的人生维度,她以"见众生"为

校長王季玉先生

已志,做的是为苍生的学问,后面深藏的是一种慈悲和大爱的情怀。

已过而立之年的王季玉已下定决心,从此要将自己的全部生命都奉献给女子教育事业,奉献给振华女校,以传道般的精神成为振华女子学校忠诚的守护人。

非常之人才能为非常之事。

数十年如一日,她在江南之地默默耕耘,营建了一个卓越的并不逊色于曼荷莲学院的振华女子学校。

6. "三先生"王季玉

回国后的王季玉接过母亲王谢长达的接力棒,开始执掌振华,先是着手把小学扩充为中学。因她认为"欲求高深学问,则非先受中等教育不可","提高女权,亦非重视女子中等教育不可"。

当时振华没有获得任何政府的资助,完全是一所民办学校。王氏母女手中只有多方募集的一千余元,数间租借的民房,和仅有的五名学生。

为此,季玉四处奔波,多次在美国的亲朋好友中为办学募捐。她常穿一身粗布衣衫,亲戚都嫌她寒素。然而她却为筹建中的中学筹集了修建费用一万二千余元。这笔钱相当于现在的一百六十多万元。而她自己每月不过拿二、三十元的薪水,吃住都和学生在一起。

一九二八年秋,中学部迁入原苏州织造署(今苏州市第十中学),并确定学校的名字为"苏州振华女学校"。校园为清代织造署旧址,景色秀丽,古迹众多。校园里的西花园原为皇帝行宫后花园,康熙六下江南,乾隆六次南巡,在苏州均驻跸于此。据说有红学家考证,西花园是《红楼梦》大观园宁国府的原型。因曹雪芹的祖父曹寅做过苏州的织造。

振华女校的女生们是幸福的,昔日招待皇帝的行宫,如今成了普通女子受教育的地方。人杰地灵,似乎这方宝地也注定了会有杰出人才的产生。

季玉办学的教育理念最有特色的地方,就是让振华女校成为中西文化融合的教育之地。她将西方的现代教育理念,与中国传统的儒学教育观念糅合到一起。"兼容并蓄"、"和而不同",营造出一种自由的、民主的教育环境。

一九三六年的振华校刊上,有这样一段表述:

本校以培养青年充分知能,使学行完美,体用兼明为宗旨。

本着这样的理念,季玉先生引进西方博雅教育中的课程设置方式,加强基础学科和科学、艺术教育。虽是中学,该校的课程亦分为必修和选修两类,必修课程强调基础,选修课程意在"适应学生个性与需要",开拓学生视野,培养各种能力。

她延请蔡元培等社会名流担任校董,又多方邀请胡适、竺可桢、贝时璋、陶行知等社会各界名人来振华演讲。北京女子师范大学校长杨荫榆、著名现代女作家苏雪林都曾在振华任教。

当时的振华女校,除了国语和地理课之外,数理化课程都是采用国外原版教材,英语的要求也远远高于其他中学,英文课选读的都是名著。很多老师都是延请东吴大学的老师来兼职,因此水平都很高,而且不少都是名人。

苦心经营下,学生剧增,校誉日著,振华女校成为江南有名的私立女中。

当时振华女校的女生考取北大清华的比例如此之高,以至于有"北有清华,南有振华"的说法。

数十年里,从振华女子学校走出去的,就有物理学家何泽慧、王明贞,农学家沈骊英,记者彭子冈,作家杨绛,以及有"中国贞德"之称的陆璀等在各领域成就卓越的女性。

有意思的是,这所女校因熟人朋友关系,收过零星几个男生。这几个男生日后可都成为了大师级男神。比如研究社会学的费孝通,得了诺贝尔奖的物理学家李政道,都曾经就读于振华女校。

且看看这些后来成长为大师的学生是如何回忆母校和季玉校长的?

杨绛:"王季玉先生办学有方,想方设法延聘名师来校任教,教科书采用外国教科书最新的版本,学业成就是一流的,学风朴实务实。"

费孝通:"到苏州后,我到振华女校上学,当时上女校,是因为我小时候身体多病,这个学校是妈妈的朋友开办的,她叫王季玉,是美国留学生。我从小学就开始学习英文,是由王季玉亲自指教的,那是一个私立学校,是按照教会学校的方式开办的。"

7. 艰难时世

民国动荡,振华女校历经乱世,优雅屹立于岁月沧桑之中,在季玉先生如母亲般挚爱温暖的目光呵护之中顽强成长。

既是振华学生又是王家亲戚的杨绛先生回忆一九三七年时,苏州沦陷,国难当头,坚贞不屈的季玉先生拒绝日本人接收振华。于是振华女校被迫迁至上海。如此流离,实属无奈之举,亦是那个乱世的艰难写照。为了振华,季玉先生哭求住在上海的杨绛:

> 我把自己都嫁给了振华,可是日本人来了,不能再在苏州办学了,只能去上海,你不帮我谁帮我呢?(杨绛回忆)

季玉先生将个人安危置之度外,乱世里心心念念的是自己所办的学校。如此情怀,在艰难时世下好似萤火虫的那点光亮,微弱而又执着。虽没有炮火纷飞中壮士们的英勇慷慨,但坚守文脉不息的这份女性情怀特有之真纯芬芳,让今人细思之下,亦又是心酸,又是感慨。

在此眼泪的"逼迫"下,杨绛只好从书斋、从家庭的炉灶边走出来,临危受命出任了临时校长,为搬到上海的振华女校四处奔波和开展教学。所谓"women for women"(这是曼荷莲学院创始人玛丽·里昂女士的一句名言),也许可以理解为一种女性之间的彼此懂得、互相支撑的情义吧。

8. 没有人愿做的,我做

王季玉一生未嫁。作为一生的事业,振华女校就是她的孩子。

她在给一九二一级学生的赠言中有这样的话:

> 没有人愿做的,我做;没有人愿去的,我去。本你的面目,尽你的力量;不能像星辰的灿烂,也当像萤虫的发亮。
>
> 数十年来爱真理、务实际之精神,未敢或渝。

这些铿锵字句不由得让人想起她的母校曼荷莲学院创始人玛丽·里昂女士所说的那句话来——"行人之所不能行"。

一九四八年,王季玉再次回到母校曼荷莲学院。她在作演讲时表达了希望两校合作的美好愿望:"或许曼荷莲可以把振华作为一所姐妹学校,正如美国的许多高校都有中国的姐妹学校一样。那样我们就可以共同努力,发展真正意义上的东西方文化。我想那将对国际友谊和世界和平作出真正的贡献"。

二零一二年六月十二日,苏州第十中学和美国马萨诸塞州曼荷莲女子学院(Mount Holyoke College)举行了建立友好学校关系的签约仪式。

相隔于王季玉和罗有节——这两位最早的来自中国的女生入读曼荷莲学院的那一年(一九一二年),刚好过去了整整一百年。

二零一八年三月十七日记于辉书房

曼荷莲学院的近代中国渊源补记

罗有节，一九一六年于曼荷莲学院毕业后，又进入哥伦比亚大学进行研究生学习。回国后一直担任广州真光学校的校长以及广州基督教女青会的负责人。

Matilda Calder Thurston，中文名：德本康，出生于哈特福德市，南京金陵女子学院的创建者。金陵女子学院是中国历史上第一所现代意义上的女子大学。德本康夫人曾和丈夫在长沙为雅礼差会服务（The Yale Foreign Missionary Society），一九零六到一九一一年她在长沙湘雅医学院教书并从事医务工作。一九一三年她由北美长老会任命，创办南京金陵女子学院，并担任了第一任校长。（见伯克图书馆馆藏档案介绍）

湖心之石

——威尔斯利学院的中国女学生

一、挂在雕像手臂上的任性的乳罩

二零一五年的春夏之交，我带咪咪来到慕名已久的威尔斯利女子学院（Wellesley College）。威尔斯利学院离波士顿不远，坐落于城西十三公里外的威尔斯利小镇。

和其他历史悠久的新英格兰文理学院一样，校园很美。只不过它的美不似安城学院那般精致，优雅之外还有一种生机勃勃的自然气息。校园布局显得随意，四处都是原生态、似乎并没有经过修剪的树林，花木，当然学校里也有专门的花房苗圃。

校园里有一个极美的小湖，春光之下，水波潋滟，湖岸绿树环绕，是个极好的散步和思考的去处。在岸边绿荫地上，遇见一群女学生在一起围坐讨论着什么，明艳的她们与这春光正是相得益彰，让人不由得被她们的快乐无忧感染，满心里只有喜悦赞叹。学校里还有一个收藏丰富的博物馆，免费对我们这些参观者开放。

在校园里遇见一个穿着拖板鞋大 T 恤的高挑个子的中国女孩，向她问路，顺便和她聊起来。

这个皮肤略黑、戴着眼镜的女孩名字叫元贞，名字取自《易经》中乾卦卦辞——"元亨利贞"，一听即知父母的水准就不一般。小姑娘也好厉害，初中时考到新加坡的一个著名国际高中,在那里毕业后又按照自己的心愿考到了威尔斯利学院(这可是全美排名在前五名的文理学院),目前准备拿两个专业的双学位。而她在这个阶段已经确立自己的宗教信仰,说自己是个佛教徒。她说话语气谦谨,但又透着一种从容。

她让我想起之前在纽约哥伦比亚大学校园车站遇见的一个台湾女孩,也是只身跑到哥伦比亚大学预科进修英语,秀气斯文,却语气坚定地聊自己的游学计划。这些在外游学的女孩似乎都有一个共同点:有良好的家教、长辈一定的指导,但她们自己规划未来,目标明确,非常具有进取心。

当然,对于元贞而言,或者这也是威尔斯利女子学院给予她的熏陶吧。因为她的著名校友——今天的希拉里和昔日的宋美龄也都是这样自信而坚定的女性呢。

元贞很熟悉地带我们参观了两位著名校友原来住读的宿舍。当我问及冰心的宿舍时,她就一无所知了。显然,为世人瞩目的常常还是政治舞台上的明星。

来到图书馆时,只见庄肃的大门一侧,一个高大的古代女性雕像的手臂上居然挂了一件女性内衣,颇有行为艺术感,让我们讶异不已。元贞解释,前两天是毕业生离校欢庆日,离校的师姐们比较 High,会有一些比较"出格"的举动。

其实我更感到惊讶的是,校方也能容忍这种方式,任那件白色乳罩在哲人的手臂上挂着,成为一个极富于校园文化个性的画面。只是感觉那个石雕像虽然没有生命,看着手臂上这只任性的乳罩,那个样子颇传递着一种尴尬有趣的氛围。

女性权利的表达,女权意识的彰显,在当前社会所处的位置大概也类乎于此吧,虽然女性们觉得是严肃认真的呼吁诉求,却还是被主要由男权掌控的社会看成某种"任性",某种并不具有威胁性的行为艺术,对其的包容反而体现了社会的自由和宽容气氛,所以不妨让任性的乳罩吊挂在哲人的臂弯好了。

另一方面来看,虽然只是一个微不足道的细节,但也许正是这样具有悠久历史而又能包容学生个性和思想的女子大学,才能有那么多学生在走向社会后成为各个领域卓越优秀的人才。

就是在这一年，威尔斯利女子学院正式开始招收变性学生，以推广女性的平等与自由。

她们是认真的。

二、她是近代最有权势的中国女留学生

威尔斯利女子学院建于一八七零年，学院的校训是：To provide an excellent liberal arts education for women who will make a difference in the world.（致力于培养改变世界的优秀女性。）

这个女子文理学院因为宋美龄和希拉里这两位著名的政治女性曾就读于此而为中国人所熟知，但事实上它的毕业生中卓越的女性远不止于此，其他国家的不说，中国近代史上就还有冰心和沈骊英两位，也是分别在现代文学和农学方面贡献卓越的女性。不过，我还是先来讲讲宋美龄与威尔斯利学院的关系。因为人们常会将学院跟美国南部佐治亚州的威斯利安女子学院混淆。这都是由宋美龄而引起的误会。

近代的女留学生，回国后，在科学、教育等领域作出卓越贡献的大有人在。但若说到在政治上最有权势的，则莫过于这三姐妹了——宋氏姐妹。

（宋氏三姐妹：从左到右依次为宋庆龄、宋霭龄、宋美龄）

受到良好的西方教育,是宋氏姐妹在近代中国大放光彩、能有效发挥政治影响的重要的自身条件。但之所以命运会选择了这三姐妹,说起来,依然离不开那张历史之蛛网中的千丝万缕之关联。

让我们再次回到容闳。

却说容闳促成的晚清官派留美幼童计划自一八七二年始,先后让一百二十位中国孩子远渡重洋赴美留学。其中有两少年,一位叫牛尚周,上海嘉定人,也是嘉定地区出国留学第一人,他一八七二年赴美,一八八零年回国,曾就读麻省理工学院,后来成为上海电报局的技术官员,曾任江南制造总局帮办。另一位叫温秉忠,则是一八七三年赴美,一八八一年回国。曾就读于美国麻省伍斯特理工学院的温秉忠,回国后担任苏州海关监督,后任两江总督端方的幕僚,官至清政府的二品大员。

这两位昔日留美幼童本是表亲,回国后又分别娶了明代加入了天主教的著名科学家徐光启的嫡系后裔——倪氏三姐妹中的大姐和二姐(这个家族是个历史悠久的名门望族,上海徐家汇就是因徐光启家族聚居于此而得名),更是亲上加亲。

故事才刚刚开始。

却说在新英格兰读书的时候,他俩经常到波士顿的一家丝茶店买生活用品。很快他们就和这家中国人开的店里一位叫做宋嘉树的年轻店员成了好朋友。在他们的鼓动下,宋嘉树后来到了北卡罗来纳州的三一学院(今天的杜克大学的前身)进修学习。一年后,又转到田纳西州的范德比特大学神学院学习。三年后(1885 年),宋嘉树在神学院毕业,成为了牧师。校长马克谛耶主教是上海美国南方卫理公会布道团的负责人,他要宋嘉树回上海传教。于是宋嘉树回到上海,很快就与在美国的故友牛尚周及温秉忠联系上。不得不说,知识改变命运啊,如果当年宋嘉树不去大学学习进修,他的将来只不过是一个中国店小老板。但读书改写了他的命运轨道,并成就了他子女的辉煌。

不过,宋嘉树当时是王老五一个。因此,牛尚周做了一回史上最牛红娘,将自己的妻妹——三小姐倪桂珍介绍给了宋嘉树。这倪桂珍在上海的一所西塾读书,叫做培文女校。创办人正是之前提到过的毕业于著名文理学院安城学院的第一位美国来华新教传教士裨治文。

结果两人对对方都分外中意，顺利结为夫妇。婚后两人很是恩爱，倪桂珍嫁鸡随鸡，连自己的信仰宗派都改成和丈夫的一样——成了美国南方卫理公会的信徒。后来宋氏夫妇生下了三子三女：宋霭龄、宋庆龄、宋子文、宋美龄、宋子良、宋子安。"宋家王朝"就这样奠基而成。

宋嘉树一直有一个信念，他在国外眼见华人受到的轻慢与欺侮，非常希望祖国能摆脱贫穷落后愚昧保守，走向富强文明，为此他一方面出钱出力支持自己的铁哥们孙中山同志搞革命，另一方面他致力于要把自己的几个孩子培养为能带领中国走向崛起的领袖级人物。

先是从大姐宋霭龄开始，很早就在由外国传教士创办的中西女塾学习。后来宋嘉树利用自己当年在美国读书时的朋友资源，在一九零四年那一年将宋霭龄送到美国南方名校——佐治亚州的威斯利安女子学院读书。

两年后，光绪三十二年（1906年），湖南巡抚端方等五大臣出洋赴欧美各国考察。在考察美国各高校时，考察团受到热烈欢迎。当时威尔斯利女子学院（Wellesley College）校长赠送中国三个女留学生名额，免收住宿费、学费和饭费。其他如耶鲁大学，康奈尔大学，以及哈佛大学等美国东部名校均赠送了学生名额和助学金。

思想颇为开明的端方很重视输送学子留洋。第二年，经过考选，确定了这批官费留美学生。其中就有宋庆龄、王季茞（振华女校校长王季玉的二姐）、胡彬夏和曹芳芸等四名女生。这开启了我国女子官费留学西洋的先河。

在端方给朝廷的关于此事的奏折中，可以见到两位昔日留美幼童温秉忠和梁诚的身影以及这批学生的考选和赴美前后的情况：

> 臣莅任两江，札饬宁学司就江南各学堂详慎挑选，其苏皖赣各学生各由该学司及教育总会咨送投考，分科考试，评定录取。据署江宁提学司陈伯陶详请咨送前来。臣传见诸生，考其学业、气质，均堪造就。遴委候选道温秉忠护送赴美，赶于美国学校下半年开学之前按期分送肄业，并分咨学部及驻美使臣梁诚，各在案。

梁诚原名梁丕旭，在庚子赔款留学计划的促成中功莫大焉，此时已是驻美大使。温秉忠则负责护送留学生们赴美。落地的麦子不死,中国走向世界,都是前面的人带着后面的人,后人则踩着前人留下的足迹,彼此借力,一点点走出越来越宽的路。所以,这些彼此建立了关联的人,对世界有更多了解的人是幸运的。

一九零八年七月,宋庆龄从上海中西女塾毕业,带着妹妹美龄(十岁),在已经是宋家姐妹姨父的温秉忠的监护下,乘邮船"满洲里"号赴美。

不过好事多磨,女学生们本是要去读威尔斯利女子学院,却因程度不合,都未能顺利进入大学学习。其他三位就都在附近的预科学校胡桃山学校(Walnut Hill)学习,而宋庆龄则另到了姐姐所在的佐治亚州学习,年龄尚幼的宋美龄随行。一九一三年宋庆龄和姐姐宋蔼龄一样毕业于威斯利安学院。

而宋美龄则先是在威斯利安学院与姐姐在一起,宋庆龄毕业回国时,她年纪尚幼(十五岁),父母不放心她。为了便于照顾,她转到麻州的威尔斯利女子学院,因这里离哈佛大学她的哥哥宋子文很近。一九一七年宋美龄在该校毕业。

很多人将威尔斯利女子学院和威斯利安女子学院弄混,就是因为宋美龄在两所学院都呆过。其实宋蔼龄和宋庆龄均毕业于美国南部的威斯利安学院,而麻州的威尔斯利学院宋家三姐妹里则只有宋美龄读过。

这三姐妹成为了中国近代史上最亮眼的政治女性。宋美龄因为蒋夫人的身份,长袖善舞,更是成为民国时期政治舞台上的风云人物,亦留下一段关于民国女性优雅与智慧、政治与爱情的美丽而纷纭的传说。

比宋美龄晚七年来到威尔斯利学院读书的校友冰心回忆:"一九二四年,我在美国威尔斯利女子学院留学时,我的美国老师们经常自豪地和我说,本校有一位中国学生,即一九一七年毕业的宋美龄小姐,她非常聪明、漂亮。"(引自一九四七年四月冰心发表在日本《主妇之友》杂志的《我所见到的蒋夫人》)

在校园里的花房,遇见一位照料花草的老妇人,大约是这里的退休女工作人员,说起近一百年前的宋美龄,她竟也知道一些,告诉我们学校曾有她设立的基金(未经证实)。

这个优雅、漂亮,有着政治智慧的民国女人在太平洋彼岸的母校,留下了自己的传奇。而另一位则留下了载入史册的文章。

三、现代女作家冰心眼中的新英格兰风情

虽然去威尔斯利学院参观的人们多半是为了曾在这里读书的宋美龄而来，但请一定记得带上中国现代著名女作家冰心的《寄小读者》。因为《寄小读者》当中，有二十一篇通讯都是冰心女士在威尔斯利学院读书时所写。

（赴美途中的冰心）

一九二三年，就读于燕京大学的冰心得到燕京大学姊妹学校美国威尔斯利女子学院的研究生奖学金，同年八月十七日，她乘坐约克逊号邮船前往美国。同船的留学生有梁实秋、许地山，还有后来成为了她的丈夫的中国现代社会学开山之祖吴文藻。

此时的冰心已经蜚声文坛，出版了诗集《繁星》和小说集《超人》。去威尔斯利学院读研究生，也就是去镀镀金吧。虽然她的西洋化程度远不能和师姐宋美龄相比，但因为她那清丽典雅的文字，威尔斯利学院的美丽以及新英格兰的魅力得到了极为中国古典色彩的渲染。这是很少有人注意到的——在一个现代女作家眼中的新英格兰风情。

冰心的文学才华在她所在的时代不大被看得上。张爱玲说，把我同冰心、白薇他们相比，我实在是不能引以为荣。而鲁迅曾在给郑振铎的信中

说:"近闻杭州有十余作家遭禁,连冰心在内,奇极"。这话刻薄得很——言外之意冰心的水准连遭禁都不配。

冰心笔力柔弱,缺少对生活体验的深度和力度,确实谈不上有多少深刻的思想,不然怎么被列在浅显好读的儿童读物之中呢。到今天,《寄小读者》都是小学生必读书目之一。其实冰心的众多文字里也有可圈点之处。因着她是威尔斯利学院的校友,我重读了冰心的《寄小读者》,发现恰恰是这二十一篇写到在异国求学和生病的通讯文字最具有艺术魅力,最为动人。当清婉典雅的"冰心体"邂逅到异国风情时,焕发出了绮丽的光彩。

Lake waban 是威尔斯利学院的小湖,在冰心的笔下它如此之美,她将它译成"慰冰湖",以慰籍自己的思乡之情。想来这段描写之美超越了任何描写这个湖泊的文字:

> 小朋友,我的亲爱的人都不在这里,便只有她——海的女儿,能慰安我了。Lake Waban,谐音会意,我便唤她做"慰冰"。每日黄昏的游泛,舟轻如羽,水柔如不胜桨。岸上四围的树叶,绿的,红的,黄的,白的,一丛一丛的倒影到水中来,覆盖了半湖秋水。夕阳下极其艳冶,极其柔媚。将落的金光,到了树梢,散在湖面。我在湖上光雾中,低低的嘱咐它,带我的爱和慰安,一同和它到远东去。
>
> 1923 年 10 月 14 号,冰心写于威尔斯利的慰冰湖畔。

> 波士顿一天一天下着秋雨,好像永没有开晴的日子。落叶红的黄的堆积在小径上,有一寸来厚,踏下去又湿又软。湖畔是很少去的了,然而还是一天一遭。很长很静的道上,自己走着,听着雨点打在伞上的声音。……湖水白极淡极,四围湖岸的树,都隐没不见,看不出湖的大小,倒觉得神秘。

这样的情调和氛围,让我想起日本新浪漫派代表作家永井荷风的文字。他也曾游学美国,并写过《美利坚物语》。永井荷风的文字深受中国古典文学的影响,文章里清词丽句比比皆是,让人爱不释手,但内里承载的却是地道的日本情调。尽管冰心与他不在同一个层级,但写新大陆的这些文字之清丽却并不比永井逊色。

而能够把生病写得那么美和富有诗意，冰心的病中文实在算得是其中翘楚。入读威尔斯利学院几个月后，她生病了，先是住在学校中的医院里，后来因需要静养半年，便住到了附近不远的缅因州青山（The Blue Hills）镇的沙穰疗养院（如此算来，她在威尔斯利学院两年中，有近两个学期是在病中）。

同学的友爱，周围人的关心，冰心虽在异乡，愁情难消，亦被周遭之自然美和人情温暖而感动。于是有了《寄小读者》中清丽婉转带着淡淡愁情的文字，而因着隔了重洋万里，在异国对于母爱和家国的思念格外强烈和清明，有了一种灵魂的触动，于是关于"母爱"的文字也不给人以无病呻吟之感，而显得分外真切动人。冰心写道：

> 随手拾起一片湖石，用小刀刻上："乡梦不曾休，惹甚闲愁？"两句，远远地抛入湖心里，这片小石，自那日起，我信它永在湖心，直到天地的尽头。只要湖水不枯，湖石不烂，我的一片寄托此中的乡心，也永古不能磨灭的！

她写母爱：

> 时至今日，我偶然觉悟到，因着母亲，使我承认了世间一切其他的爱，又冷淡了世间一切其他的爱。

病中所见的青山寂寞：

> 青山雪霁，意态十分清冷。廊上无人，只不时的从楼下飞到一两声笑语，真是幽静极了。造物者的意旨，何等的深沉呵！把我从岁暮的尘嚣之中，提将出来，叫我在深山万静之中，来辗转思索。

冰心以清婉典雅的文字描写新英格兰风情时，带有东西方文化对比的视角，她以古典文学的素养去观照异域之风情，于是常有这种婉妙的比较：

美国人家，除城市外，往往依山傍水，小巧精致，窗外篱旁，杂种着花草，真合"是处人家，绿深门户"词意。只是没有围墙，空阔有余，深邃不足。路上行人，隔窗可望见翠袖红妆，可听见琴声笑语。词中之"斜阳却照深深院"，"庭院深深深几许"，"不卷珠帘，人在深深处"，"墙内秋千墙外道"，"银汉是红墙，一带遥相隔"等句，在此都用不着了！

田野间林深树密，道路也依着山地的高下，曲折蜿蜒的修来，天趣盎然。想春来野花遍地之时，必是更幽美的。只是逾山越岭的游行，再也看不见一带城墙僧寺。

冰心以中国文人特有的感慨写道：

总之，在此处处是"新大陆"的意味，遍地看出鸿蒙初辟的痕迹。国内一片苍古庄严，虽然有的只是颓废剥落的城垣宫殿，却都令人起一种"仰首欲攀低首拜"之思，可爱可敬的五千年的故国呵！回忆去夏南下，晨过苏州，火车与城墙并行数里。城里湿烟傐傐，护城河里系着小舟，层塔露出城头，竟是一幅图画。

美国的人家没有围墙而空阔有余，美国的山野亦缺少如中国烟树林寺、一带城墙的韵味——从中国文人的视角看过去，她觉得新大陆太"新"了，缺少韵味和文化气息。相比之下，故国更显得可敬可爱，有着令人骄傲的苍古庄严的历史。虽然未必人人都会爱那一带圈了几千年的苍古庄严的城墙，但这种对于新大陆之新、故国之旧从审美上的比较是敏锐新鲜的。

不过从这些文字上也大致可以感觉到，生活的痛苦和灵魂的挣扎与作者是无关的，她更像是一个对于世界与现实的远距离的欣赏者；像是一个只知道用陶渊明的诗咏叹田园生活之闲适，却不知田园农夫稼穑艰难的读书人。

二零一八年四月八日定稿于辉书房

人文景点提示：

威尔斯利女子学院（Wellesley College ）：106 Central Street-Wellesley，MA 02481
慰冰湖（Lake Waban）即在威尔斯利学院里。
绮色佳（Ithaca）：康奈尔大学所在小镇。

被革命党人砍头的两位清末能吏

之前写曼荷莲学院与中国近代女子教育的渊源,令我注意到推动清末女子留学教育的晚清高官——端方。一九零七年作为两江总督的他,选派三名江苏女子往美国新英格兰威尔斯利女子学院留学(其中一位即宋庆龄),是中国官派女子留学西洋的开端。这个极有能力且有见识的满清官员,比起一众面目一致、思想僵化保守的晚清官僚,有种透过历史都可以感受到的思想的活泼生气。然而他的命运实在让人感喟,大清将亡之际,虽是好官,却被砍头。能吏而不得善终,是为何故呢? 有感于此,就一并写了两位于辛亥革命之际被革命党人砍头的清廷好官——端方和赵尔丰。

1. 端方

一九一一年一月十日晚七时,川汉粤汉铁路督办大臣端方与其弟端锦二人的头颅,被放在菜油桶里一路传示后,由重庆革命军代表李某押解上船,运抵武昌革命政府。

端方是坏人吗? 不是。

端方是清末满人高官中的好官,晚清政坛上思想前卫的少壮派政治家,力主和平渐进的政治改革。

他在湖北、江苏、湖南做官时,实施新政,办了许多新式教育,并鼓励留学。最为惊世骇俗的是,一九零五年任湖南巡抚的端方派出了二十多名湖南女生赴日本学习师范教育,首开了女子公费留学之先例,这在当时女子"大门不出、二门不迈"的时代,无疑是革命性的。

端方是"顽固"的维新派,一直支持政治改革,曾在上给朝廷的密折中称:"今日欲杜绝乱源,唯有解散乱党;欲解散乱党,则唯有政治上导以希望"。而他认为的新希望就是"立宪"。

一九零五年十二月七日,身为湖南巡抚的端方作为清廷派遣的五大臣出洋考察团成员,先后出洋考察了日本、美国、英国、法国、德国、丹麦、瑞典、挪威、奥匈、俄国、荷兰、瑞士、意大利等东西方共十三国。值得一提的是,端方在考察欧美期间,留意西方女子教育,积极与美国大学接洽,争取美国各大学的免费学额和奖学金。而美国各大学也积极赠予。

回国后,端方呈上了《钦定国是以安大计折》(实为梁启超代笔),力主以日本明治维新为学习蓝本,尽速制定宪法。

"既还,成欧美政治要义,献上,议改立宪自此始"(《清史稿》)。一九零六年九月一日,也就是在考察团出洋归来一个多月后,清廷正式宣布预备立宪。可是这个时候时势已经不容许清政府有从容来改革的时间了。

> 三十二年,移督两江,设学堂,办警察,造兵舰,练陆军,定长江巡缉章程,声闻益著(《清史稿》)。

不过端方因出洋考察并呈献计策受到嘉许,倒是官运亨通,升任两江总督。他在任上办了许多新政,尤其在新式教育、现代警政建立方面,贡献颇著。同时,他不忘着手选派留学生留美,难得的是,他争取男女同派。这表明端方远远走在同期官员的前面,对于留学教育有进一步深化的认识。

宣统改元,他奉调直隶总督,从而达到他的仕途顶峰。然而后来却因为一件偶然的小事被反对派找茬弹劾罢官。

一九零九年十月,端方被命筹办慈禧太后梓宫移陵及相关事宜。端方素爱摄影,他安排两名摄影师对慈禧太后的下葬过程进行拍摄,但葬礼一结束,此事便被某御史参劾,称"梓宫奉安之时,为臣子者抢地呼天,攀号莫及,而乃沿途拍照,毫无忌惮,岂惟不敬,实系全无心肝";另外,陵区内肆意架设电线,破坏风水,实为"有悖人臣之道"云云。这两条理由实在都很勉强。但摄政王载沣颇以为然,于是端方被从直隶总督的位置上赶了下来。

宣统三年(一九一一年),由于清廷收回地方铁路路权,导致四川保路运动爆发。同年,端方被委任为川汉粤汉铁路督办大臣,令率湖北新军前往四川平叛。九月,四川局势濒于失控。当时,四川全省糜烂,而湖北新军的根据地武昌也已发生暴动。而端方带领的部队被阻在资州,进退两难,军饷无继,军心不稳。

端方通过多方努力,从成都的银行中借到了四万两白银,并且张榜公布,军心才稍微安定。但左等右等,银子还是没送来,失去耐性的士兵们发生了骚动,于是,端方被杀。首级被放在菜油桶里,送往武昌革命政府当"投名状"。

而当此历史巨变之下被作成牺牲的,还有另一位能吏。

2. 赵尔丰

晚清川滇边务大臣赵尔丰是清朝廷稳定康藏地区的重臣。根据一些权威学者的看法,赵尔丰是个历史的罪人,辛亥革命中的大反派,因为他镇压了四川保路运动。这不属于我要讨论的内容。

赵尔丰是那个时代少有的干练之才。四川总督锡良向朝廷保举他时,极尽推重之词,说他"忠勤纯悫,果毅廉明,公而忘私,血诚任事"。

赵尔丰何以能得到如此高的评价呢?

赵氏有三兄弟,赵尔丰是老三,赵尔巽是老二,兄弟俩都是清末重臣,赵尔巽曾任湖南巡抚,任上颇多新政,民国时主持《清史稿》的编撰。

赵尔丰是个极富个人魅力、行事为官有争议的官员。

他最开始从知县干起的时候,当地发生蝗灾。他不是为百姓们摇旗呐喊,发动群众,而是以知县身份直接跑到田里和百姓一起去抓蝗虫。你可能认为这是作秀,官员不都会玩这一套吗?但其实他真是一个真抓实干,特别有魄力有效率的官员。不过他擅长的不是杀虫,而是杀人。

在历史上他有"赵屠夫"的恶名,在四川治哥老会的会匪,一次就捕杀了数百名,很快让当地社会治安稳定下来。在西康也杀了不少当地人。甚至为了严明军纪,他连自己的部下官兵都杀。

在一次战役中,弹药缺乏,他便禁止士兵任意发射,号令军中,每发射子弹多少,就要缴获敌兵首级多少,违者斩之。杀了不少官兵。而官兵疲惫不堪有打瞌睡的,立斩不赦。如此苛严,大家可能觉得他的属下会受不了。事实上他的下属每每提到他，都肃然起敬。赵尔丰丝毫不愧于锡良对他的评价，以身作则，率先垂范，冲锋在前，杀敌当先。

晚清时期川康边地多亏有他治理，他进行的边地改革颇有成效。

一九零六年因成功平定了川康边地的巴塘、里塘之乱后，赵尔丰被委以督办川滇边务大臣之职。由此开始了对川康边地的疾风骤雨般的改革。先是震以军威，然后改土归流，设置郡县，在当地创办教育，振兴实业。

值得称道的是，赵尔丰很重视蛮荒之地的教育，甚至考虑到了内地小学的教本不适用于西康边地，于是重加编订，让各校采用。以至于藏人子女当时都以求学为荣，若非后来局面破坏，假以时日，藏人只怕早已被同化了呢。他还召川人来此移民开垦康藏之地，又在当地设银行，为康藏人施种牛痘，做了很多惠及地方的事情。

康地人对于赵尔丰是又敬又畏，在许多喇嘛寺里，用酥油塑赵尔丰像于柱子上，相貌很狰狞，嘴里吞一藏人，手执两藏人，足又踏两藏人，足可见藏人对他的畏服。这种待遇只有雍正时期用兵西藏的大将年羹尧有过。

据统计赵尔丰所收复的川边土地东西约三千余里，南北约四千余里，在其中设立行政单位有三十余个，这成为后来民国西康省设治的基础。也使得清末的西藏局势没有向更坏的方向发展，某种程度上维护了国家的统一。

有学者评价赵尔丰在川边的政绩，"自清以来，治边者无有著功若此者"。

值得一提的是赵尔丰的结局。一九一一年他对四川保路运动中民众的镇压成了大清终结的导火索。历史的吊诡之处正在于此，他一心一意保家卫国，大清帝国的坍塌却从他的治理之地开始。他在边地所建的功业不在晚清名臣左宗棠之下，然而结局却有天壤之别。最后他被革命党斩首示众，以儆效尤，把他和端方一样作成了祭坛上的祭品。

一九零九年清廷令四川新军调兵入藏，与边军合力稳定西藏时局。其中有位军官叫陈渠珍，后来成为了民国湘西叱咤风云多年的主政者，时人称其为"湘西王"。他写了一本极动人的川藏经历回忆录《艽野尘梦》，在书中回忆了大帅赵尔丰。

透过精彩文字，至今亦能让人感受到这位晚清封疆大吏的风骨魅力：

是日,予随队出迎,候甚久,始见大队由对河高山疾驰而下。有指最后一乘马者,衣得胜褂,系紫战裙即是赵尔丰。即过桥,全军敬礼。尔丰飞驰而过,略不瞻顾。官兵守候久,朔风凛冽,犹站栗不可支,尔丰年已七旬,戎装坐马上,寒风吹衣,肌肉毕见,略无缩瑟之状。

陈渠珍还专门撰写了一文《赵尔丰轶事》,对赵尔丰在川边的功绩叙说甚详,并直言对其的崇敬之情:"予景仰前贤遗惠,至今爱述往事,昭告国人,将以树之楷模"。同时也表达了他对赵尔丰惨死之悲凉同情:

呜呼! 尔丰在康辟地三千余里,改土归流,设官移民,兴学育才,通商惠工,建设事业方兴未艾……不图清祚既终,尔丰亦随之而死。其开边与左宗棠同功,而食报与左宗棠异趣。人之有幸与不幸,何相悬若斯耶! 哲人云亡,邦国殄瘁。吾谈边事,不能不深惜尔丰,又不仅深惜尔丰也已。噫!

民国时期,致力于在湘西一隅实现大同之梦的陈渠珍在为政中,颇有对赵尔丰边地改革的借鉴之处。然而在湘西历经几起几落的沉浮之后,湘西王也深感命运不济,人生无常。虽然文章是为忠于国家却不得善终的赵尔丰惋惜,何尝又不是借他人之酒杯,浇胸中之块垒!

于大厦将倾之际,忠诚的好官无法安然地做稳官僚机器上的一颗好螺丝钉,而不幸成为了献祭于新政权的牺牲。因为旧的政权面临危机的关键时刻总是需要这些有能力有操守的官吏来主持大局的,但时势已变,他们不仅不能力挽狂澜,甚至自己的命运也如风中之烛,不能自主。真希望历史带给后人的不光是唏嘘!

二零一八年三月二十四日咪咪妈妈写于辉书房

豪门里的女人：曾国藩之女曾纪芬

（一）

一八七二年对于大清帝国而言，是走出去的一年，为应对"数千年未有之大变局"，改变与西方列强打交道受欺侮的被动局面，在中国历史上第一位毕业于耶鲁大学的留美海归容闳的积极倡议下，两江总督曾国藩于二月二十七日领衔上奏，促请朝廷对"派遣留学生一事"尽快落实，并提出在美国设立"中国留学生事务所"。八月份，中国历史上第一批官派留美幼童三十人终于得以从上海出发，登上了去往美国旧金山的轮船。官派幼童出洋留学的实现，是国人冲破传统观念，走向世界的重大举措。

容闳博士后来说起曾文正公对于中国西学东渐的贡献，向文正公表达了他最高的崇敬："中国教育之前途，实已永远蒙其嘉惠。今日莘莘学子，得受文明教育，当知是文正之遗泽，勿忘所来自矣"。

而对于曾国藩最小的女儿曾纪芬来说，这一年也是人生中最重要的一年。由广东巡抚亲自提亲，父亲曾国藩做主，她的终身大事算是订了下来，准备这一年许给广东高州府知府聂亦峰之子聂缉椝。

然而曾国藩促成了官派留美幼童计划这件国家大事，解决了满女终身大事这件家事之后，却到了油尽灯枯之际。三月一日，突发脚麻之症，舌僵不能语。终因病于十一天后，这年的农历二月初四逝世。丧父之痛，无以复加，曾纪芬的二姐于父亲病中甚至祷天割臂（孝子割臂上肉做药救亲），却也回天乏力。

（曾纪芬 22 岁照，聂氏后人提供）

　　其时未婚夫聂缉椝正千里迢迢从广东赶到南京迎娶新娘，到了上海才惊闻未来的岳父大人逝世的噩耗。当即打电报请示父亲聂亦峰。那时电报还极其稀有，每个字银四元，堪称天价。闻知作为国之栋梁的亲家公的去世，身为朝廷命官的聂亦峰大恸，告诉妻子："曾中堂去世，未办喜事"，说完之后就不再能说话，从此一病不起。

　　到了上海的聂缉椝遵父命，仍继续往南京吊奠，并且拜谒了未来的岳母欧阳太夫人。大丧期间，婚事自然不能办，只好将婚期推迟。三个月后聂缉椝返广东，到家的第三天，父亲聂亦峰也去世了。父亲逝世要守大孝，婚事也不能议。故直到两年后，曾纪芬二十三岁时，两家才又议嫁娶。谁料到这年八月间，她的母亲欧阳太夫人又去世了。结婚的事，又只好继续向后推。直到次年才正式嫁到聂家，当真是好事多磨，再磨就要磨成老姑娘了。

（二）

却说一八七五年（光绪元年）九月二十四日曾纪芬嫁到聂家时，小两口的上辈就只剩下婆婆张太夫人。一家人先得扶公公聂亦峰灵柩回原籍。聂亦峰为官多年，清正廉明，因宽厚处理当地械斗巨案一事，老百姓还特地建生祠纪念他。他去世时，妻子靠着一贯的勤俭持家、省吃俭用，手头也攒下来六万两现银。

六万两银子对于一个知府来说多吗？《儒林外史》里头说"三年清知府，十万雪花银"，意思是清廉的知府，一任三年下来，也可有十万银子的进项。那些贪赃枉法的官员就更不用说了。相比之下，聂亦峰直到去世时，一辈子总共攒下来六万两银子，且别无其它产业。而他的亲家公曾国藩去世时更是只有两万两的存款。可知其廉！

回湘后，听说夫家原籍衡山不宜居住，张氏就直接带着儿子儿媳等一干家眷到了长沙，准备在此定居。聂家在长沙既无房产，于是张太夫人托了姻亲之子、曾纪芬的哥哥曾纪泽代觅住宅。

曾纪泽因为父亲曾国藩葬于长沙附近的善化县，早在父亲灵柩回湘那年已在长沙市的中心地段洪家井花银万两购得大宅。一八七六年的曾纪泽已继承父亲曾国藩的爵位，但此时尚未任出使英法大臣。他很是照顾妹妹，将自己另外所购黄泥塅（今黄泥街）之宅租给聂家，月租五十缗，约一年后仅照原价四千余金转售给妹妹一家。宅子门前还有他特为手书的"岳云在望，礼器成图"一联。

婚后聂家就在长沙开始了新生活。这个时候没有功名的聂缉椝只是在家里呆着。聂家家世虽然清贵，但父亲就是个小地方的知府，社会资源不多。多亏了娶回来的是侯门小姐，虽然父亲曾国藩去世了，但其故友门生在朝廷任要职的一大堆，仅左宗棠、李鸿章的权势就如日中天。更何况曾家就还有着另一位湘军大佬曾国荃。所以这个时候的聂缉椝就如潜龙在渊，要做的只是等待着任事机会的到来。

那么受理学名臣曾国藩亲自教诲的女儿作为人妻是不是真有平常女子不能企及的高明呢？曾纪芬一生福寿双全，子孙满堂，活到了九十岁，福气从何而来？

（三）

这福气一来得益于曾纪芬的性情温和宽厚,绝少锋芒,但又自有持守。曾纪芬是曾国藩最疼爱的满女,排行老六,自小被母亲和诸位兄姊"保抱提携",在爱的空气里长大。连素来看上去严谨峻冷、一本正经的文正公,对这个小女儿也偶尔体现出难得的慈父形象:曾纪芬年幼时发短,当时流行抓髻,要用铁丝为架而发绕在上面。小姑娘也来赶了个时髦,结果对于小女孩来说这铁架子太大了,顶着夸张的发髻出出进进,萌得不行,连一向高冷的父亲看了都忍不住笑她:看来要让木匠把家里门框改大些才是。

文正公还曾对夫人说:"满女是阿弥陀佛相",这在湘乡话里是老实相的意思。曾纪芬生的老实相,即民间常说的福相,也就是宽厚温和之相。她确是有福之人,父亲是侯爵总督,丈夫则做到了上海道台(相当于现在的上海市长)、浙江巡抚,儿子辈打造的聂氏家族企业更是富甲一方,领袖于近代中国纺织工业,当时的声名甩出无锡荣家好远,是真正的富贵逼人。放眼近代中国,大概还找不出第二个像她这样好福气的女人了。不过福气不完全是天上掉下来的。

第一件值得一提的事情就是,曾姑娘尚未嫁到夫家时,在婚姻大事上就相当体现了知礼守礼的曾氏家风之一二。曾纪芬的母亲欧阳夫人去世后不久的冬天,又值同治皇帝的国丧,婚期遥遥无期。估计没完没了的孝期让身体本来也不大好的婆婆急坏了,这时候张太夫人想让媳妇早些进家门,打算在守孝之期过了卒哭(一百天)之后(卒哭是古代的丧礼,清代是以百日为卒哭之祭,就是说孝子自父母死后要哀哭不绝,想哭就哭,不分朝夕昼夜,到百日之后方可改为朝夕各哭一次)就低调地用小轿将媳妇迎娶进门。但曾姑娘听了,力持不可,虽是婆婆的意思,也不松口。

她倒不是拘泥于皇帝的国丧之礼,而是要为母亲尽满孝道。故到次年欧阳太夫人之丧已逾小祥(周年),这时可以降服(即可以降低服丧的等级),婚嫁说得过去了,才同意婚礼。考虑到同治帝的国丧还未及期年(周年),新娘子嫁过去时仅备有仪仗,却没有敲锣打鼓。曾纪芬十分明理,丝毫也不觉得这委屈了自己侯门小姐的身份。这样深明大义的媳妇,事事循理,不错规矩,外圆内方,又是名门之后,婆婆再严厉,自然也没什么毛病好挑的。

从这件事情里我们可以看到，一般来说女孩子总是会将自己的幸福放在第一位，但曾纪芬深受家风影响，却将礼法放在幸福的前面。她的逻辑是，不讲礼法哪来的幸福。想想在那个时代也可以理解，如果当时听婆婆的，就那么不合礼法地嫁过去，婆婆恐怕也不会对这个媳妇心存敬重。

说起来张太夫人也是出身官家的女子。"自少明敏，持门户，应宾客，理家务，皆一身任之"（《崇德老人自订年谱》），是个少有的能干婆婆。年轻时作男子装，豪迈倜傥，毫无闺阁之态。这样一个女汉子，虽然没读过书，没有人敢欺负她。到了长沙买房置田，嫁三女，娶二媳，全是她一人操劳张罗，非常不容易。

张太夫人对待佃户之严苛颇类似小人书里万恶旧社会的地主婆形象，佃户有因灾求减租者，必遭她斥骂而拒绝。儿子聂缉椝觉得实在看不下去，于是"阳奉阴违"，面子上不答应减租，私下小两口用自己的钱补贴给佃户，好歹缓和一下阶级矛盾。

如此婆婆对待媳妇想来不会宽慈。曾纪芬却和婆婆相处得不错，显然不完全是婆婆忌惮媳妇的家世。要知道，曾国藩的三女儿曾纪琛，嫁给了湘军名将罗泽南的儿子罗兆升。丈夫是个纨绔子弟，婆婆性格悍厉，也是侯门小姐的三小姐曾纪琛当媳妇的那个惨啊。说起来曾国藩的几个女儿，只有曾纪芬最有福气，其他几个女儿都嫁得不好。曾国藩识亲家虽有慧眼，但亲家并不等于女婿本人啊。他的"虎父必无犬子"的逻辑还是有问题的。

（四）

虽然曾纪芬幸运地遇到了一个好丈夫，但好丈夫不等于伟丈夫。优秀的男人往往离不开一个有头脑的妻子的经营和打磨。窃以为，曾纪芬最为高明的一点在于，她虽然谨遵父训，受旧式家教的教育，却也继承了父亲开明通达的头脑，格局和眼界都高于一般女子，并非一个没有主见，唯唯诺诺，只知家长里短的闺秀。她虽是女流，但对于时政亦颇有自己的见地。

一八九四年，丈夫聂缉椝已在上海道台任上，她是道台夫人。曾纪泽夫人来探访，见堂堂道台夫人买的花边式样陈旧，就好心提醒小姑子：你穿的都过时了，现在流行的洋花边花色鲜美，比这个好看十倍。曾纪芬的回答甚是铿锵，她说这个我早见过，还帮别人代买过。但价格太贵了。我买的这种虽然过时了，自己喜欢就好。而且我喜欢买国货，这样金钱就不会外流啊。言下之意，我见得多了，别以为我是乡下人。我就爱支持国货怎么地！

嫂子笑她，靠你一个人省的，能有多少？曾纪芬的回答更是超有正能量，"虽然，若人人能如是想，或皇太后能见及此，而不爱洋货珍玩，则所省多矣。"这里曾纪芬所指为慈禧太后，当时六十大寿，各路官员都在上海采办各国奇巧之物，以为贡品，京城里的大臣，则逢迎圣旨，挪动国防费用，大兴土木。可见曾纪芬虽为女流，心志却不拘于闺阁家庭，"国"与"家"同时存于她的心里。即便是对一国君主的作为，她也保留自己的看法，对慈禧太后的做法颇不以为然。

所以名门闺秀与大家闺秀、小家碧玉最大的不同，恐不在于家庭地位财富权势的区别，而在于家风涵养的多少，导致她们为人处事的格局不同。

（五）

曾纪芬的高明之处，其三在于她能严守曾聂两家的儒教家风，以"勤俭"持家。"勤俭"二字是曾纪芬持家的根本精神，也是这双料名门聂家家风里第一位的祖宗遗训。曾国藩曾言"吾辈欲为先人留遗泽，为后人惜余福，除勤俭二字，别无他法"。高门巨族的创始人有勤俭之风，似乎古今中外并无二致，并非只在中国传统农业社会里才讲勤俭之道。但像曾纪芬这样从儿时起就将"俭"字铭心刻骨的女性也不多见，小女孩谁不爱个漂亮衣服洋娃娃的，她却从小捡姐姐的旧衣服穿而安之若素。这自然与她父亲的教诲有关。

曾国藩自己清廉简朴，近乎寒素，从不曾买地盖房。衣食都很俭省，女儿婚嫁，规定费用不得超过二百两银子。贵为侯爵，以此作为家训，实在是官场中的一朵奇葩。而且他的清是货真价实的，绝无作秀之嫌。他也不做那种一尘不染的清官，为清而清并不是他的目的，他要由"内圣"而至于"外王"。此人一生都在修身，目的是要做一个"天地完人"。

生而有这样"圣人"级别的父亲，他的子女一方面十分幸运，但另一方面需要始终如履薄冰、唯恐自己辱没先人，想来也很辛苦吧。曾纪芬就说"余幼蒙先文正公之彝训，长历世事之艰难，业业兢兢，常以陨越为惧"。她素来节俭，丈夫任职上海道台时，婆婆来看儿子儿媳，认出聂氏夫妇两人穿的衣服居然还是十五年前结婚的时候穿的旧物。可见道台大人一家之俭,对自己的穿着之无所用心。

晚年她感于社会奢靡之风,特发表言论,令三子聂其杰撰文,传于社会,为《廉俭救国说》,言称"俭"为政教之精神,也是中国立国之精神,而女性在这一方面责任更重,所谓"近今社会,女子左右风尚之力,较男子尤大,其责任更重,故吾尤望我女界能先见及此,妻励其夫,母诫其子,姊妹劝其兄弟,咸牺牲个人之欲望,群策群力,以廉救国,以俭拯民",这些都体现了不是一般的女性能达到的识见和胸怀。

曾纪芬在自己晚年所撰《年谱》中还提及一件叔叔曾国荃的趣事,颇可见出曾家的俭朴家风。曾国荃向来因求田问舍受人诟病,与其兄长曾国藩的俭朴清廉成鲜明对比。但这个叔叔在侄女眼里却完全不是贪求富贵的形象,曾纪芬称"忠襄公每克一名城,奏一凯战,必请假还家一次,颇以求田问舍自晦",言下之意曾国荃贪财是一种故意为之的作秀,类似于汉代萧何为避刘邦猜忌多买田地以自污的行为,是个伪贪污分子。

有一次曾国荃作为两江总督视察聂缉椝任事的江南制造局,特地不在单位吃饭,要去侄女婿家蹭饭,而且特意嘱咐:我有忌口,只吃肉汤煮白菜,其它一概不要。曾纪芬的孩子们第一次拜见叔外公,曾国荃一见之下乐开了花,因孩子们都是穿着竹布长衫呢马褂,俭朴可喜,他点头赞许说"可与吾同餐也"。

到更衣之时,侄女婿唤仆人为宫保大人拿小帽来。曾国荃笑言不用。一边说,一边从袖子里变戏法似地掏出一顶旧瓜皮帽,端端正正戴在头上。那顶脏得不要不要的帽子让曾纪芬记忆深刻,可以想见此公平时有多么不讲究穿着!这可是大清朝的伯爵爷,太子太保,两江总督大人哎!

中国传统文化特别强调要"慎独",所谓"君子之所不可及者,其惟人之所不见乎!"(《中庸》),就是说考量一个人是否是君子,重点不是看他在人前表现如何,而要看他在独处时候的表现。为什么要如此强调表里如一呢?就因为中国文化具有双重性,往往分面子和里子,人前和人后,台上和台下。很多时候面子和里子不是一回事。正史上记载的全是面子上的忠孝仁义,勤正清廉,温良恭俭让,那是给人看了以正世风的,普通人要时时刻刻符合标准相当有难度。即使是那些被标榜为道德模范的君子,里子究竟是什么样儿其实也很难说。今天表里不一的人也多了去了,遍地都是。因此亲人面前曾国荃的自然流露倒更让我们感觉到大界曾家的家风相传真不只是表面功夫,而是已经渗透到整个家族生活细节里的精神性的存在。

到了晚年的曾纪芬,聂家正值经商的巅峰时期,她子孙满堂,福泽绵长,房间是这样的画风:

> 一张腰子形的书桌,上面放着圣经、眼镜、镇纸、笔砚,有一个贝壳碟子,里面放着几朵白绿的茉莉花,一张老式藤椅,上面有个花布的靠垫,她每日在这里读经看报,练习书法。有一架玻璃柜子,放了些日常用物,一张小方桌和几把椅子,客人来时可坐。她的衣服永远是蓝袄黑裙,缎帽缎鞋,饰物则有一根翡翠扁簪,一颗帽花,一副珠环,一只手表。几乎从无变化。

以曾纪芬的身份来看,这是相当素简了。她到晚年自号"崇德老人",将曾国藩那套修身养性的功夫更是发挥得淋漓尽致,坚持练习书法,从一笔一画中,仔细涵濡父亲的德行恩泽。其书法颇见功力,笔正严谨,骨肉亭匀,亦深得父亲真传,反映出其居心仁厚的为人。那时北京上海一带,像样的家庭都挂有她的墨宝,所谓"国人望若福星"。

虽然生活提倡节俭,但对于金钱方面的事情曾纪芬并不小气。相反,花起钱来曾纪芬是相当的大方,不过主要都不是花在自己身上。她支持丈夫多年的慈善事业,自己也一直做慈善,也支持自己的儿女做慈善。晚年为儿女分家时,特将聂家家产专门拿出一份做慈善。上海滩著名的聂中丞华童公学(今天上海市的市东中学)即是聂家以自家的地捐出建成的。

(六)

曾纪芬能家庭幸福的第四个原因,是她善于处理家庭关系。旧式家庭聚居一处,婆媳、妯娌之间的关系不易相处,看看李鸿章的后人张爱玲女士写的《金锁记》就知道,那里面旧式大家庭里的勾心斗角实在让人不寒而栗。甚或有丈夫娶了妻而又娶妾的,妻妾关系更是让人糟心。婚后的曾纪芬就遇到这样不开心的事情。

婚后第三年,聂缉椝偷偷纳妾杨氏。开始婆婆张太夫人不知道,除夕杨氏在卧室里放爆竹,结果受到聂缉椝的训斥,小妾自觉委屈便哭了起来。动静不小,惊动了曾纪芬,她当时正按习俗从前院出天行归来("出天行"是传统习俗,正月初一早起开门,向天揖拜,再入家拜祭祖先及家神,谓之"出天行"),准备就寝,听到隔壁房里的哭闹,不好怎么办,只好权当没听见。传统习俗里除夕生气落泪是犯禁忌的,据说会三年不顺。这小妾如此一闹,与妻子的涵容宽和,高下立见。

曾纪芬对于丈夫偷偷娶妾之事心里自然不好受,但教养和家风让她对于丈夫娶妾之事并不明加指责干涉。到后来,是丈夫自己颇为后悔娶了这样一个性情乖张不驯的小妾,过了几年便命人将小妾送回衡山,另外嫁人了。丈夫背着婆婆偷娶小妾,曾纪芬并不揭穿,也不干涉。小妾犯错,她也听之任之。结果最终丈夫自己意识到不妥,感到后悔。站在那个时代情境里设身处地地想,这份容人的涵养和心胸,便不是平常女子能有的。

另一件事情也颇能说明曾纪芬做人的智慧。光绪二年,长沙有一家玉振银号,有曾氏族人的股份。当时张太夫人有存款七千多两存在这里,丈夫的奶妈窦妈也将多年积蓄交给聂缉椝代存于此银号。结果据说经理赌博亏空,钱都回不来了。这让张太夫人很生气,准备报官诉讼。聂缉椝非常为难,他孝顺母亲,却也不愿意为了钱去诉讼伤了亲戚感情,抑或其中还有曾纪芬都不知道的其他隐情。

总之后来他实在塘塞不下去了,只好找妻子商量。曾纪芬便二话不说拿出自己从娘家带过来的所有钱,凑了三千两银子给老人,且不明言钱是自己拿出来的,只说是请托人和息讼事,各方一起拿出钱来补此缺口。连郭嵩焘都被她请来出面做中间人,才算了结此事。

十四年后,聂缉椝莅任上海道台,经济上宽裕了许多,便陆续为妻子存款,说是还当年因银号的事给婆婆的那笔钱。丈夫要还钱与她,曾纪芬却说钱是小事,你我夫妻同心,我的就是你的,这下把丈夫感动得不行。曾纪芬将钱财之事看得轻,便没有了因此而生的夫妻妯娌之间的计较。这也是她福气的来源。

（七）

利用娘家的社会资源，默默为丈夫打开事业局面，也是曾纪芬的一大聪明之处。从丈夫聂缉椝最初走的每一步里都可以看到妻子默默的帮持。先是聂缉椝婚后一直在家中赋闲，并无职业，乡试又不中。幸而有云贵总督刘武壮委任的滇捐帮办一差事，可支月薪五十金。后来到南京任帮办营务处差事，开始没有薪水，月薪八金而已。这样根本无以养家，只好走老婆路线。

光绪七年，曾纪芬在老公一封接一封信的催促下，准备带孩子去南京与丈夫团聚。可是说起来让人不敢相信，这对夫妇经济紧张得连路费都筹措不起。曾纪芬虽然从娘家带过来三千两银子的嫁妆，但之前都因银号的事情挪用出去了。还是聂缉椝的长姐陈夫人拿了六百两银子给曾纪芬做旅费，才得以成行。大户人家居然拮据到这个地步，说多了都是泪啊。

途经武昌时，聂缉椝特地嘱咐她要以世交之谊拜谒鄂督李瀚章（李鸿章的哥哥）的妻子李太夫人，因李太夫人与曾纪芬母亲欧阳太夫人之前在南京时有交往。曾纪芬依言上门拜访，受到殷殷款待。第二天就拿到李瀚章的书札，委聂缉椝以湖北督销局的差事，月薪五十两。一家人在南京得以团圆。

光绪八年，聂缉椝在南京就差已有两年，靠着湖北督销局的这每月五十两银子，一家人日子过得紧巴巴的。没办法，曾纪芬自作主张，私下里又跟此时担任两江总督之职的左宗棠的儿媳开口求助。这一年聂缉椝即被委任江南机器制造总局（上海制造局）会办一职，在岳父大人曾国藩一手规划、李鸿章创办的国有军工企业工作。他的才能这才开始有了施展的机会，从此平步青云，一直做到了上海一把手，继而任江苏巡抚、浙江巡抚等职，巡遍江南。其中显然大有妻子的功劳。

（八）

曾纪芬的一生还告诉我们，后代成才，才是父母最大之福，而母亲的格局与眼界对于教育后代尤为重要。曾聂两家都以儒家思想立家，家族行事深受儒家文化影响。聂家子女自小受儒家文化熏陶，兄弟姊妹们在家延师共读，接受正规儒家教育。

不过相比丈夫聂缉椝，曾纪芬作为母亲对孩子们的教育影响更大。"幼年的教育，十分有九分靠着母亲的，因为父亲在外时候多，又因父严母慈……所以母教系极关重要的"（曾纪芬三儿聂云台《人生指津》）。她对子女教育从不放松，即使对已经成年的子女，仍随时耳提面命，管束查察从不疏忽。称"教导儿女要在不求小就而求大成，当从大处着想，不可娇爱过甚。尤在父母志趣高明，切实提携，使子女力争上进，才能使子女他日成为社会上大有作为的人"。

例如，在家庭子女教育方面，丈夫在江南制造总局任事时，住在单位宿舍的曾纪芬与在局里从事翻译的英国人专家傅兰雅的夫人过从甚密，关系很好。曾纪芬自幼跟随哥哥曾纪泽习算学，文史地理均知一二。她意识到外国语文与科学之重要，便命其昌和其杰两儿跟从傅兰雅夫人学习英文。正是因为对于西方文明的较早接触，日后三儿聂云台能超拔于国内纺织界，在经营管理恒丰纱厂时破天荒地引进国外先进管理和技术，令恒丰纱厂在中国纺织界独树一帜，风头一时无二。

（九）

当然，曾纪芬能有幸福生活，还有个我们这辈子没法学习的重要原因——她能生。和普通女子一样，生养也是传统社会贵族家庭女子的重要生活内容。曾纪芬的母亲欧阳夫人就先后育有子三人，女六人。而曾纪芬自己生育的子女更多，堪称英雄母亲，年轻时她的生育几乎一直没有间断。

先是生长子聂其宾，又生长女银姑，不过二岁时患热病而殇。后又生聂其昌（后殇）。其杰、其炜、其德（女）、其焜、其贤、其纯也先后出世。光绪十八年，四十一岁的时候还生了一对双胞胎女儿，可惜都没有存活下来。四十三岁生女儿其璞，四十四岁又生一子平儿，没有存活多久。前前后后，她生了十一个孩子，中间还因动了胎气，小产了一次。

生养几乎占据了她的整个年轻时期，看她的年谱记载，我都为她觉得辛苦。可这在古代来说已是幸运而有福的女子。相比之下她的姐姐嫁后，丈夫性情峻急，患咳血之症，因此没有生育，结果姐姐抑郁终身。因此在传统社会女人要会生养，夫家才会认可。不过也许因为生育频繁，聂家孩子文弱多病，甚至于早夭的有好几个。

（十）

　　这里还需一提的是曾纪芬书桌上的那本《圣经》。六十四岁时的曾纪芬开始笃信基督教，这也是她极为特别的地方。她一生深受儒教、佛教影响，晚年又信基督，这些信仰融合贯彻在她的生命里，居然毫无违和感地在一起共同滋养她的福寿之年。这一点不知她的父亲、曾以灭掉打着上帝旗号的太平天国为一生事业的曾国藩会作何感想。

　　实际上，曾国藩的后人信仰基督教的颇有不少。如他的孙子、曾纪泽的第五子曾广钟，曾孙女曾宝荪，曾孙曾约农都是虔诚的基督徒，曾宝荪与曾约农为了传道理想均一生未婚。一个深受儒教熏陶的大家族，后代却有笃信基督教者，这也是一个极为特别的现象。而曾纪芬对于基督教的接受又进一步影响了她的子女对于基督教的接受。她的三子聂云台和六子聂潞生都曾是基督徒。

　　士大夫家庭礼佛并不奇怪。"中国士大夫以儒家自命者，亦大抵对于佛教有相当之信仰"（聂云台《耕心斋笔记自序》）。中国士大夫与禅学一直遥相呼应，宋明理学更被有些人看成是阳儒阴释，可以读出浓浓的禅学气息。在曾家，虽然曾国藩本人并不崇佛，他的夫人欧阳氏却信佛。

　　曾纪芬在谨遵父训的同时，也受到其母欧阳夫人影响，礼佛甚虔。尤其在出阁后，子女多病，引动了她的佛教信仰，在戒杀、放生、持斋、礼佛、布施、救苦方面，曾纪芬遵而行之四十多年。可见即使是在中国最纯正的儒教家庭，佛教同样伴而随之，亦儒亦佛并不奇怪。特别的，倒是曾纪芬对于基督教的接受。

　　民国四年，曾纪芬与三儿其杰夫妇同领洗于上海昆山路监理会。之所以曾纪芬受洗成为基督徒，在其自订年谱中她这样解释：是因内侄季融的影响，即曾纪鸿之子曾广钟是曾家最早信仰基督教的。因辛亥前曾广钟常向她传道，她称"余深为开悟，遂有服膺之志"。

　　但曾纪芬是一个极有见识的女性，她并不会人云亦云。信基督教根本上源于她对于世事时势的深刻认识。在辛亥后，曾纪芬感于"世事日非，实由人心陷溺之故，弥以为欲救人心之迷惑，当从爱人如己入手，自此益坚信力焉"。故而基督教中的"爱人如己"的教义才是最打动她的地方。

儒家的修身,佛教的慈悲,以及基督教的爱人,在她的心灵里奇妙地融合在一起,构成其爱众生的信念。对基督教的信仰甚至影响到她对于家产的处理。一九一八年,曾纪芬六十七岁时主持聂氏家族析产,称"余近奉基督教,稔知博爱之道,首重济困扶危,谨遵《圣经》逢十献一规律,提出一成,作为慈善经费,日后永远不得处分,每年收入子金提作教会以及各公益水旱灾疫捐款,母金非不得已不可提用,庶几先人好善懿德可以垂诸久远"。也就是说,在聂家分家产的时候,曾纪芬专拿出了一成家产来作慈善之用。

或许我们会感到奇怪,为何那个时代高门巨族的这些人常会礼佛参禅,信教尊儒,做慈善,办教育,似乎总是心存敬畏,行事颇有礼法规矩的顾忌,亦存回馈社会获取福报之心。那他们究竟是怕什么呢?

大约那代人刚从传统社会中走过来,多少受过诗书礼乐、典章制度的熏陶,天地君亲师的牌位还没有从心里撤掉。他们怕的恐怕不是"皇帝老儿"或"顶头上司",他们"怕"的是内心的良知,以及佛家所言的"因果报应",敬畏的是有超越性力量对自己的监控和惩罚,所谓"老天有眼"、"举头三尺有神明"、"人做天看"云云。

(十一)

所以总的来说,积善、崇德、尚俭是曾纪芬福寿双全的秘诀。而正如曾纪芬的女婿瞿宣颖为其年谱所作的序中写的一样,"太夫人与时偕行,通变不倦"、"融汇东西,更无缝阂",曾纪芬的幸福生活说到底得益于她的头脑,她对于父辈彝训的持守和为人处世的通达智慧。她既能守传统文化之"常",也能通现代社会之"变"。作为女儿,她是深得父亲曾国藩真传,且最有出息的一个。如果没有她,衡山聂氏一族也不能崛起为上海滩的巨族豪门。

到聂家已成为上海滩的豪门后,曾纪芬仍是聂家的精神领袖。因为生齿日繁,人丁兴旺,家人分居各地,家中情形常有隔膜之患,为了将这个大家族团结在一起,聂家做了一件极为特别的,很具有历史性的事情,就是办了一份在聂家人之间传阅浏览的家庭刊物,旨在"联络感情,切磋道义"。

这份家刊名为《家声》,其中就记载了一九二六年开始,由曾纪芬发起的聂氏家族的历次家庭集会的内容。这种家庭集会规模多在二三十人,不仅与会的聂家人发言热烈,"老太太"曾纪芬更是每到必然讲话告谕,而且有时还有集体唱诵诗歌以表"歌诗习礼"之意。这种家庭集会堪称中外家庭历史中前所未有的创举。

能够与时俱进、开明通达的曾纪芬面对传统价值即将分崩离析的时代潮流,依然想用传统中国"修齐治平"的传统文化理想来指挥这艘家族巨轮的方向,将这一大家子,子孙儿女的精气神凝聚在一起,同心同德,谋求发展。

不过参加家庭集会的,以家族女眷居多,男性却少,除了三子聂云台与母亲想法一致,大力倡导以外。"修身治平"的理想色彩和传统观念在上海滩的犬马声色中渐渐趋向于没落,现代化过程中传统道德的式微是必然的趋势。在时代前行的潮流中聂家的"家声"逐渐成为喧嚣世界里依稀难辨,也少有人驻足倾听的稀世低音。

因为那是一个破坏的时代,帝制终结之后,还有更大的破坏要来。

二零一六年十月二十八日定稿

美国华人博物馆小记

美国华人博物馆（Museum of Chinese in America）在纽约唐人街附近,在纷繁林立的商铺店面里,显得有些不起眼。然而走进去感受一番,会发现这是一个做得非常好的博物馆。它用各种照片,图片,资料以及实物,展示了华人从十九世纪早期开始直到今天约有两百年在美国的发展变迁,艰苦奋斗的历史。

那些褪色的招牌、老式缝纫机、用过的搓衣板、需要用火加热的熨斗、手工刺绣的拖鞋、华人淘金用过的秤,一些发黄了的全家福照片,覆盖了从美国"排华议案"时期到现在华裔美国人的生活片段,历史如同再现,那些艰辛而又努力的美国华人往日的生活场面如在眼前。

这些展出物品不仅体现了华人在美国的奋斗史,更难得的是,呈现出设展者对于很多有关美国华人历史问题的深度思考。比如在美华人如何确立自己的文化身份,如何争取自己作为一名美国人的权利,在美华人如何面对与祖国的关系等等。

在馆里,可以看到好莱坞电影史上中国人曾经邪恶阴险的形象,美国人曾经排华、辱华的活生生事实,在美华人曾经在底层艰辛的生活,这一切都令参观的中国人感到沉重、压抑乃至愤怒,然后会陷入思考:作为华人,在这个多元的世界里,我们将如何继续创造我们的将来。

在博物馆的橱窗上贴着的广告标语颇令人深思:

What does it mean to be Chinese?

How do you become American?

When does China Town end?

美国标榜民主、自由、平等等普世价值,但从华人和印第安人等有色种族曾经遭受的不公正对待的历史来看,自由平等民主的理念并不是从标榜民主的新国家建立伊始就有的,它需要每一代人的努力,需要在美华人抱着对新国家的热爱和信念,不断去争取和探索,去修正方向。

对于个体和国家来说,从来都正确、从来都不犯错,那是不存在和不可能的,弥足珍贵的是这个人或者这个国家具有不断自我纠错的能力,这一点是美国人做得非常出色的地方,正如在对待有色种族,包括华人在内的问题上获得的胜利。这让我想起塞勒姆的女巫博物馆所要警醒世人的,反思是人类前行的修正器。对于并非完美的人类而言,自我反思和纠错能力是最强大的能力。

从博物馆里展出的二十世纪六十年代民权运动的图片可以看到,美国的国民警卫队也曾拿枪对准国民,导致金牧师被暗杀。今天美国有马丁·路德·金日,这一天全民放假就是用来纪念这位为了公民权利牺牲的黑人牧师,提醒国民不要忘记金牧师曾用生命照亮人民的前行。而这种反思在我们的民族文化里还是那么欠缺,什么时候我们可以冷静而理性地将目光投向自身,究天人之际,通古今之变呢?

在博物馆中,另一个深刻的感受是,在美华人永远不可能割舍与祖国的血缘纽带关系,因为在别人眼里你就是来自于一个黄皮肤黑头发的种族。也因此只有共同促成一个文明富强的中国,在美华人才会真正受到平等的对待和尊重,不是说通过移民就将所有不公平不公正都一移了之,从此便可以安享美国人的生活了,在美国社会待久了,终会感到这种歧视的无形存在,这种歧视的消除需要我们自身足够强大,由一代代在美华人的继续努力去慢慢消除。

看到了展馆里有关容闳的历史介绍,十分亲切。对于近代中美交流历史的关注,就是从这位可敬的中国人开始的。他那火热的爱国主义情感,隔着遥遥近两百年的时间,仍然令我感到温度。

展出物品中有一把名为"华人滚出去"的玩具手枪,约制造于一八七九年到一八九零年之间,这把手枪的上端有一个白人揪着一个中国人的长辫子的装置,每扣动一下扳机,子弹射出,白人就会狠狠踹这个"唐人"屁股一下。这种充满恶意和歧视华人的玩具令人感到羞辱,国家不强大的时候,在外面被欺负的中国人被玩残到这种地步。

所以无论是移民还是不移民，"中国"两个字都必须是所有华人面对世界胸前最骄傲的徽章，要做到这一点，一代一代还需继续努力。新中国的建立，崛起，已经令今日在美华人的社会地位与昔日不可同日而语，当我们在这个博物馆走上一遭就会对这种成就有深刻感受。如今的美国华人越来越多元地融入到美国社会里，而不是如祖辈们那样被圈禁在唐人街里。

然而我们还需要继续努力，直到这个世界再无"唐人街"的存在。

二零一五年七月十一日记于安城北村公寓

美国华人博物馆(Museum of Chinese in America)地址：
215 CENTRE ST，NEW YORK，NY 10013 美国

美国警察学院掠影

五月十六日,是美国马萨诸塞州州警成立一百五十年周年庆的日子。一百五十年前,即一八六五年的这一天,当时的马萨诸塞州州长 John A · Andrew 签署了一项法令,创建了全美第一支州警察部队。这是美国历史最悠久的州警察机构。这支警察部队历经坎坷和辉煌,担当了一百五十年的守夜人,直到今天。为此马萨诸塞州警察博物馆将举办一周的庆祝活动来纪念这个特殊的日子。

在网上看到这个消息,我决定和朋友周末一起驱车前往参观。从我所在的马萨诸塞州立大学安默斯特学院开车到警察博物馆所在的格拉夫顿镇大概要两个多小时的车程,中间还可以去参观马萨诸塞州立警察学院,学院则坐落于离安默斯特大约一个小时车程的新布伦特镇。

美国是车轮上的国家,一路上只见汽车不见行人,偶尔有大白胡子戴着墨镜的美国大叔很拉风地骑着摩托车风驰电掣地飚过去,轰隆隆的声音相当扰民。驱车在美国的公路上,必然会对公路两旁的生态留下深刻印象。在镇与镇之间,路与路之间没有光秃秃的地方,全是树和草的漫然生长。

美国人将自己的居住环境保护得如此之好,郁郁葱葱的树林,以及那些看似无人管理的绿草地,清澈安静的水塘小河,一路上比比皆是,当然还有他们精心修饰的家园和谐地掩映在树林之间,和大自然融合得天衣无缝。正是这些寻常景物让我们这些访问者感到这个国家的富足以及国民素质的水平。

去往州警察学院之前,在网上查了一下有关这所学院的资料。这座州警察学院被认为是马萨诸塞州最先进的警察学院（在美国从州府到各地区都可以设警察学院，马萨诸塞州的警察学院就有近十所），在全美来说也是很突出的一所。学院约占地780英亩。校园由二十多栋建筑组成，包括教室，食堂，射击场，宿舍，体操馆等等。

美国的警察教育和中国的学历式警察教育机制其实有很大不同。在美国，并没有设定全国性的警察培训和考核标准。警察的学历教育是由教育部认可的普通大学，包括社区学院，开设刑事司法专业或犯罪学专业的课程，来承担的警察的职业教育，包括新警入职培训和警察在职培训，则主要由各州、市、县的警察局下辖的警察学院负责或者由司法培训中心负责。

各类警察学院专注于警察入职培训和在职培训，同时也为其他司法部门和一些社会机构在刑事调查、法医检验和法庭质证等方面提供专业的指导和培训。就新警入职培训项目的内容来说，各州和地方警察学院的要求则大致是相同的。

以马萨诸塞州警察学院为例，它隶属于马萨诸塞州警察局，专门提供州新警入职培训和州警员的在职培训。它的新生课程目的是让学员掌握作为一名警察所需的基本技能，以确保学员毕业后能担任一名州警，包括课堂教学和实战训练，特别强调学员正直诚实的品德和专业水准。一般来说，入校新警员需要参加25周的高强度培训，需要住校，课程计划由超过90门的不同课程组成。

一个多小时的车程之后我们终于到了目的地。首先跳入眼帘的是一块厚重低调的巨石，上面刻有"马萨诸塞州立警察学院"的字样，道路两旁全是宽大的草坪和绿树，车子沿着中间的道路一直向一座最庞大的红色主建筑驶去。出乎我想象的是，马萨诸塞州警察学院居然美得这么原生态！

因为是周末，校园很安静，目力所能及的主建筑大约有五六栋，周围全是开阔的草坪、青葱的树林以及训练场地。校园远处有一个高高的标志性的水塔，水塔上印有"州立警察学院"的字样，在蓝天白云下很是巍峨醒目。正是春天，草坪和树林在郁郁葱葱中遍布零星的白黄花朵。旷野无人，阳光灿烂，微风吹拂下，一树树樱花的花瓣飘落遍地，美得让人几乎忘记了这里是一所培训警察的学院。

正奇怪校园里一个人也没有，远远地有一个美国人走来，看上去像是这里的教官,虽然穿着随意,但 T 恤上有警察学院的标志。上前和他交谈,果然是一位教官,得知我是中国来的访问学者,他很热情,让我们直呼他比尔。比尔是这里的法医教官,有时也会去犯罪现场担任现场法医。问过比尔,才知道周末教官和学员都回家了,所以才这样安静。

我首先自然向比尔问及这边学员的上课和培训情况。这里新警学员的一天是从早上 5:30 的身体素质锻炼开始的,然后进入教室上课,学习到晚上 8:00,剩下的一个多小时是自由学习和个人时间,直到 9:30 熄灯。所有课程,除了驾驶课程和水下安全课程,其余都在学校里完成。周五晚上学员可以回家,周一早上再回校训练。除了新警的入职培训,学院也对在职的州警官进行在职培训以及射击技能的重新认证。

我问及比尔警察学院的师资情况。相比之下,师资方面,美国警察学院很注重实际的执法经验。警察学院的教学和培训都由有过从警经历的警官担任,只不过有的是全职教官,有的是兼职教官。教官们都具有较高的专业知识水平和丰富的实战经验。

在马萨诸塞州要成为教官,必须要向市政警察委员会(The Municipal Police Training Committee)提交申请并通过认证。美国警察学院对于教官的要求是双向的,必须同时既具有教学技巧,又有从警经历,否则根据 MPTC 的要求都不能成为教官。

当我问及比尔警察职业的薪水如何时,比尔说在美国警察的薪水并不算很高,但这不是最重要的,重要的是成为警察是一项值得自豪的工作,警察们都很热爱这份工作。这一点我确信不疑,因为从他的神情我就能看出那份对于工作的热爱和自豪。

其实所有美国人在工作热情上都给我留下深刻印象,无论他们从事的是什么工作,从超市收银员到图书管理员,机场工作人员以及学校老师等等,他们都很热爱自己的那一份工作。没有人会对自己的工作敷衍了事,马马虎虎。说到对学员培训的要求,美国的警察学院很注重学员对于专业技能和知识的掌握,而且重视知识的更新。

马萨诸塞州警察学院的校训是"知识-技能-原则"(Knowledge — Skill — Discipline),纽约州警察学院的校训则是"通过掌握知识变得卓越"(Excellence through Knowledge)。经验丰富的资深美国教官认为培训警察学员的目的是让其成为多面手（generalist），而不是专家（specialist）。因为专家只能在多年的实际工作经验中培养出来。作为学员必须学习各项警察职业技能的合格操作，才能获得认证资格。

有一位警察学院院长幽默地为自己的学院打广告，形容上警察学院的体验就是同一时间可以同时体验上大学，参加校队运动以及军队生活的感觉。言下之意来警察学院学习是很划算的。

不过能够全部胜任学习任务最后获得毕业文凭不是件容易的事，中间不乏有主动退学或者被退学的学生。毕业后也不意味着就可以直接入警，还需凭借这个文凭再去申请警察职位找工作。比尔说尽管如此，报考警察学院的人还是有很多。

交谈了很久，又为我介绍了校园的各种建筑设施的用途之后，比尔给我留下了通讯联系方式，然后匆匆往家里赶。他说，他的妻子希望他能有更多时间呆在家里而不是总在工作。看着他离去的背影，我意识到在这个国家正是很多很多像比尔这样的忠诚、尽责、热爱工作和家人的普通人构成了社会的坚实基础。

参观完警察学院，我们继续驱车来到马萨诸塞州警察博物馆。博物馆坐落于格拉夫顿镇的街边，旁边都是安静的民居。这座博物馆不大，看上去颇有些年代。周年纪念日到底不同，博物馆的前面草坪和后面的空地都停放了各个时代不同的警车以供观瞻。有一九四零年代的老古董车，也有今天使用中的极其先进的现代化警用设备，包括房车式的外出临时指挥中心，里面设备极其高大上，从先进的办公通讯系统到厨房厕所一应俱全。还有房车式的水下救援车，功能也是非常强大。

市民都可以随便进到车里参观，还有警察负责讲解介绍。这样的警力"肌肉秀"对于增加市民的安全感以及对警察部队的信任度确实颇有好处。

博物馆内的收藏很丰富，展示了一百五十年间马萨诸塞州警的历史发展。

最开始，一八六五年马萨诸塞州建立州警察部队的目的，是为了打击非法贩卖酒的犯罪分子，因为当时日渐猖獗的非法酒贩严重影响了社会治安。

时光如飞，百年沧桑。一百五十年前，那些穿着制服的男人需要骑着他们的马去人迹罕至的荒野调查取证,而到如今这个州的精英们都开始探索未知的外太空了。在那个时候,这个海湾边的新英格兰地区四处是农场的如画风光,而现在的马萨诸塞州已然成为了世界级的工业巨头。

最开始,州警察部队的建立只是为了执行一项法律禁令,如今却要负责社会公共安全的方方面面。马萨诸塞州警察部队成功地经历了时间的考验,同时也在继续创造着新的辉煌。

走在博物馆里,我感叹着美国人如此精心地保存和建构着他们那相对于中国而言远远算不上悠长的一段历史,正是在对于自身历史认知的基础上,他们获得的是将来的方向,以及对于将来的信心。相比之下,我们国家对于警察历史文化的研究和保护意识还很不够。我想起美国著名法学家伯尔曼说的一句话:

> 我们的历史是我们的集体记忆,缺失了这种记忆,我们就丢掉了集体,如果我们仅仅生活在当下,我们就要忍受记忆的缺失,这是一种社会性的健忘症,不知道我们从哪里来,又要向哪里去。(伯尔曼《法律与革命:新教改革对西方法律传统的影响》)

(作者在马萨诸塞州警察博物馆门前留影)

确实如此,马萨诸塞州警察学院的现实和未来就存在于警察博物馆里陈列的那些过往的历史之中。人们往往忽略了,历史和现实本身就是一体的。

二零一五年六月写于安城北村公寓

马萨诸塞州警察博物馆地址:
44 Worcester Street Grafton，MA 01519

寻墓记

（一）

我的旅游口味与众不同,喜欢往墓地跑,而拜谒历史名人墓地亦常能带给我灵感。

不记得谁说过:拜访墓地可能是所有旅行经历中最与众不同的。不适合集体行动,无法消费,缺乏娱乐性。它需要一个理由,通常是私人理由:热爱或者尊敬。

好多年前在湘西凤凰,到沱江畔听涛山沈从文先生的墓地拜谒时,其简朴深邃令我极为感动。

在新英格兰访学,拜谒了容闳先生的异国之墓后我极受震动,就循着他的人生道路、历史轨迹写了这本书。

非为看墓而来,而是为了墓中人,想要与仰慕的人隔着时空对晤。

盛世太平是人们习于安稳庸常的时代,也是产不出思想、文化超人的时代。要寻找英雄,只好穿越到过去。只不过历史的星空群星闪耀,不可能和那些了不起的前贤一一建立联结。不过是因了一份与自己的生命经历擦出的火花,存了一份刚好遇见的感动,读过他们的书,知道他们的功业,追慕他们的情怀。

虽眼不能亲见其人,耳不能亲听其示训,但在墓前怀想前贤往事,敬畏他们向死而生的勇气,心中便会生出虔敬与感动——这也是一种交流,看不见的能量交流,我谓之为"心视",为"神交"。

每每当我走过他们的墓地时,仿佛感觉是从他们的精神和灵魂里穿越而过,而之后的我已非昨日之我。

从美国访学回国后,我拜谒的这座墓同样给了我一生无法忘怀的印象。

它是我在澳门基督教坟场旧址里寻到的罗伯特·马礼逊之墓。

任何对十九世纪早期东西方文化交流稍有知识的人都知道马礼逊博士这个名字。因为他是第一位来华的新教传教士。

两百年前,1807 年 9 月的一个黄昏,这个英国青年自澳门风景如画的南湾登陆中国,在此后长逾 1/4 世纪的岁月里,他克服各种困难和挫折,致力于在华传播基督教福音,直到 1834 年因病辞世,在中国土地上为了自己的信仰服务了 27 年。

不过说起来,他的传教成绩实在拿不出手,他用了整整 27 年的时间,一共只为上帝收获了四名中国信徒,其中还只有一个人留下来协助他传教,其他人难说是不是最终反悔,跟上帝拜拜了。因此在传教这件事上,他可说不上是人生赢家。

但另一方面,马礼逊却非常笃定自己在做一项伟大的事业,那就是他是近代中西文化交流的重要开拓者,扮演了摆渡人的角色。他编撰了世界上第一部汉英双语字典《华英字典》,19 世纪首次将《圣经》译成中文,在中国首创了近代中英文报刊,第一个在中国设立了中西医结合的医馆。他为封闭在铁屋子里而不自知的人们,轻轻地悄无声息地将窗子松开了一道缝隙。

身为英国人的他,奔赴他乡,死于异国,最后被葬于今天的澳门。

(二)

至于我之所以众里寻他千百度,跑到赌场王国去找他的墓的缘起,说起来简直就是半部近代史了。

1807 年,马礼逊作为基督教新教向中国派遣的第一名传教士,准备动身搭乘垄断东方贸易的英属东印度公司的船只来华。和我们关于西方列强的船只运载着鸦片与传教士一起来到中国的共谋想象有一些不同,这位来华的传教士被自己人——东印度公司毫无斡旋余地地拒绝了。因为这个利益至上的东印度公司担心马礼逊的传教士身份会得罪清政府,进而影响他们的对华贸易特许权。他们很清楚中国人对外国传教士怀有敌意,传教士也不被允许进入中国大陆。他们是商人，只对利益有兴趣，金钱才是他们的上帝。

这令我意识到，如果没有新英格兰文明从最初就开始具有的那种普世性理想，东西方之间的交流史也许会是另一番面貌。为什么这么说呢？

因为马礼逊的宗教理想在母国同胞那里受到冷遇，不得不改变计划，打算绕道美国前往中国，就是那个由一群清教徒移民的后代们在北美新大陆上建立不久的共和国。

幸运的是，早期新英格兰文明中清新刚健的人文气息和虔敬的清教主义精神接纳了马礼逊。他只身前往中国传教的奉献精神博得了美国各界支持。当时美国国务卿麦迪逊写介绍信嘱咐美国驻广州的领事多关照马礼逊在中国的生活和事业。马礼逊又得以免费乘坐美国商船"三叉戟号"来到澳门。这以后，他与美国教会也一直保持良好的关系。

后来马礼逊博士只身在中国传教，异常艰辛，缺少助手，他再次向美国教会求助，从而有了1830年来自新英格兰的新教传教士裨治文的到来。

1834年马礼逊因积劳成疾去世后，为了纪念他，也继承他从事文化教育传播的遗志，裨治文在来华外商侨民中发起成立了"马礼逊教育会"，而这个机构创立了一所马礼逊学校，专门招收中国学生，其办校宗旨在于"使本地（指中国）学童，在他们自己的学校中，学习英文，通过这项媒介，使他们进而得以探求西方的各种知识"。

不过那个时候的中国人一心想读的只是圣贤书，考科举走仕途，对于让孩子了解西方毫无兴趣，这就给了几个穷孩子以受西方教育的机会。这最早的一批学生仅有不多的五六个人，其中有一个就是被誉为"中国留学生之父"的容闳。

容闳后来又跟随马礼逊学校校长勃朗博士到了新英格兰接受教育，并考上了耶鲁大学。之后学成回国，经过18年的执着努力，促成了一件中国前所未有的创举——1872年大清帝国派遣留美幼童120名到美国接受西方教育，从此开启了近代中国官方留学历史，而这些留美幼童中不少人成为了中国近代化进程中各项事业的开拓者。

显然容闳是这段历史重要的节点人物，而要深入认识容闳何以成为历史上的容闳，自然要从马礼逊这里开始追溯。这就是对中西文化交流有兴趣的我为何想去拜谒马礼逊之墓的缘由,它为我的新英格兰游学之旅划上了一个句号。

(三)

那天和闺蜜丹早早起床,吃完早餐,从繁华拥挤的澳门标志性名胜地大三巴旁边穿过,来到了基督教坟场旧址所在位置。正好下了一场大雨,我们只好在附近的白鸽巢公园里的茅亭里躲雨。丹说台风要来了,所以雨多,但来得快去得也快。

真的,很快便雨收云住,风和日丽,从公园出来,目的地就在旁边。一个不起眼的小门,门上写着"圣公会马礼逊堂",门边有"澳门历史城区基督教墓园"的介绍。小门里面极其安静,没有一个人,与外面的繁华世界形成有趣的对照。墙里面迎面矗立了一座简朴无华的基督教堂。

基督教堂与天主教堂很好区别,天主教堂华丽雍容,装饰讲究;基督教堂则简朴无华,素净之中自有肃穆之感。教堂旁边是一个坡。往坡下一眼望去,数株高大的绿树下一个不大不小的园子,这是一片石碑和石棺林立分布的旧坟场。虽是墓地,却绿草丛生,没有丝毫阴森。有的只是安详静穆。西方人墓地往往如此,肃穆方正,呈现出一种安宁气氛。

墙外是熙熙攘攘的生,墙内是安详宁静的死。雨后阳光在湿润的空气里跳舞,有鸟儿在树间婉转歌喉,间或有一两朵白色的茶盅大的花儿从高高的树桠间无声无息地掉落,先是落在石碑上,最后掉在草丛间。

看着这一片石碑和石棺组成的安静世界,我有些恍惚。

丹告诉我落在地上的花是鸡蛋花,名字很接地气,花却淡雅大方,散落在草地间,为静谧安宁的墓地平添了几分诗意。我在草地上来回走了几趟,努力辨识石碑上的名字,却始终找不到罗伯特马礼逊的墓碑。丹站在入口处,远远看着在墓间穿行、走来走去的我,我们如同分别在两个不同的世界。

最后,我终于在入口旁不远的墙角边,找到马礼逊的墓,并他妻子的墓。原来,我想错了。我设想如此有名的传教士,必然会有大型的纪念石碑,所以找的时候注意力全放在那些华美大型的纪念碑上。

我错了。马礼逊的墓就靠着墙边角落,没有石碑,只有一个极其朴素的躺在地面上的石棺。石棺没有任何特出的地方,只是上面刻了数行英文,述写了马礼逊一生最重要的业绩，第一句便是：

> 纪念
> 罗伯特·马礼逊
> 第一位来华的新教传教士

（马礼逊博士之墓）

　　在石棺的左下方，不知是谁，放了几朵白色的鸡蛋花，柔美的新鲜的花朵，与灰色石棺的静穆沧桑恰成动人的对照，可以想见以花朵致敬马礼逊博士的人是知道那段历史的，因为全墓园里只有这个石棺上放了花儿。我和丹都捡拾了一朵鸡蛋花，放在其间，表达我们对墓中人的敬意。

　　我忍不住用手指一个一个字地触摸着那些铭刻在石棺上的字母，那些沉重的字母传递给我一种奇特的交响乐般宏大庄严的触感，更让我仿佛与墓中人有一种奇妙的看不见的交流。

　　人的一生当然是很短暂的，但为了自己内心的信念而耕耘一生，离开这个世界之后一定是安宁喜悦的,身处所葬之地,可以感觉到不同的能量。睿智伟大之精神,不需要万人瞻仰,而自有其永恒价值。

　　从马礼逊之墓,我既看到永恒的谦逊,也看到谦逊里的骄傲。那种骄傲,是因为全心奉献了自我而感到的荣耀。

二零一八年八月十二日记

附录

咪咪之美国小学见闻

（作者：刘昱佳，小名咪咪，13 岁，长沙市长郡双语中学初一学生）

美国小学见闻之一

我在美国生活了八个月，其中大部分时间都是在学校度过的。记得以前在国内上小学时，每天早上戴红领巾时便是百般磨蹭，系鞋带时更是赖在地上不想起身，实在来不及了才会不情愿地走出家门，苦着脸走向学校。但在这八个月里，我所就读的这所公立学校 Wildwood Elementary School（"田野小学"）实在是刷新了我的认知。我发现，不说初中高中，至少在小学阶段，美国小学与中国小学是大不相同的。

原来，上学，也可以这么有趣。

首先，就拿早上去学校的方式来说。在国内，几乎是看不到校车的。更别说如此威风的校车了。校车一开，万车让路。威风凛凛地从马路上穿行而过，真是以前没有过的体验。

学校的课程也出乎我的意料。在出发波士顿前，一大波同学安慰我：放心吧，就算你不懂英文，到了那边至少应付功课是没问题的。听说他们到了初中才学乘法，弱智简单得很……吧？

到了美国小学的课堂上，才发现，压根不是的……当我们在五年级的课堂上学习分数时，美国的孩子们也在学习分数。当然，题目比起咱们来说确实简单了点。最难的奥数方程也不过是咱们四年级的基础方程速算题罢了。但至少会用它计算对不对？历史研究课，阅读课就更不用说了，绝对水平不会比我们的语文课、作文课低（虽然他们的历史比我们短多了），音乐，体育，美术等小科则比我们更重视，更有创意。所以，不能一味地说我们刷题效率比人家高，智商也就比人家高。这是没有可比性的。

不过说句老实话，咱们的中饭确实比人家好。至少我在吃美国公立小学的免费午餐时，是这么想的。这些"西餐"中饭简直就是麦当劳，而且还是份量少的那种麦当劳，今天吃鸡块（份量相当于麦当劳五块装的麦乐鸡盒），明天吃牛肉汉堡包（两块粗麦面包夹着一块他们不说我绝对尝不出是牛肉的肉饼），后天吃肉丸意大利面（肉丸味道参见上文牛肉汉堡包）。还是怀念咱们中国学校食堂的小卖部。三元套餐难以下咽？没关系，吃豪华十五元套餐，赠油条一根，包管满意。

提起美国学校的一个话题，咱们学生狗会难以掩饰羡慕神色，那就是——放学时间。这一点大家可都是苦大仇深。从小学开始，一般就是五点放学，虽然太阳快下山了，但至少赶上了吃饭的时间；初中开始地狱模式，运气好一点五点半放学，抓紧时间还能赶上，大部分时间都是六点放学，肚子饿得咕咕叫。最倒霉的是被留下打扫卫生，七点钟回家，黄花菜都凉了。更别提那些晚自习的学长了。

相比起来，美国小学下午三点半放学，简直是天堂一般，回家也不忙着写那一点点可怜的作业，忙着在草坪上蹦来蹦去。像我们这群和作业不共戴天的中国学生，在回家的校车上就用一刻钟时间把作业干掉，到家刚好写完，回家后就尽情地玩，简直比我读小学一年级时还放松，一年级抄生字还需要一个小时呢。所以作业这回事，在美国小学是相当于无的。

其实在美国小学，我印象最深的应该是"ELL"（English Language Learning）教室。那是一个专门为非美国本土出生的小朋友所建立的教室。因为像我这种英语菜鸟是不可能跟上美国小学生阅读课、写作课的进度的。所以，每当他们上阅读课、写作课的时候，我就在那里上课。在那里，我的英语得到了极大的进步。最重要的是，我在那里认识了许多有趣的人，埃及人、日本人、西班牙人，都是和我一样不懂英语，情急之下会飙出几句自己母语的同龄人，这种感觉十分亲切。

总体来说，我对美国小学的印象很好。大概，每个到过那里的懒学生都会觉得那是天堂吧。不过,这也只能代表美国的一部分小学,不仅不能代表初中高中,私立学校,就算是公立小学也不会都相同,肯定有条件没有那么好的。但是,美国小学的那种教学风格,是十分值得借鉴的。我想只有将中、西方的教学方式融合在一起,不极端地严格也不极端地放松,才能培育出优秀的学生。

美国小学见闻之二

刚刚到美国时,作为一个对英语一窍不通,仅仅敢说最普通的 hello 和 bye-bye,连"厕所在哪里"都不会说的小学生,我的心情是十分无奈的。在课堂上,若不是全天都有翻译姐姐陪同,相信是不可能听懂他们在说什么的。在这种情况下,我在学校最为快乐的时光,就是在 Ms. Lev 的 ELL 课程上了。因为只有在这,我才能在一群同样不懂英文的外国人中找到存在感,偶尔还能与同龄的中国小学生闲聊。不仅如此,我还在那间教室学到了大量的英语词汇,写下了第一篇英语作文,阅读了第一本纯英文读物。可以说,那里对我来说有着非凡的意义。

ELL 是一间温馨的黄色布景教室。各个年级分开教学,每个年级一张桌子。因为教室不够宽敞,桌子与桌子之间只夹了个书柜,经常我们五年级在写老师布置的作文时,会被隔壁一年级发出的咯咯笑声吵到。只是老师的眼刀淡淡地瞟过去,他们就立马乖乖闭上了嘴巴。

我还记得,每当上午十一点一刻的钟声响起,我就告别班主任 Ms. Bing Owen,向 ELL 跑去。到了教室,我亲爱的老师 Ms. Lev——一个善良慈祥的老太太,会开心地向我招手。等孩子们到齐后,露(和我同班的中国同学是这么叫 Ms. Lev 的)会把今天的题目写在黑板上,有时是让我们写自己的周末是如何度过的,有时是让我们写读后感,有时是露给我们写了一封信,让我们给她写回信。我们可以自由交流,并用电脑查不会的词汇。

下午三点,我再一次到熟悉的教室,老师会根据我们的英文水平给我们相应的英语读物。刚刚到露那里时,我只能阅读基础的英文卡片,但当我要回国的时候,我已经能阅读英语小说了。可以说,我的英文水平有这么大的长进,ELL 功不可没。

ELL 是我在美国极为美好的记忆之一。不仅是因为英语写作阅读能力的提高,同样是因为我在那里碰见了第一个我真心喜欢的老师,结识了新的异国朋友。可以说,ELL 有点像以前在国内上的课外班,但我对 ELL 的感情不是那些课外班所可以相比的。比起那些课外班,这间鹅黄色的教室更温馨,更有人情味儿。希望有一天我坐在中学的教室里时,也能感受到相似的感觉——温馨的家的感觉。

美国见闻之三

妈妈访学所在的美国小镇是个大学城,叫作 Amherst,当地的华人都喜欢直呼其为"安城"。城如其名,它确实是一个安宁美丽的小城。安城的美景实在是太多了。也是亏得我们所处的地方是一个美国小乡村而不是大城市,才有这么多美景。

刚到安城是二零一四年的十月,这是一个秋高气爽的季节。街道上冷风刮来,我走在路上,瑟瑟发抖。大概是因为我体质比其他人更怕冷些,周围路上的行人好像一点都不在意寒冷的温度。甚至有的白人小伙子只穿一件短衫,与我裹了四五件衣服还不停地打喷嚏形成了鲜明的对比。虽然我对老妈强行把我从房子里拉出来美其名曰锻炼体魄,实则帮她从商店里采购时拿袋子有些不满,但看到周围的美景时,我不禁赞叹,这回被老妈拖出来当苦力算是值了。夕阳时节的安城,街道两旁密密麻麻种植了红叶树,霞光落在血红的红叶上,别有一番风味。算了,就当是义务劳动吧。

十月的 Amherst,就像是童话世界一样,简直是画出来的。这个童话世界里最不缺的就是红叶树,这幅画里最不缺的颜色是红色。任何一条街道都是青年文艺片或青春电视剧里的场景,简直是我妈这样多愁善感的诗人的天堂。镇中心附近以前住着一个女诗人,叫狄金森。她的故居现在任人参观,妈妈非常喜欢她的诗歌。我记得第一次去狄金森的故居时,在她家的花园里,我看到了两棵树,上面开着丁香花,为幽静的老院添上了一丝生机。房子的墙外爬满了爬山虎,宁静而美丽。

记得我刚刚到美国时,就是十月。那时我们看什么都新鲜,东跑西跑的,发现了不少隐秘的风景胜地。其中令我最为印象深刻的是一个小瀑布。以前我也不是没有去看过黄果树瀑布之类的大瀑布,但去的时候不知道是因为时机不好还是什么原因,总是觉得人太多了,太吵,太多垃圾,虽然确实很震撼,但没有什么太大的感觉。这个小瀑布不同,它本身处在幽静的小树林里,夕阳的霞光洒在从高处落下来的水珠上,我们站在小桥上欣赏这一切,真是完美极了。即使是拍下来的照片也不足以完全揭示我所说的这种场景。文字就更不行了,更何况是我这样词穷的"作家"。

在这里,我还见过许多以前没有看见过的有趣玩意。坐车二十分钟就能到达的农场,除了一路上看到的奶牛以外,目的地还有一小群传说中的"草泥马神兽"——羊驼。和我们就只有一个围栏之隔,周围压根就没人看,大家都习以为常。还有月底的万圣节,家家户户都用僵尸、吸血鬼、南瓜装点自己的屋子——除了我们家吝啬得连只十美元的南瓜都不肯买以外。当天晚上我随着本地的同学一起出去,安城的黑夜被一种恐怖却略带喜感的气氛笼罩着,走在路上时不时会出现七八岁大的小狼人,拿着塑料大棒敲打着门窗。真是个美妙而混乱的夜晚,我记得当时我由衷地想,但愿来敲我们家门的熊孩子别拿真的木头大棒过来。

我在安城度过的时间很短暂,只有短短的八个月而已。但在这八个月中,无论一月的鹅毛大雪如何覆盖了整个安城,四月的春光如何明媚,六月的鲜花如何绽放,我记忆最为深刻的依然是十月的红叶树。吃完晚饭后出来散步,可以慢慢地走在街道上,走过小溪,走过草地,走到大学图书馆的第二十三层,俯瞰满镇,那是我心目中安城最美的场景。就让这美丽的风景,永远的藏在我的心中吧。

美国见闻之四

我在美国小学读的课程,除了给英语有困难的国际学生开设的 ELL 以外,常规的有数学课,作文课,Social Study 课,小科有艺术,音乐等,课也不少呢。

我觉得,在我上的课程中,最有美国本土气息的课程是 Social Study 课(似乎是翻译成"社会研究课")。社会研究课就相当于美国的语文课,但是这个语文课是不教生字的。如五年级,社会研究课的课本就是一本美国历史课本,就像上历史课一样。在上课的时候,老师会让我们互动。比如讲关于殖民者与印第安土著人的故事,老师会让我们用戏剧的方式演出来。像我这种半个哑巴,只能出演龙套角色——一出场就被一枪命中倒在地上的印第安人。

　　八个月里我在课堂上学到了许多美国的历史，像奴隶制度的推翻，独立宣言的诞生，南北战争的爆发等等。当然，美国人的历史太过短暂，只用一本厚厚教学书，一两年的时间就讲完了（而且很多如果是在中国历史课本里早就被一笔带过的那种事件占了很多篇章，每个历史人物都有专门的页面来介绍）。这让我羡慕得快哭了。

　　还有就是科学课了。美国的科学课确实是很有实践性。每一次上科学课，老师都拿一大堆稀奇古怪的东西出来。整个教室都杂乱无章，这张椅子上打翻了墨水，这张桌子上堆满了绳子和乒乓球，都不奇怪。做实验的时候全无纪律可言，只要保证在下课前把老师要求的作业纸上交就行了。于是乎，我们在课桌上拿出各种各样的实验器材，乱七八糟地做着实验。经常最后交上去的纸是湿淋淋的——盛水的玻璃瓶被打翻了。其实做的实验和以前在国内上的科学课没有什么区别，只不过自主性更多些。

　　记得有一次六年级搞了一次展览，就是各个小组的人都拿出自己的"研究成果"出来给较低年级的人看，什么东西都有：有的科学小组就直接在家里养沙鼠，把沙鼠和沙鼠养殖日记拿到现场。还有的弄了些鸡蛋，因为看不懂英文不知道是什么意思，好像也有很多人气的样子。总之是五花八门，不知道最后负责清理场地垃圾的人作何感想。

　　艺术课，也就是音乐课。几乎没几个星期就要换一个主题。这个星期是巴西音乐，教室里摆满了小鼓，下个星期就搞合唱。记得过年那会还搞过中国风呢。老师让我们唱的歌都是流行音乐，就是在 QQ 音乐上搜得到的那种，让我超级羡慕。可惜都听不懂歌词。音乐课老师是个长得超帅的年轻白人男老师。每一次见到他，他都抱着一个吉他，偶尔在音乐课上还唱两句小调并用吉他伴奏。他对学生们很热心，对中国音乐也很感兴趣。在第一次见面时还用钢琴弹了一段《茉莉花》，问我怎么唱。

　　在美国小学，我觉得每一门课程都很新奇。虽然以前也大都上过，但感觉还是有些不同。不过这是一种很新鲜的尝试，对我来说，也是很重要的经历。

　　注：女儿咪咪曾随我在美国访学，上了八个月的美国小学，那是她短短

的十四岁不到的人生里的快乐时光。回国后不幸诊断出患有骨肉瘤,历经了近两年的救治后依然离世。这些美国小学见闻的文章,是她在治病化疗期间一边与病魔抗争,一边点点滴滴写成,难得的是字里行间透露出的那种心智的健康和幽默感。

特录于此,以志纪念。

咪咪妈妈

后记

　　二零一四到二零一五年，我带着女儿咪咪在美国安城度过了整整一年的访学时间。

　　那一年的时光如金黄的向日葵，安静浓烈地在人生里绽放，日后想起，记忆里总有一圈炫目的光晕，庄周梦蝶似的栩栩然。还记得有一天晚上，和咪咪坐在纽约时代广场麦当劳的二楼，看着窗外最经典的资本主义社会的高楼霓虹以及街上来来往往、高鼻深目的西人，深感人生似梦。因为两年前在经过长沙望城坡的时代广场时，对稚气十足的女儿还笑说起真正的时代广场在纽约，将来我们要能去看看就好了。结果一年后我们就真的远渡重洋，去到美国，站在了纽约时代广场巨幅的广告牌下。似乎只要有梦，行动就能让它成真。

　　如果没有接下来的当头一棒，我几乎相信人可以凭借自己的努力收获一切梦想。

　　然而命运急转直下。回国后刚刚满十三岁的女儿即突患重病，一种容易在青少年阶段形成的骨肿瘤。接下来陪着咪咪被囚困于医院病房之中，做另外一种修行，算来又约莫有近两年的时间。这中间眼看着女儿承受化疗的巨大痛苦，面对手术截去她部分股骨的伤痛以及后来病情复发的绝望。这种极端体验，或者用咪咪在迪斯尼最喜欢的游戏项目——过山车来形容再恰当不过。

　　这些苦难不知是从何处降临的，以什么样的理由压在孩子的命运之上，如同黑色的羽翼遮蔽了自由的天空。就在我见过了人生中最炫目的美之后，不幸来临,其猛烈严酷如暴风疾雨,让人无所逃于天地之间,不容片刻喘息。

好在我素来以读书安身立命,书里的大千世界是稳定的,永不会坍塌。除了对女儿的爱与责任,书中的睿智、清明、理性亦成为支撑我的世界的支柱,替我打发了那段时间内心无涯的荒凉。女儿病床之前,我见缝插针地看书、做笔记,不辍思考。这些文字是我在美国访学考察的延续,也是对于女儿病中岁月的纪念和沉淀。

女儿是我生命中最大的爱与惊喜,陪伴她成长的过程让我一再感到生命的美好与不可思议。她自小与众不同,似乎总是保持着和人群的一种心理距离,个性清冷,内心其实深情。她喜欢阅读,看问题清醒笃定,有自己的见地。她似乎有着一种深藏的还没来得及表现和发掘出来的与生俱来的智慧。生病之后她面对病魔和死亡时的那种超出同龄人,也超出成年人的超然淡定让周围的人都感到惊异和佩服,这难道就是人们常说的"过慧易夭"吗?

她承受了那么多痛苦而从无怨言,只是最后遗憾地轻叹:"时光太短暂了。妈妈,我不怕死,但我还不想这么快就死。"对这个世界,对父母她还有着那么多的留恋和爱,每每想来令做母亲的我泪湿。

二零一七年六月十四日,咪咪终因救治无效,永远地离开了我们,离开了她恋恋不舍的三次元世界。我用尽了一切的力气,却只换来阳光下一坛子清冷灰白的骨灰。

从此,我成了那个被神惩罚的普罗米修斯,宙斯让鹰隼一次次撕裂他的胸口,然后胸口又不断复原,复原的目的不过是为了迎接下一次的再次被撕裂。

我终于认识到,如果是一株野草,无论怎么努力,大风起兮也无法飞扬,只能卑微地俯于尘泥之中。命运并不由自己掌控,它早已将行迹藏于前世来生,人无从窥见,却如同一张巨大无形的网将人缚于其中。

但这不是被打败的形象。岳麓书院门前不远处有一座亭,名为"自卑亭"。"君子之道,譬如登高,必自卑"。卑微只因虔敬,虔敬却可以内生出力量。这力量蕴积在人生之中,"野火烧不尽,春风吹又生"。

古希腊悲剧以命运为核心,认为是命运产生了无辜和无尽的痛苦与不幸,俄狄浦斯消解这种不幸的方式是与命运之神讲和。但对我而言,不仅如此。虔敬与爱给了我精神性的力量,如同光照耀我的前行,正如日本作家芥川龙之介所言:让我们借助黑夜的灯火,忘掉人世的无常。我对女儿的爱以及女儿对我的爱就是那点黑夜的灯火。

如果仅仅沉湎于悲伤,便配不上这爱。所以我将曾经与女儿一同在新英格兰走过的足迹、对历史的思考用文字一点点记录下来。有赖于这些文字,帮助我度过与女儿相依为命在医院的时光,度过失去她独自面对人生的这近一年的悲伤。于是有了这本书,作为我的一点对女儿的执念,存在于世间。在此,特别感谢上海三联书店,实现了我出版这本书的愿望。

回想起那年去往威尔斯利学院时,咪咪尚在身边嬉闹。慰冰湖里到如今还躺着冰心那枚刻了字的石子吧——"乡梦不曾休,惹甚闲愁?"然而曾经灿烂精彩的美龄、冰心早已作古,如流星划过天空的咪咪也已不在。湖光潋滟依旧,元贞想必已经从威尔斯利学院毕业了吧?生活是往前的,无论活法如何,认真活过便不愧一生。咪咪并没有消失,她会藏在所有我所喜欢的事物后面;也无需刻意遗忘,因为她一直存在着,就在每次仰头望见天空的时刻。她说过,妈妈,如果你想我了,就看看天空。

如果不能阻止暗夜的到来,那就带着光亮奔跑吧。

十岁时的咪咪曾经在福建泉州的海边沙滩上书写"刘昱佳到此一游",这颇有点象征着她短短十三年的人生。她如同天使在尘世渡劫,如同流星在夜空划过。但我又想起她离开前曾说:"我还有没读完的书,没打通关的游戏,但不重要。一点,都不重要。"我问她:"那什么是重要的?"她断断续续说:"至少——我已经完成了——一点——自己的——主观思维。我有——自己——留在这个世界上的——回忆。"

她那么小已经明确了这个世界对于她而言的意义和价值,不是游戏,不是外在的一切,而是她经历过的虽然短暂却美好的生命(记忆)和她对这个世界的认识(思维)。正是精神世界的一点点确立让她成为了独一无二的自己。

沙上书应该也是所有人一生的象征吧,虽然明明知道时光的潮水会将一切沙上书写的内容冲刷得无影无踪,但还是要认真地一点一点地在时光的岸边写下自己的人生,告诉自己和世界:我来过,我活过。

二零一八年七月二日咪咪妈妈记于辉书房

主要参考资料

（美）保罗·约翰逊《美国人的历史》，中央编译出版社

（法）托克维尔《论美国人的民主》，湖南文艺出版社

（美）雷孜智《千禧年的感召》，广西师范大学出版社

（美）Willian Elliot Griffis：A Maker of the New Orient：Samuel Robbins
　　Brown.

（美）Vincent J·Cleary：Amerst，Massachusetts 010002

（美）雅克·当斯《黄金圈住地——广州的美国商人群体与美国对华政策的
　　形成，1784—1844》，广东人民出版社

顾钧、杨慧玲《〈中国丛报〉篇名目录及分类索引序言》，广西师范大学出版
　　社，2008 年版

（美）卫斐列《卫三畏生平及书信》，广西师范大学出版社

《艾米莉·狄金森诗歌与书信选集》，译林出版社，2010 年版

《我知道他存在：狄金森诗歌选》中央编译出版社

《萧红文集》，安徽文艺出版社

（美）胡美《道一风同》，中华书局

《曾宝荪回忆录》，岳麓书社

《共同的容闳》，珠海出版社，2006 年版

陈玮芬《西学之子——容闳与新岛襄的异国经验与文化认同》，《中国文哲研
　　究集刊》，2007 年 3 月

郭伟硕士论文《武士新岛襄的基督教之路》，(2012 年)

杨公素《晚清外交史》,北京大学出版社,1991年版

容闳《西学东渐记》,钟叔河编《走向世界丛书》,岳麓书社出版社

(美)勒法吉:《中国幼童留美史》,《容闳与留美幼童研究丛书》,珠海出版社

梁启超《新大陆游记及其他》,钟叔河编《走向世界丛书》,岳麓出版社

钟叔河《启蒙思想家梁启超》,钟叔河编《走向世界丛书》,岳麓出版社

林语堂《从异教徒到基督徒》,湖南文艺出版社,2016年版

解玺璋《梁启超传》,上海文化出版社

柳袁照《教育是什么:一所学校的百年故事》,教育科学出版社,2014年12月版

王道《流动的斯文:合肥张家记事》,浙江大学出版社

《辜鸿铭文集》,海南出版社,1996年版

王珏编著《傲世的怪杰辜鸿铭》,中华工商联合出版社

林达《一路走来一路读》,三联书店

复旦大学李洁博士论文《梭罗与中国的关系》

北京外国语大学郭磊博士论文《新教传教士柯大卫英译之四书研究》

丁林《洗不掉的血迹——塞勒姆小镇和审巫案》

《美国塞勒姆小镇上的大博物馆》,三联生活周刊2014年文章

谢志超《美国超验主义与中国四书的碰撞》,湖南社会科学,2007年第3期

裴燕生《从〈顺德梁崧生尚书生平事迹草稿〉(手抄本)看清外务部尚书梁敦彦早年事迹》,《档案学通讯》,2007年第1期

裴燕生《清外务部尚书梁敦彦的幕友生涯及〈梁敦彦履历〉勘误》,《档案学通讯》,2008年第1期

李志茗《袁世凯幕府与清末新政》,《史林》,2007年第6期

张鸣《留美幼童梁敦彦的清室奇遇》

陈晓平《"帝制余孽"梁敦彦》

陈才俊《早期美国来华传教士与美国对华鸦片贸易政策》,《世界宗教研究》,2011年第1期

Amherst web有关安城历史的内容

博客文章《札幌农学校和东京大学:需要什么样的大学?》

王化文《马礼逊与〈中国丛报〉》,《兰台世界》,2011年1期

博客文章《现代性视野下的梭罗与海子》

苏州图书馆官网部分资料

维基百科词条：威廉·史密斯·克拉克；新英格兰；艾米莉·狄金森；玛格丽特·富勒；安默斯特学院；梁敦彦；中国旧贸易等

图书在版编目(CIP)数据

问西东:新英格兰游学记/罗维著.—上海:上海三联书店,
2019.9 重印
ISBN 978－7－5426－6560－7

Ⅰ.①问…　Ⅱ.①罗…　Ⅲ.①文化交流－研究－中国、美国
Ⅳ.①G125

中国版本图书馆 CIP 数据核字(2018)第 275660 号

问西东:新英格兰游学记

著　　者／罗　维

责任编辑／殷亚平
装帧设计／一本好书
监　　制／姚　军
责任校对／王凌霄

出版发行／上海三联书店

　　　　(200030)中国上海市漕溪北路 331 号 A 座 6 楼
邮购电话／021－22895540
印　　刷／上海展强印刷有限公司

版　　次／2019 年 3 月第 1 版
印　　次／2019 年 9 月第 2 次印刷
开　　本／640×960　1/16
字　　数／240 千字
印　　张／16.75
书　　号／ISBN 978－7－5426－6560－7/G·1513
定　　价／88.00 元

敬启读者,如发现本书有印装质量问题,请与印刷厂联系 021－66510725